Annalles et Chronicques

du

Pais de Laval

Et parties circonvoisines.

Imprimé à 325 exemplaires.

Vue de l'ancien Laval.

LAVAL. — TYPOGR. H. GODBERT.

Annalles et Chronicques
du Pais de Laval et parties circonvoisines,
depuis l'an de Nostre Seigneur Ihesu-Crist
1480 jusqu'à l'année 1537, avec un préambule
retrospectif du temps anticque, jadis composées par
feu maistre Guillaume le Doyen, en son
vivant notaire Roïal au Comté de Laval,
publiées pour la 1re fois par
M. H. Godbert,
avec notes et esclaircissements
de M. Louis la Beauluère, correspondant
du ministère de l'instruction publicque
pour les travaux historicques.

On les vend à Laval en la boutique de Honoré Godbert, marchant libraire et imprimeur juré de Monseigneur le premier évêque dudict lieu, demourant rues de la Saincte Trinité et du Pin doré.

Préface.

Les *Annalles et Chronicques du pais de Laval et parties circonvoisines*, que nous publions aujourd'hui, sont jusqu'à ce jour restées manuscrites. Elles sont un document des plus précieux pour l'histoire de notre ville.

Le Père Le Long signale leur existence au tome IIIe de sa *Bibliothèque historique de France*, édition de 1771, au numéro 35,520.

Ces Annales ne portent aucun nom d'auteur; mais diverses citations ne laissent aucun doute et font suffisamment connaître qu'elles furent écrites par un de nos compatriotes, exerçant à Laval la charge de notaire du comté, *Guillaume Le Doyen*. Le Blanc de la Vignolle, dans son *Commentaire sur la coutume du Maine*, manuscrit appartenant à la Bibliothèque de Laval, les mentionne aussi, en disant, vers 1681 : *Personne devant nous n'a écrit sur nos antiquités, que Guillaume Le Doyen, dont la Chronique commence l'an* 1480.

Les Annales commencent en effet à cette même année. Elles sont précédées d'un préambule, contenant les évènements antérieurs, *ce que l'auteur a entendu dire aux anciens* ; cette vue rétrospective remonte à une soixantaine d'années environ avant le temps où il commence à raconter ce que lui-même a vu et dont il fut témoin. Sa Chronique, commencée en 1480, est continuée jusqu'à 1537. Il a écrit pendant cinquante-sept années, sous les règnes de Louis XI, Charles VIII, Louis XII et François Ier.

Laval, ville murée, située sur les limites du Maine et de la Bretagne, eut, par sa position, un rôle à jouer dans les guerres si funestes du commencement du XVe siècle, où, l'Angleterre, presque maîtresse de la France, disputait la couronne au Roi légitime. Nos pays furent envahis par les Anglais, trouvant dans les ducs de Bretagne des alliés toujours prêts à leur ouvrir l'entrée du royaume. Laval fut au pouvoir de l'ennemi.

Le Doyen nous conserve la mémoire du généreux citoyen, Jehan Fouquet, meunier des Trois-Moulins, qui aida si puissamment à remettre la ville sous l'autorité du Roi, en logeant dans son moulin, situé sous le Vieux-Pont, nos vaillants libérateurs. Il nous dépeint le nouvel aspect que prend la ville de Laval lorsque l'expulsion définitive des Anglais ramène la paix. Chacun s'empresse de regagner ce qu'il a perdu pendant les temps de guerre ; le commerce redevient florissant, la prospérité fait naître le luxe, *bourgeois*, *marchands et gentilshommes viennent habiter Laval et y bâtir des maisons.*

Les évènements qui amènent la réunion de la Bretagne à la France par le mariage du roi Charles VIII avec la duchesse Anne, fille du duc François II, dernière héritière du duché, s'accomplissent non loin de nous. Pendant ce temps, le jeune Roi vient à Laval avec madame de Beaujeu et toute la cour. Le Doyen raconte son entrée triomphale dans la ville, le séjour qu'il y fait, les ambassades de toutes les nations qui viennent l'y trouver; tout ce qu'il voit, l'émerveille : les costumes, les présents, etc… C'est un monde tout nouveau.

La victoire de Saint-Aubin, dernière péripétie de cette guerre, qui livre le duché à la France, lui inspire une sorte de poëme historique qu'il intitule *la Complainte des Bretons*. Toute cette partie de la Chronique est remplie de documents curieux, pleins d'intérêt, même pour l'histoire générale.

Charles VIII commence ses expéditions d'Italie, qui, dans la suite, coûtent si cher à la France. Éloignés du théâtre de la guerre, nous jouissons d'une paix profonde. Notre chroniqueur ne trouve plus à raconter que les mœurs et la vie privée d'une ville dont les habitants sont livrés à leur commerce. Les détails de mœurs locales qu'il fait connaître, n'offrent pas un moindre intérêt.

De temps à autre cependant, les évènements politiques l'occupent. Au fond de la province, privé de cette promptitude avec laquelle les bruits publics circulent de nos jours, il est au courant de tout ce qu'il y a de remarquable, ses dates sont toujours celles de l'histoire. Il y met toutefois la plus grande prudence : *La guerre est trop éloignée, il craindrait de mentir, car un beau taire vault beaucoup, qui trop parle est dyot.* On en parle, dit-il, dans l'*auditoire;* c'est le lieu où se réunissent les bourgeois pour traiter des affaires; la politique y trouve sa place.

Les affaires commerciales laissent quelques instants à donner aux arts. Les jeux scéniques font le délassement des habitants, ils les aiment avec fureur. Laval, dès le XVe siècle, a ses *Confrères de la Passion* qui transportent leurs tréteaux dans tous les environs et vont partout dressant leurs *chauffaulx*. On recherche de tous côtés leurs représentations.

Le Doyen est auteur, acteur et même directeur. Il se charge de tous les rôles, même de ceux qui ne peuvent lui convenir; *j'ai joué le personnaige*, raconte-t-il, *quoiqu'il ne put me duyre*. Il est même aussi celui qui vient au secours de la mémoire des acteurs, il souffle : *Je tins le second papier, pour aider l'entremettier.*

Il raconte une longue série de représentations de mystères et de moralités : Il a composé le papier du *Bon Pèlerin*, et en a joué le *personnaige* devant Saint-Vénérand. *Le Beau Mystère de Sainte-Barbe* est représenté *six jours durant*, dans les prairies de Bootz. Il nous dit les encouragements de Monseigneur le comte et de sa noble épouse, qui invitent des grands du Parlement de Paris à venir assister à ce beau mystère, et voir *de Barbe les devises*, auxquelles la musique de Monseigneur, *trompettes et clairons*, donnent encore un plus brillant éclat.

Les noms seuls des mystères, que composa et fit représenter Le Doyen, nous sont restés. Un hasard heureux nous fera, peut-être, quelque jour, rencontrer le manuscrit d'une de ces productions théâtrales, que notre auteur prenait tant de plaisir à composer et à mettre en scène, et auxquelles nos aïeux applaudissaient avec tant d'enthousiasme.

Le Doyen s'occupe plus spécialement du faubourg du Pont-de-Mayenne qu'il habite. Il en retrace avec satisfaction les agrandissements et les embellissements. C'est une église paroissiale, dédiée à Saint-Vénérand, construite par les habitants afin d'éviter le trajet long et périlleux qu'il faut parcourir pour se rendre à l'église de l'antique prieuré de Saint-Melaine qui sert de paroisse. Il nous fait connaître avec soin les noms des honorables procureurs et marguilliers dont les soins et le zèle ont tant contribué à l'entier achèvement de ce nouvel édifice. Il donne aussi les noms des paroissiens religieux qui leur vinrent en aide par des dons et des largesses. Monseigneur le comte l'enrichit d'une insigne relique du bienheureux martyr, donné pour patron à la nouvelle paroisse.

Le Doyen voit construire dans le même temps le beau couvent des Jacobins, au lieu *de la Trinquerie*, qu'un ordre de Monseigneur enjoint d'appeler à l'avenir *Notre-Dame de Bonne-Encontre*.

C'est lui qui, comme notaire, a fait tous les marchés, passé tous les actes nécessaires à l'acquisition des terrains sur lesquels sont élevées les constructions.

La mort malheureuse du comte de Laval, Guy XVI, lui donne le sujet, en 1531, d'un long dithyrambe, imprimé dans le temps, sous le pseudonyme *d'Al Myton*. Il se plaît, dans ce poëme, qui fait partie de la chronique, à dire les vertus de celui qui fut son bienfaiteur.

Il raconte dans le plus grand détail la pompe funèbre de ses obsèques qui eurent lieu à Saint-Tugal, rappelant par leur magnificence celles de nos rois à Saint-Denis.

La biographie de Guillaume Le Doyen n'est pas longue ; nous ne possédons sur lui et sur sa vie que ce que lui-même nous apprend dans sa chronique. La date de sa naissance, de même que celle de sa mort, sont ignorées. Le Manoir Ouvrouïn, au faubourg du Pont-de-Mayenne, est le lieu où il naquit et où il faisait sa demeure. Aussi fait-il l'histoire de ce quartier plutôt que celle du reste de la ville. On voit déjà cet esprit de rivalité que l'on retrouve encore de nos jours entre ces deux parties de la ville que sépare la Mayenne : *Messieurs de Laval*, dit-il, en parlant des paroissiens de la Trinité.

En 1481, Guillaume Le Doyen se marie. Il exerçait la profession de notaire du comté, *il est personne publique recherchant la faveur de tout le monde*. Il reste encore plusieurs actes sortant de son *tabelier*. En grande faveur auprès de Monseigneur, lors de la réformation du corps des notaires du comté en l'année 1516, Le Doyen fut un des premiers maintenu.

Il nous apprend aussi qu'en 1530, Monseigneur le plaça à l'Hôtel-Dieu, comme scribe ou économe ; il n'est plus là dans son milieu, flaneur et curieux, la vie sédentaire et renfermée ne peut lui convenir : *Seize mois qu'y fus en prison*, s'écrie-t-il, *jamais jour de deduyt* ; il en sort avec joie pour retourner à sa causerie et reprendre sa plume.

Le Doyen est causeur, frondeur ; sa position de notaire lui fait connaître un grand nombre d'actes publics et privés qu'il raconte et dont le souvenir est précieux. Il n'est aucun fait dont il ait été témoin, qui ne trouve place dans ses rimes. C'est un détail de la vie privée de nos aïeux, une peinture de mœurs qui n'est pas sans attrait.

L'esprit de réforme dont le XVIe siècle fut tourmenté, et qui séduisit plusieurs des seigneurs de Laval, l'entraîne parfois. Il a des boutades qui lui font décocher des traits contre le pape, contre les indulgences, les miracles, les moines et les grands clercs du monde. Il n'en est pas moins bon catholique et attaché à sa foi. Il ne manque pas, chaque année, un sermon de carême et a le soin de nous instruire du nom du prédicateur et aussi de son texte.

Le Doyen nous fournit encore une statistique fidèle de la valeur des choses de première néccessité, à l'époque où il a vécu. Il donne exactement, année par année, le prix du blé, de la viande, du vin, du bois, etc.

On pourrait se faire une fausse idée du prix des objets, si on le considérait relativement à la valeur nominale des espèces en usage aujourd'hui. De notables changements sont survenus dans la valeur des monnaies depuis le temps où Le Doyen écrivait sa Chronique. Pendant le demi-siècle dont il fait l'histoire, une diminution déjà se fait sentir. L'abondance du numéraire que répandit la découverte du Nouveau-Monde, a déjà une grande influence : sa valeur intrinsèque perd en proportion. L'altération que subit la monnaie dans la suite des temps, en fit encore baisser la valeur; c'est le même nom, ce n'est plus le même poids, ni le même titre.

Les mesures locales de capacité à cette époque, sont pour le blé : la charge, équivalant à 12 boisseaux, le septier à huit. Le boisseau avait divers poids, suivant les différentes châtellenies qui avaient droit de donner mesure aux sujets qui en dépendaient. Sur le marché de Laval, il portait le nom de *Boisseau Valois*, et pesait 28 livres, poids de 16 onces. Plus tard, il fut augmenté *d'un grain roulant sur le bord ;* il eut alors le poids de 30 livres. (Pichot de la Graverie.)

Le tableau ci-après (1) fait voir le rapport existant entre l'ancienne valeur monétaire et celle de nos jours. Il est calculé d'après les recherches de M. C. Leber, dans son *Essai sur l'appréciation de la fortune privée au moyen-âge* (2ᵉ édition, 1847).

Le prix élevé auquel on voit se maintenir les céréales pendant presque tout le temps que dure notre Chronique, annonce une agriculture peu avancée, insuffisante à la consommation du pays. C'est un temps presque continuel de disette, une lutte contre la famine presque toujours menaçante.

On doit regretter de ne retrouver dans Le Doyen aucuns renseignements sur le prix de la main-d'œuvre ni sur le salaire des ouvriers. Cette lacune fâcheuse nous prive d'un moyen de comparaison entre le travail et les besoins de la vie commune.

Quant au mérite littéraire de notre chroniqueur, peu de chose en est à dire. Le Doyen n'est pas poète ; ses éphémérides en prose rimée ne sauraient à aucun titre lui valoir cette qualité et ne peuvent prendre le nom de poésie.

(1) Voir page xv.

C'est le vers de huit syllabes, entremêlé, mais rarement, de celui de dix, dont il fait usage. Il a employé le vers alexandrin, de douze syllabes, dans la pièce où il pleure la mort de Guy XVI, et où il raconte ses funérailles.

Pour amener la rime, sa pensée est contournée. Cependant on trouve toujours dans ses vers une mesure et un rythme uniformes.

Le Doyen n'est point le premier qui ait ainsi mis l'histoire en vers. Ce n'était point nouveau à son époque. *Les Vigiles du roy Charles VII à neuf psaumes et à neuf leçons*, dans lesquelles *Martial d'Auvergne* a écrit en vers l'histoire des temps malheureux du commencement du XVe siècle, lui sont antérieures de quelques années. *Guillaume Boyvin*, né à Angers, composait, de 1485 à 1506, *Une Chronique en vers des choses mémorables advenues tant en France que ès autres lieux*. Il existe encore d'autres documents de ce genre. Notre chroniqueur n'est inférieur en rien à aucun de ses contemporains.

Si l'ancienneté du langage et une foule de mots inconnus aujourd'hui à notre langue rendent la lecture de cette chronique difficile, elle offre un ample dédommagement par l'intérêt des faits qu'elle contient. Partout, règne un caractère soutenu de gaieté et de bonhommie ; les locutions proverbiales y abondent, on y retrouve aussi certains traits satyriques, annonçant l'esprit frondeur d'un bourgeois caustique.

C'est un monument curieux, en même temps le seul d'une époque intéressante pour notre pays.

C'est d'après un manuscrit existant à la Bibliothèque de Laval que nous publions la Chronique de Guillaume

Le Doyen. L'orthographe originale a été scrupuleusement observée, on s'est borné à ajouter la ponctuation nécessaire à mieux faire comprendre le texte.

Nous avons fait notre possible pour en rendre l'intelligence plus facile en donnant en outre, dans des notes, la signification des mots dont l'usage est perdu. Le *Dictionnaire de la langue romane*, de Roquefort, le *Glossaire* qui fait suite à l'édition de Rabelais, édition Desoër, le *Glossaire de l'ancien Théâtre Français*, publié par P. Jannet, nous ont, ainsi que plusieurs autres ouvrages, facilité le travail.

Des notes et pièces justificatives, ajoutées dans le texte et à la suite de l'ouvrage, ont pour but de compléter, autant que possible, des faits que l'auteur de la Chronique ne fait qu'indiquer.

Un grand nombre de documents et mémoires concernant notre histoire locale sont déjà sortis des presses de M. H. Godbert. On doit aujourd'hui lui savoir gré d'avoir tiré de l'oubli et mis au jour la *Chronique de Guillaume Le Doyen* qui nous fait connaître notre ville à une époque où elle commence à prendre une vie toute nouvelle. L'accueil favorable que cette publication recevra du public, comme nous n'en doutons point, lui sera un encouragement pour en entreprendre plus tard une autre plus importante, celle de notre historien *Maucourt de Bourjolly*.

Août 1858.   L. B.

Tableau de la valeur des denrées, à la fin du xv° siècle et au commencement du xvi°, comparée aux prix modernes.

ANNÉE.	INDICATION DES OBJETS.	PRIX ANCIENS EN LIVRES, SOUS ET DENIERS.	PRIX A LA VALEUR ACTUELLE DE L'ARGENT.
1480 (1)	Blé. 1 boisseau valoys...............	14 deniers.	1 f. 58 c.
1481	Id. Id...................	6 sous.	6 f. 28 c.
	Vin vieux du pays. La pipe.............	12 francs.	300 f.
	Cidre. Le pot.......................	8 deniers.	0 f. 92 c.
	Bois. La charretée..................	4 sous.	5 f. 52 c.
1482	Blé. Le boisseau...................	8 sous.	11 f.
	Id. Id...................	5 sous.	6 f. 90 c.
	Vin. Le pot.......................	2 sous.	2 f. 76 c.
	La grande taille...................	800 francs.	22,000 f.
1483	Blé. Le boisseau...................	4 sous.	5 f. 52 c.
1484	Id. Id...................	4 sous.	5 f. 52 c.
1485	Id. Id...................	4 sous.	5 f. 52 c.

(1) Le marc à 12 livres. L'argent au pouvoir de 6 (a).

(a) La valeur de l'argent, comme celle de toute marchandise, est susceptible de diminution ou d'augmentation, selon que ce métal est plus abondant ou plus rare. Il s'ensuit que plus il abondera, plus il perdra de son prix relatif ou variable. Ce prix est appelé *pouvoir*, parce qu'en effet il exerce une action que subissent tous les autres prix (C. Leber. Ouvrage cité, p. 5.)

ANNÉE.	INDICATION DES OBJETS.	PRIX ANCIENS EN LIVRES, SOUS ET DENIERS.	PRIX A LA VALEUR ACTUELLE DE L'ARGENT.
1485	Rente due sur les maisons où est placée l'église Saint-Vénérand.	8 livres 10 sous.	233 f. 75 c.
	Cidre. Le pot.	18 deniers.	2 f. 07 c.
	Vin de Saint-Denys. Le pot.	2 sous.	2 f. 76 c.
1486	Un porc gras.	6 francs.	165 f.
	Cidre. Le pot.	6 deniers.	0 f. 69 c.
	Vin de Saint-Denys. Le pot.	2 sous.	2 f. 76 c.
	Id. de Fromentières.	18 deniers.	2 f. 07 c.
1487	Blé. Le boisseau.	3 sous.	4 f. 14 c.
1488	Id. Id.	4 sous.	5 f. 52 c.
1489	Id. Id.	18 deniers.	2 f. 07 c.
	Jehan Courte donne aux Jacobins.	1,200 (1) florins d'or	56,400 f.
1490	Blé. Le boisseau.	6 blancs.	8 f. 25 c.
	Vin. Le pot.	2 sous.	2 f. 76 c.
1491	Blé. Le boisseau.	3 sous.	4 f. 14 c.
1492	Id. Id.	2 sous.	2 f. 76 c.
	Il en coûte pour la sacristie de Saint-Michel abattue par les paroissiens de Saint-Melayne.	1,000 francs.	27,400 f.
1493	Blé. Le boisseau.	2 sous.	2 f. 76 c.

(1) Au moyen âge les mots *florins d'or* étaient souvent employés dans le sens générique de monnaies d'or, quelqu'en fût le nom spécial. On entendait, par florins, les pièces d'or équivalentes du temps où l'on contractait. (C. Leber. Ouv. cité.)

1493	Id. Id.	20 deniers.	2 f. 41 c.
1494	Id. Id.	2 sous.	2 f. 76 c.
1495	Id. Id.	3 sous.	4 f. 14 c.
	Vin de Saint-Denys. Le pot.	12 deniers.	1 f. 38 c.
	Id. de Marche.	12 deniers.	1 f. 38 c.
1496	Blé. Le boisseau.	20 deniers.	2 f. 41 c.
	Vin d'Orléans. Le poinçon.	100 sous.	137 f. 50 c.
	Blé. Le boisseau.	6 blancs.	8 f. 25 c.
	Id. Id.	3 sous.	4 f. 14 c.
1497	Id. Id.	6 blancs.	8 f. 25 c.
	Id. Id.	4 sous.	5 f. 52 c.
	Un porc.	1 écu.	50 f. 76 c.
	Jambon et pie.	5 sous 3 sous 4 sous.	6 f. 87 c. = 4 f. 14 c. = 5 f. 52 c.
1498	Blé. Le boisseau.	2 sous 6 deniers.	3 f. 45 c.
1499	Id. Id.	2 sous.	2 f. 76 c.
1500	Id. Id.	6 blancs.	8 f. 25 c.
	Id. Id.	3 sous et 4 sous.	4 f. 14 c. = 5 f. 52 c.
1501	Id. Id.	7 sous 6 deniers.	10 fr. 31 c.
	Id. Id.	8 sous.	11 f.
	Id. Id.	4 sous.	5 f. 52 c.
1502 (1)	Id. Id.	4 sous.	5 f. 76 c.
	Id. Id.	6 sous.	8 f. 64 c.
	Vin. Le pot.	2 sous.	2 f. 88 c.
	Blé. Le boisseau.	4 sous.	5 f. 76 c.
	Une bonne carpe.	3 sous.	4 f. 32 c.

(1) Le prix du marc d'argent à 11 livres 9 sous 0 denier.

ANNÉE.	INDICATION DES OBJETS.	PRIX ANCIENS EN LIVRES, SOUS ET DENIERS.	PRIX A LA VALEUR ACTUELLE DE L'ARGENT.
1503	Blé. Le boisseau..	5 sous 6 deniers.	7 f. 84 c.
1504	Id. Id..	3 sous et 4 sous.	4 f. 32 c. = 5 f. 52 c.
	Vin. Le pot..	4 deniers.	0 f. 48 c.
1505	Blé. Le boisseau..	5 sous 4 sous 6 den.	7 f. 20 c. = 6 f. 58 c.
	Id. Id..	6 sous.	8 f. 64 c.
	Id. Id..	2 sous 10 deniers.	4 f. 08 c.
	Id. Id..	3 sous.	4 f. 32 c.
	Vin de Marche et de Saint-Denys. Le pot.	4 deniers.	0 f. 48 c.
1506	Blé. Le boisseau..	4 sous.	5 f. 76 c.
	Ferme d'un étal à la halle à la viande de Laval.	12 livres.	345 f. 60 c.
	Vin d'Orléans. Le pot..	18 deniers.	2 f. 16 c.
	Vin du cru. Le pot..	12 deniers.	1 f. 44 c.
	Rente pour le passage des tuyaux de la Valette.—En 1485	30 sous.	43 f. 20 c.
	En 1506 on ajoute 5 s. à la rente..		50 f. 40 c.
1507	Blé. Le boisseau..	5 sous.	7 f. 20 c.
1508	Id. Id..	6 sous 5 sous.	8 f. 66 c. = 7 f. 30 c.
	Don de Touillon à Saint-Vénérand..	100 livres.	2,880 f.
1509	Blé. Le boisseau..	3 sous 2 sous.	4 f. 32 c. = 2 f. 88 c.
1510	Id. Id. à vil prix..	2 sous.	2 f. 88 c.
1511	Id. Id..	2 sous.	2 f. 88 c.
	Vin de Rablay. Le pot..	2 blancs.	2 f. 88 c.
1512	Le prix du terrain pour le cimetière Saint-Vénérand..	60 livres.	1,728 f.
	Blé. La charge..	35 sous.	50 f. 42 c.
1514 (1)	Blé. Un boisseau..	6 blancs.	2 f. 16.
1515 (2)	Id. Id..	6 blancs.	2 f. 20.
1516	Blé. La charge..	40 sous.	55 f. 02 c.
	Seigle. La charge..	70 sous.	89 f. 48 c.
	Vin. La pipe..	100 sous.	157 f. 52 c.
	Ecus d'or-soleil, montés à..	40 sous.	55 f. 02 c.
	Ecus d'or à la couronne, montés à..	39 sous.	53 f. 46 c.
1517	Froment. La charge..	4 livres 10 sous.	125 f. 78 c.
	Seigle. Id..	70 sous.	87 f. 48 c.
	Vin. La pipe..	12 francs.	330 f.
	Sel. Le mynot..	30 sous.	30 f. 58 c.
	Id. mis à..	15 sous.	15 f. 29 c.
1518 (3)	Seigle. La charge..	35 sous.	43 f. 50 c.
	Froment. Id..	70 sous.	90 f. 60 c.
1519	Blé. Id..	35 sous.	43 f. 50 c.
	Froment. Id..	60 sous.	86 f. 40 c.
	Charroi. — On payait par lieue..	5 sous.	6 f. 84 c.
	Bois. La charretée..	6 blancs.	8 f. 25 c.
	Vin d'Orléans. La pipe..	12 francs.	312 f. 44 c.
1520 (4)	Blé. La charge..	40 sous.	50 f. 76 c.
	Id. Id..	60 sous.	76 f. 14 c.
1521	Id. Id..	60 sous.	76 f. 14 c.
	Id. Id..	20 sous à 100 sous.	25 f. 38 c. = 126 f. 90 c.

(1) Le marc à 12 livres 10 sous. — (2) Le marc à 12 livres. — (3) Le marc à 12 livres 15 sous. — (4) Le marc à 13 livres.

ANNÉE.	INDICATION DES OBJETS.	PRIX ANCIENS EN LIVRES, SOUS ET DENIERS.	PRIX A LA VALEUR ACTUELLE DE L'ARGENT.
1521	Seigle. Le boisseau..................	8 sous.	10 f. 14 c.
	Porc...............................	1 écu.	50 f. 76 c.
	Id.................................	4 francs.	101 f. 52 c.
	Rente amortie à Saint-Michel..	60 sous.	76 f. 14 c.
1522	Blé. La charge.....................	6 francs.	152 f. 28 c.
	Id. Id.......................	2 francs.	50 f. 76 c
	Les arbalétriers coûtent à Saint-Melayne..	100 francs.	2,538 f. 42 c.
	Vin de Saint-Denys. La pipe........	12 francs.	304 f. 46 c.
	Porc...............................	1 écu.	50 f. 76 c.
1523	Blé. La charge.....................	50 sous.	63 f. 48 c.
1524	Id. Id.......................	60 sous.	76 f. 14 c.
	Id. Le boisseau....................	5 sous.	6 f. 31 c.
	Id. La charge.....................	6 francs.	152 f. 28 c.
	Hareng.............................	5 deniers.	0 f. 50 c.
1525	Blé. La charge.....................	60 sous.	63 f. 48 c.
	Id. Le boisseau....................	6 blancs.	8 f. 25 c.
	Deux harengs saurs et blancs......	1 blanc.	1 f. 44 c.
1526	Avoine. Le boisseau................	3 sous.	3 f. 84 c.
	Vin du pays et de Fromentières. La pipe...	100 sous.	126 f. 90 c.
	Id. d'Orléans et Montrichard. Id......	8 francs et 9 francs.	203 f. 10 c. et 228 f. 42 c.
	Id. Id.................	10 francs 6 francs.	252 f. 86 c. = 152 f. 28 c.
	Id. Id.................	12 francs 16 francs.	304 f. 46 c. = 405 f. 14 c.
	Porc...............................	1 écu.	50 f. 76 c.
	Bois. La charretée.................	12 sous.	15 f. 24 c.
	Fagot. Le cent.....................	15 sous.	19 f. 08 c.
	Deux harengs.......................	1 blanc.	0 f. 63 c.
1527	Blé. La charge.....................	56 sous.	70 f. 86 c.
	François de la Pommeraye avait de rente...	1,000 livres.	25,384 f. 62 c.
	Seigle à l'Angevine................	4 sous 6 deniers.	5 f. 07.
	Bois. La charretée.................	15 sous.	19 f. 08 c.
	Fagots. Le cent....................	16 sous.	10 f. 20 c.
1528	Blé. La charge.....................	50 sous.	63 f. 48 c.
	Id. Le boisseau au mois d'août.....	5 sous.	6 f. 31 c
	Id. Id. à Pâques.............	6 sous et 8 sous.	7 f. 62 c. = 10 f. 14 c.
	Un hareng..........................	2 deniers.	0 f. 21 c.
1529	Blé. Le boisseau...................	12 sous.	15 f. 24 c.
	Id. Id. au mois d'août......	5 sous.	6 f. 31 c.
1530	Id. Id.....................	5 sous.	6 f. 31 c.
	Id. Id. au mois d'août......	6 sous et 8 sous.	7 f. 62 c. = 10 f. 14 c.
1531	Id. Id.....................	11 sous.	13 f. 98 c.
	Id. Id. à l'août............	8 sous et 9 sous.	10 f. 14 c. = 11 f. 40 c.
	Un porc............................	100 sous.	126 f. 90 c.
	Seigle et froment. Le boisseau.....	12 sous.	15 f. 24 c.
1532	Blé. Le boisseau...................	10 sous et 8 sous.	12 f. 72 c. = 10 f. 14 c.
	Id. Id. à l'Angevine........	6 sous.	7 f. 62 c.
	Testament de Jehanne Le Breil, rente pour 40 messes.	8 livres.	203 f. 10 c.
	Sera donné au curé et vicaire......	7 sous 6 deniers.	9 f. 42 c.
	et aux chapelains..................	3 sous.	3 f. 84 c.

ANNÉE.	INDICATION DES OBJETS.	PRIX ANCIENS EN LIVRES, SOUS ET DENIERS.	PRIX A LA VALEUR ACTUELLE DE L'ARGENT.
1532	Deux harengs blancs.............	1 petit blanc.	0 f. 21 c.
1533 (1)	Seigle à Pâques. Le boisseau.................	6 sous et 8 sous.	5 f. 08 c. = 6 f. 76 c.
	Id. à l'août et à l'Angevine............	5 sous.	4 f. 20 c.
	Vin de Saint-Denis. Le pot.................	12 deniers.	0 f. 84 c.
	Id. d'Orléans.........................	16 deniers.	1 f. 12 c.
	Beurre en pot. La livre....................	12 deniers.	0 f. 84 c.
1534	Un porc........	100 sous.	84 f. 60 c.
	Bois. La charretée.........................	15 sous.	12 f. 68 c.
	Bois. La charge d'un cheval................	3 sous.	2 f. 56 c.
1535	Cidre. Le pot.............................	6 blancs.	1 f. 78 c.
	Bois. La somme...........................	2 sous.	1 f. 69 c.
	Blé. Le boisseau, à l'Angevine............	5 sous.	4 f. 20 c.
1536	Seigle. La charge.........................	66 sous.	55 f. 88 c.
	René Rousseau donne pour la construction d'une chapelle à la Trinité..........................	400 écus d'or.	13,538 f. 48 c.
	A l'église Saint-Tugal......................	250 id.	8,461 f. 62 c.
	Au curé de la Trinité une rente de.........	3 livres.	50 f. 80 c.
	Blé. Le boisseau au mois d'août.............	3 et 4 sous.	2 f. 56 c. = 3 f. 38 c.
	Bon vin d'Anjou. Le pot...................	2 sous.	1 f. 69 c.
	Id. du crû.................................	20 deniers.	1 f. 44 c.

(1) Marc d'argent à 13 livres. Pouvoir de 4.

	Porc..	1 écu.	33 f. 34 c.
	Charretée de bois.........................	15 sous.	12 f. 68 c.
	Fagots. Le cent............................	14 sous.	11 f. 88 c.
1537	Blé. Le boisseau...........................	7 sous 6 deniers.	6 f. 20 c.
	Seigle au mois d'août......................	3 sous et 4 sous.	2 f. 56 c. = 3 f. 38 c.
	Un porc.....................................	4 francs.	67 f. 68 c.

(1427) Rançon d'André de Lohéac, fils de Guy XIIJ et de Anne de Laval.

(V. p. 333.)

Au mois de mars 1427, la ville de Laval tombe par surprise au pouvoir des Anglais. André de Lohéac, chargé de sa défense, se retire dans le château avec la garnison. Après six jours de siége, il se rend à composition avec tous ses gens. Anne sa mère le rachète des mains des Anglais, et paye pour sa rançon la somme de 25,000 écus, et 16,000 pour la garnison.
En 1427, l'écu vaut 1 livre.
Le prix du marc d'argent est à 8 livres 5 sols,
Les 25,000 écus valent 1,000,000 fr.
Les 16,000 écus valent 640,000 fr.
Somme énorme que Anne acquitte en vendant sa terre de Savenières, et en engageant *une couronne d'or enrichie de pierreries*. (Bourjolly.)

Prologue

des

Annalles et Chronicques

du

Pais de Laval et parties circonvoisines.

ALUSTE, très noble prince des historiens latins, recite au commencement de la bataille de Catilina, que tous les hommes se doibvent efforcer à faire choses dont après il en soit fait memoire perpetuelle, affin qu'ilz ne passent leurs vies comme bestes brutes qui ne servent sinon à leur ventre. Aussi doyvent penser que leurs noms ne soient ensevelis avecque leurs corps. A ce ont bien pourveu les nobles et vertueux du temps passé qui se sont tant efforcéz pour acquerir et faire leur nom immortel. Que nul ne list les chronicques de toutes contrées et provinces principalement de ce très chrestien Royaume de France des nobles et vertueux faicts des roys, princes, chevaliers, escuyers, capitaines, justiciers, bourgeoys, marchants et d'autre qualité, qui ne se doyvent travailler à les en suyvre. Les ungs ont faits leurs noms perpetuels par force cor-

porelle, como appert de Sanson, Hercules, Alexandre le grand, Hector de Troye, Artus roy de la grant Bretaigne, Charlemaigne, Roland, Olivier, Godefroy de Billion. Les autres par force de cueur en plusieurs vertus esquelles ilz ont fleury come Salomon par prudence, Regulus par foy, Curius par continence, Cathon par magnanimité, Ligurgues par justice, Cicero par eloquence, et mil autres desquels seroit trop long à racompter les nobles noms et nobles faicts. Puys doncq que tant de nobles se sont efforcez à faire d'eulx la memoire perpetuelle par en suyvre vertu tant du corps que de l'ame dont debvons avoir la recordation souvent en noz cueurs par les chronicques, romans et œuvres mises et redigées par escript, qui, sans ce, eussent esté mys au neant et privez de l'immortalité de leur nom qui seroit ung tres grant dommaige, actendu qu'ilz et chacun d'eulx se sont grandement penez de nous montrer le chemin et adresse de vivre en noblesse de cueur vertueusement et politicquement à supporter patiemment les adversitéz qu'il plaist à Dieu nous envoyer en ce bas emisphere, qui sont pour la pluspart pour nous advertir de notre salut et nous monstrer par experience que Dieu ne veult la mort du pécheur, mais qu'il se convertisse et qu'il vive, à apprendre à fuyr et evicter les perilz et dangiers qui procedent des péchés communs du peuple, que particulier fuyr et evicter les sayettes de l'invincible Cupido, se sçavoir gouverner par prudence en faict d'amours, recorder les choses passées, disposer aux choses presentes, pourveoirs aux choses à venir et surprendre les doubteuses, que autres plusieurs moyens qui adressent la personne à soy gouverner en ce tant fascheux et miserable monde pour à la fin tirer au port du salut.

PROLOGUE.

A ces raisons   moy indigne
venu, la grace à Dieu dont le remercie, jusques à laage
de   ay le partement de ma
nourrice de science qui est grammaire à l'instigation
de mes parents. J'ai assez d'ancien aage redigé et mys
par escript, à l'aide de Dieu qui m'a donné povoir, engin
et memoire de l'avoir commencé depuys l'année mil
quatre cent quatre vingts que fut le grant yver, comme
dict sera cy apres, jusques à l'année à present courant
mil cinq cens   dont je rends grace
et merciez au Créateur ; et debvons premierement entendre au Père qui oncques ne fut conçu ne engendre,
au Filz, qui fut du Père seullement, et au Sainct Esprit
qui des deux procède.

Les Annalles et Chronicques de ce pais et conté dudict
Laval par lesquelles pourrez voir et cognoistre qui
vouldra depuys le dict temps que les ay commencées,
quelz Roys y a euz en France, combien de temps ont
resgné ; leur nativité et trespas, semblablement des
seigneurs comtes et comtesses et leur noble lignée de
ce dict comté de Laval, de nos tres Reverends Pères
Messeigneurs les Evesques du Mans ; le commencement
et bastiement des Eglises dudict Laval et des envyrons,
come l'Eglise de Sainct Venerand, le couvent des Freres Prescheurs, le cueur de l'Eglise du Cymetiere Dieu,
que aultres beaux edifices faits faire par les seigneurs
dudict Laval, par les bourgeoys, marchants et habitants dudict lieu.

Le decèz et trespas des gens de nom, tant papes,
empereurs que gens d'Eglise, bourgeoys et marchants
dudict Laval. S'il a esté sterilité ou fertilité des biens
et fruicts de la terre et de chacune année. S'il a esté
guerre ou paix ou mortalité. Le nom des docteurs en

theologie et gens de sçavoir qui ont presché les Caresmes audict Laval, et leur thésme. Quelz misteres ont esté entreprins et jouez audict lieu et es envyrons. Le pris du bled et du vin de chacune année, cherté de vivres et de boys et deluge des grants eaues et non pas seulement en ce pais cy, mais universellement partout le Royaulme de France. Et devant que comence à entrer en la matiere cy apres, je prie aux lecteurs prendre en gré ce petit de labeur que jay prins pour mectre ce present volume en la forme y declairée, aussi ne prendre garde au langaige d'icelluy par trop mal orné, dont me desplait. Mais vous plaise suppleer à l'ignorence du facteur qui l'a faicts, seullement non pour avoir louenge ne proffit, mais pour captiver la grâce de Dieu et la benignolence d'un chacun.

En l'an mil quatre cent vingt sept, treziesme de mars, les Engloys entrerent en Laval et en l'an mil iiij^c xxix, xxve de septembre, les Francoys la recouvrerent.

Pour et affin qu'on soit memoratif
Du temps passé et aussi plus actif
Rememorer les faiz du temps présent,
Qui fut, qui est et qui sera vroyment;
Je desiroye, a mon petit sçavoir,
En reciter ce que puis percevoir
Et comprendre au dict des anciens,
Qui, assemblez, tenant compte du temps,
Parlant de paix, de cher temps et de guerre,
De leurs estat sans que nul d'eulx soy serre (1)
Tous joyeulx sont de reciter leurs ans,
Compte en tenir a petits et a grants
Que les jeunes ilz font moult esbahiz
Non pas souvent ne font foy à leurs dicts,
Tantost du roy, du pape et des seigneurs,
De gens d'Eglise, de marchants, laboureurs ;
Et neantmoins de quel qu'etat qu'on soyt
Chacun si doit avoir soing à son faict.
Et pour donner entendre ma sentence
Selon mon sens escripre ce que pense,

La journée de Mont le Herry fut en l'an mil iiij^c lxiiij.

La journée de Ancenis fut en l'an mil iiij^c lxviij

La Guerche en l'an mil iiij^c lxxij.

La journée de Sainct Aulbin en Bretaigne fut en juillet mil iiij^c iiij^{xx} et huyt.

(1) Triste.

Le lundy xv de may mil iiij^e iiij^{xx} v M^r le comte et Katherine d'Alençzon son épouse assirent la premiere pierre en l'Eglise Sainct Venerand.

En l'an mil iiij^e iiij^{xx} treze fut joue au pré de Botz au temps de l'Angevine le mistère Saincte Barbe.

Du temps de Julius Cesar ledit Laval estoit nommé et appelé Dunelles dont sera parlé en l'épitapho de regraicte seigneur seizieme de ce nom.

C'est reciter en ce petit livret
Le temps futur, s'il sera chault ou froit
Et adviendra ou soit vil temps ou cher ;
Soit guerre ou paix sans mauvais temps sercher.
Et qui ad ce si me fait esmouvoir
Ce sont nos pères qui nous dient leur savoir :
Car tout plaisir à reciter leur faiz
Qu'au temps passé leurs dits pères ont faitz.
Et mesmement en ce pais cy aval
Ou est assis le conté de Laval
Duquel Laval jamais ne fut memoire
Que les seigneurs ne obtentissent victoire.
En tout honneur à servir la couronne
A tout jamais n'eurent reprouche d'homme.
Et pour parler des seigneurs et marchans
Que en la ville il y a soixante ans
Et que alors Engloys en estoient maistres,
Car en ce pais tenoient maisons et cloaistres.
Gentilz hommes tenoient maisons en ville
Et encore font qui leur est moult utile.
Et outre plus, gens de mestier tenoient
Le Bourg Hercent (1), et Marchail (2) demouroient,

---

(1) Le Bourg-Hersent, village près Laval. Hamon de Laval, fils de Guy II et de Berthe de Blois, qui fut seigneur de Laval de 1067 à 1080, eut pour femme Hersende, dame du Gué d'Orger et d'Avesnières. Elle avait une maison de plaisance au Bourg-Hersent. (Bourjolly.) Ce mariage réunit ce fief à la seigneurie de Laval.
C'est le lieu de naissance du père de la Chirurgie française, Ambroise Paré. (Voir *Essais historiques sur Laval*, p. 402).

(2) *Marchail*, *Marchis*, *Marché*. C'était le lieu où jadis paraît s'être tenu le marché de Laval, en dehors de l'enceinte murée. (Voir la note sur les Halles ci-dessous). Nous avons aujourd'hui la *Rue du Marchis*, devenue *Rue de l'Évêché*, depuis la construction du Palais Épiscopal. (Voir *Essais historiques sur Laval*, p. 397).

Aussi bourgeoys y faisoient leur demeure,
Tenans au Gast (1) fayre, marchés, pour l'heure.
Pour lors Engloys si ne furent trop fins,
Car grant puissance de gens aux Trois Moulins (2)
Se trouvèrent accoutrés bien à point,
Qui, aux Engloys, jouèrent bon l'outrepoint.
Car le moulnier la dedans les guydoit,
Qui lors estoit appellé Jehan Fouquet.
Engloys mirent dehors pour le plus seurs.
Tous les chanoines de Montseurs

(1) Gast. On retrouve souvent ce mot dans les vieux titres pour désigner des terrains incultes et montueux. Le *Dictionnaire* de Trevoux, article *Gast*, dit : que ce mot *signifie la plaine qui est vide d'arbres dans une forêt : et qu'on l'appelle plusieurs fois gâtine*. Ce même Dictionnaire donne aussi ce mot comme ayant formé plus tard *dégât*.
On voit souvent *terrain en gast.*
Cette place servait jadis à sécher les draps des moulins à foulon de Belaillé, et fut donnée par Guy VI à Avoise de Craon sa femme. Avoise s'étant remariée à Guy le Franc, en fit don aux religieux de Belle-Branche. Mathieu de Montmorency, et Emma de Laval sa seconde femme, la rachetèrent pour 100 sols tournoys de rente, en l'année 1216. (Le Blanc de la Vignolle, *Mém. ms.*)

(2) Or audit mois de septembre 1429, fut fait une entreprinse par les seigneurs du Hommet, messire Raoûl du Bouchet et Bertrand de la Ferrière, savoir comme ils pourroient recouvrer ladite ville de Laval, et par le moyen d'un meulnier, homme de bien, qui avait déplaisir de ce que les Angloys étoient devenus seigneurs et maîtres en icelle ville, ils firent bien secrettement une embuscade de gens d'armes à pied en un moulin dont ledit meulnier avoit le gouvernement, étant sur la rivière de Mayne qui passe au-dessous, et joignant laditte ville, et joignant aussi au bout du pont et du costé de ladite ville, dont les barrières sont sur iceluy pont.
Et un matin, à l'ouverture d'icelle porte, saillirent lesdites gens de guerre à pied, ainsi que les portiers estoient allez ouvrir les barrières sur icelluy pont, et entrèrent en ladite ville de Laval, crians : *Notre Dame, Saint Denys ;* en laquelle place il y avoit 2 à 300 Angloys, et les Françoys n'étoient pas plus de 200, combien qu'il y en eût plus de 600 qui les suivirent. Il y eut plu-

Par congé des sieurs de Laval
Furent faits venir à Saint Tugal (1)
Où de présent a grant colliége,
Doyen, et du chantre le siége.
Celluy temps le cueur nouveau fait
Et cloaistre qui fut moult beau fait.
Sy fut le grand pavé des halles (2)
Ou avait lors maisons et salles
Qui toutes furent jectées par terre.

sieurs Angloys de tuéz et pris ; les autres saillirent par dessus les murailles de cette ville pour se sauver, et par ce moyen laditte ville fut remise sous l'obéissance du Roy. *(Mém. concernant la Pucelle d'Orléans*, Collect. Petitot, 1re série, vol. 8, p. 220.)

Jusqu'à l'époque de la Révolution, une cérémonie religieuse avait conservé le souvenir de cette délivrance : Chaque année, le 25 septembre, jour de la saint Firmin, se faisait en mémoire de la reprise de Laval sur les Anglais, une procession autour de la place du Palais. MM. de Saint-Tugal venaient ensuite chanter la grand'messe dans l'église de la Sainte-Trinité. *(Ancien Coutumier de la Trinité.)*

(1) Anne Ire, comtesse de Laval, réunit en 1444 les chanoines du chapitre des Trois Maries de Montsûrs aux chanoines de Saint-Tugal de Laval. Voir les *Rech. hist. sur l'Eglise de la Trinité de Laval*, *1845*, p. 207.

L'Eglise de Saint-Tugal fut construite en 1446, et réunie à la chapelle du Bourg-Chevrel. V. Bourjolly, ms.

(2) Le grand pavé des Halles. C'est ce que nous appelons aujourd'hui la *Place du Palais*. Le Doyen veut parler du temps où cette place dut être agrandie pour y transférer le marché qui se tenait en dehors de la ville, au *Marchis*, et où furent construites les Halles que nous venons de voir détruire (1852).

Le Blanc de la Vignolle dit en parlant des Halles : « Nos Halles « sont fort anciennes, et je n'ay pu apprendre le temps qu'elles « ont esté basties. Il paroît toujours qu'il y a près de 400 ans (il « écrivait vers 1680), quoique l'on dise que le marché estoit au-« trefois au *Marchis*, *Altæ primordia Romæ*, et mesme que le « vieux palais où on rendoit la justice y étoit situé. » *(Mém. m*. *sur le Comté).*

Le genre de construction des vieilles Halles semblait s'accorder avec l'époque que lui assigne Le Doyen, la fin du XIVe siècle ou le commencement du XVe.

Plus n'estoit nouvelle de guerre.
Puys, peu apres, et bourgeoys et marchants,
Gentilz homes qui lors tenoient les champs,
Firent, en Laval, mainte maison construire,
En pluseurs places que chacun fist eslire.

Ung seul apoticaire avoit
En Laval, qui bien peu avoit
De bouestes pour parer bouticque,
Il n'estoit nouvelle d'anticque.
Gauden on dit qu'estoit nommé,
Homme de bien et moult famé.

Aussi, n'avoit nulz chapelliers,
Non avoit-il de chaussetiers.
Mais les hauts bonnets et jacquetes (1)
Pour lors si avoient leurs requestes
Paletocz pourpoins abourez
Estoient sur espaules fourrez,
Chapperons rons avoient les femes,
Hault coueffez sy estoient les dames,

(1) En celte même année, 1467, dit Commines, changèrent leurs atours les dames et damoiselles, et se mirent à porter bonnets sur leurs testes, et couvrechefs si long, que tels y avoit qui touchoient la terre par derrière leur dos ; et elles prirent des ceintures plus larges, et de plus riches fourrures que oncques ; mais elles laissèrent leurs queues à porter, et au lieu de cela elles prirent grandes et riches bordures...... Les hommes aussi se mirent à se vestir plus court que oncques — mais ils avoient faict, si qu'on voyoit leurs derrières et leurs devants, ainsi comme on vouloit vestir les singes ; et se mirent à porter si longs cheveux, qu'ils leur empeschoient le visage et les yeux. De plus, ils portoient de haut bonnets sur leurs testes trop mignonnement, et des souliers à trop longues poulaines...... les valets mesmement, à l'imitation des maistres, et les petites gens indifferemment, portoient des pourpoints de soye, ou de velours ; choses trop vaines, et sans doute haineuses à Dieu.

Cornetes de deux doiz avoient ,
Large tissu aussi portoient.
Grant collet fourré sur l'espaule
Par derriere long qu'une gaule ;
Cottes à godet hault monté
Juc es rains estoit surmonté.
Les gentils souliers à Poullaine (1)
Et d'autre estat comme à bec d'Enne
Tous gens d'Eglise au Lignolet (2)
Portoient chapperons à rolet
Qui estoit chose très honeste.
Maintenant l'on ne cognoit maistre ,
Marchans et prestre c'es tout ung
Tous sont vestuz l'autre que l'ung

Puys fut regnant le roy Loys (3)
Qui fut d'un terrible divis.
Craint, doubté estoit sans mentir,
Non pas liger à consentir.
En cueur , couraige estoit moult chault
Vertueux , hault vouloir et lault
Lequel fist grants actes de guerre
En la Bourgongne et autre terre.
La journée de Mont le Herry
Fut en l'an que diray icy :

(1) Souliers à la Poulaine, dont l'extrémité se terminait en bec et recevait des formes bizarres. Il est question de cette mode dès le xi⁰ siècle. Elle reprend vers l'an 1294, par la vogue que lui donne un cordonnier fameux appelé *Poulaine*. Elle ne cessa définitivement que bien avant dans le xv⁰ siècle.

(2) *Lignolet* ancien costume , sorte de chaussure ou de galoches qui était fort recherchée. (*Compl. du Dict. de l'Académie 1844.*)

(3) Louis XI parvint à la couronne le 21 juillet 1461, à l'âge de 39 ans.

PRÉAMBULE.

Ce fut en l'an soixante et quatre
Mil quatre cent sans rien debatre,
Ancenis (1), l'an soixante et huyt
Ou falloit avoir sau conduyt.
Et la Guerche (2) pour abréger
Ou le roy Loys fut loger.
Passa par Laval (3), dire l'ouse,
Et fut en l'an soixante et douze.
Le dict Roy ung provoust avoit
Qui Tristan l'Ermite s'appeloit,
Craint, doubté quasi que le Roy,
Plusieurs fist mectre en mal arroy.
Et peu après sans grant nuance
Lucembourg, conestable en France,
Fust à Paris decapité (4),
Car il l'avoit bien merité :
Gaiges et pension prenoit
Du Roy d'Englettere, et avoit
Es duc de Bourgongne deniers
Qui luy furent venduz bien chers.
Sa traïson vit devant ses yeulx
Dont il ne fut pas moult joyeulx.
Et davantaige fist de faire
Come tirant de mal affaire

Ledict conestable fut décapité à Paris sur ung chauffault en Grève le xix° jour de décembre mil iiijlxxvj et son corps enterré es Cordeliers.

En icelluy an Charles duc de Bourgongne fut tué à Nancy. (Le 5 janvier 1476.)

(1) Traité d'Ancenis 1468.

(2) Prise de La Guerche. Le roi avait pendant le siège son quartier général à l'abbaye de La Roë (Dom Lobineau).

(3) Louis XI passe à Laval. On a plusieurs lettres de lui datées des villes de Montsûrs et de Laval, et des châteaux de Montjean et de la Guerche.

(4) Louis de Luxembourg, grand connétable de France.

En l'an mil iiij^e lxxviij ou est le corps de saint Martin gisant le Roy Loys après maints grants azards un beau treillis d'argent dona pesant cinq mille sept cent soxante seze mars.

Sa femme qui tant noble estoit
Pour quelle voyoit et cognoissoit
Partie des maux et secretz
Qui estoit pouvres entremectz
Pour luy, l'advertissant du faict
Qui pour elle fut maulvais faict :
Soudain la fist evanouir
Tellement qu'il la fist mourir.
A Chasteaubriend et la Guerche (1)
Fit saillir de l'arc mainte fleche,
Mainte pierre d'artillerie
A plusieurs fist perdre la vie.
Sy fist il ou pays de Bourgongne ;
Arras (2) fist aller sans eslongne
Demourer tous gens de mestier
De toutes villes et quartiers
Et de son Royaulme de France (3)
Dont iceux n'aimoit cette dance.

(1) Siége de la Guerche et de Châteaubriand.

(2) Louis XI, qui s'était rendu maître de l'Artois, croyant ne pouvoir fléchir l'obstination des habitants d'Arras, et leur haine et leur aversion à la domination française, se trouva obligé d'y envoyer dans ce temps ici, des colonies françaises, ce qu'il fit. Il en prit dans les meilleures villes du Royaume. La ville d'Angers fournit quarante ménages. *(Hist. d'Angers*, Barthelémy Roger, p. 372.)

(3) Après la bataille de Nancy, Louis XI s'empara d'Arras en 1477, relegua un assez grand nombre d'habitants dans le Royaume et mit des Français à leur place. Il voulut même changer le nom de cette ville en lui donnant le nom de *Franchise* ou de *Francte*. *(Hist. de France* du Père Daniel.

Louis XI connaissant l'obstination et l'attachement invincible des bourgeois d'Arras pour le sang de leurs anciens maîtres, prit le parti de les chasser de leur ville, et de les disperser dans le Royaume, et il établit à leur place une nouvelle colonie ramassée de différentes provinces. Il fut mal servi dans son choix : les commissaires qu'il avait chargés de ce soin rassemblèrent un tas de

En l'an soixante et dix neuf,
Sans qu'il fist ne gresle ne neuf (1),
Mais tonnerre et pluye indécents
En l'an susdit mil quatre cents
Second jour du moys de iuillet,
Ou tout celuy jour ne fist sec,
Partirent plusieurs mesnaigers
De Laval et bons estaigers
Pour audict Arras demourer,
Mais ce ne fut mye sans plourer.
Par le commandement du Roy
Qui estoit corrompre la loy
Dont les aucuns la demourerent
Et les autres s'en retournerent.
Plusieurs moururent de despit
D'avoir laissé leur bon crédit,
Leurs parents et leur nation.
D'aller en autre region.
Pouvres gens furent moult chargèz
De tailles et bien revaillez
De gendarmes de tous langaiges
Qui ressemblaient hommes saulvaiges.
Ce païs en estoit si couvert
Que la nuit n'avoit feu couvert.

vagabonds et de fainéants qui dissipèrent les fonds qu'on avait faits pour leur établissement, et retournèrent à leur premier genre de vie. Louis ne se rebuta point, et prit des mesures mieux combinées pour fonder une nouvelle colonie. Il changea même le nom de la ville en celui de *Franchise* ou *Franchie*, mais il eut le chagrin de voir le peu de succès de ses soins. (Vely, *Hist. de France*, t. XVIII, 294.

(1) Neige?

Et si voulez de moy savoir
Je fuz natif du beau Manoir (1)
Ouvrouïn, près le pont de Mayenne,
Ou j'ay ma terre et mon domaine
Qui n'est pas de grant revenu,
Je vis du gros et du menu,
Car je suis personne publicque (2)
Et chacun jour mon sens applicque
Avoir de Dieu parfaicte amour
Et o tout le peuple favour.

Le Manoir (3) fut à gens moult saiges
Qui avoient rentes et villaiges

(1) Le Manoir Ouvrouin. C'était un des fiefs du Pont-de-Mayenne, qui prenait son nom de la famille qui l'habitait. On vient d'y établir une communauté de Carmélites (1857).

(2) Le Doyen était notaire du Comté.

(3) Le Manoir appartenait à la maison Ouvrouïn, famille ancienne à Laval, qui s'éteignit dans la personne de Jehan Ouvrouïn, V° du nom, mort en 1427. Ils étaient seigneurs du Manoir, de Poligné, La Coconnière, Levaré Ouvrouïn, etc....... Cette famille a donné deux évêques à l'Eglise : Guillaume, évêque de Rennes de 1328 à 1347, et un autre Guillaume, évêque de Léon de 1347 à 1349. Suivant notre auteur, il n'y eut qu'un seul évêque de ce nom, qui occupa successivement les deux sièges.
Jehanne des Roches était fille de Jehan Ouvrouïn, IV° du nom, et de Jehanne de Courceriers. Elle avait épousé en premières noces le seigneur de Jarzé, et en deuxièmes le seigneur des Roches. Elle ne laissa point d'enfants.
Les Ouvrouïns furent les fondateurs du *Chapitre du Cimetière-Dieu de Saint-Michel*, aujourd'hui maison de Révérends Pères Jésuites. On voyait, avant la Révolution, dans l'église de Saint-Michel, le mausolée de Guillaume, évêque de Rennes, surmonté de sa statue en marbre blanc. En 1803, cette statue a été transportée dans l'Eglise de la Sainte-Trinité, où on la voit aujourd'hui.
Les Ouvrouïns portaient : *Colissés d'or et de gueules de dix pièces, au franc quartier d'hermines.*
Les des Roches : *D'argent, au chevron de gueules, accompagné de trois roses de sinople.*

Dont la Dame des Roches issit :
S'y fist l'Evesque comme on dit.
Duquel on voit sa sepulture
En lieu apparant sans murmure
Qui est au Cymetiere Dieu.
Lequel son vivant si tint lieu
A Rome avecques le Pape
Qui chacun jour nos deniers happe.
Et si fut fondeur dudict lieu
Qu'on dit le *Cymetiere à Dieu.*
C'estoient les simples chappelains
Qu'il augmenta ne plus ne moins,
Et fist chanoines prebendez.
Et Evesque fut de Leon
Et en Bretaigne, se disoit-on,
D'Autherives, de Poligné,
Fut seigneur, mesme de Sacé,
De Soulgé et plusieurs villaiges.
En ce païs avoit grants usaiges.

Et en l'an mil quatre cent trente
La ville de Laval reprinse
Fust par une faczon bien gente
D'un moulnier guidant l'entreprinse
Et quant Engloys furent de hors
Chacun se mist en ses efforts
De bastir et de marchander
Et en biens superabonder.

Le cueur du Cymetiere Dieu (1)
De ce temps fut faict en ce lieu,

(1) Vers 1423.

Edifiés par les chanoines
Et fondeurs qui y prindrent peines,
Dont *motif* (1) fut l'un d'eux moult gay,
Nommé messire André Le Gay.
Chanoine prebendez lyens (2)
Qui mesnaiger fust en son temps.
Car a mon veu, pour dire veoir,
Toute la rue dudict Manoir (3)
Juc audict Cymetiere Dieu
Et aussi en maint autre lieu
Fut cause de tous édifices,
De maisons qui sont moult propices,
Des places vuides qu'avoit prins
Pour y bastir son entreprins.
Car il tenoit moult grant perriere,
Qui est jouste la Brossardiere.
Et qui voudra en voir raison
Regarde des murs la faczon.
Luy mesme avant que mourir
La nef d'Eglise vit bastir (4),
Chaeres, orgues, plusieurs imaiges
Car avoit revenus et gaiges.
Cent ans avoit le bon seigneur
Quant l'ame rendit par honneur.

Tout ce qu'est cy devant recit
Jay oy, veu, que par escript
Selon le dict des anciens
Car j'ay frequenté toutes gens.

   (1) *Motif* pour moteur.
   (2) *Lyens* pour céans.
   (3) Construction de la rue Saint-Michel.
   (4) Eglise de Saint-Michel. Vers 1423.

Ce que veulx après reciter,
Je le veux pour vroy denoter
Estre vroys, si mort ne m'ensuye
L'accompliray durant ma vie
S'il plait à Dieu me donner grâce
Et sa mère que le parface
Pour raporter pour verité
Ce qu'après sera recité.

Et premier mil iiij^c iiij^{xx}.

N mil quatre cent quatre vingts (1)
Gelerent sitres (2) et tous vins.
Il fit un yver (3) si terrible,
Que d'eschauffer n'estoit possible.
Et commença les longs feriers (4)
De Nouel qui fust moult divers.
Lequel, juc à la Chandeleur,
Dura sans aucune challeur.

Pâques le 2 avril.

Nota du grant yver.

(1) Le jour du mois où se trouvait la fête de Pâques qui commençait l'année jusqu'à l'introduction du Calendrier grégorien en 1582, est ici indiqué d'après la concordance chronologique insérée dans l'*Annuaire historique* pour l'année 1842, publié par la Société de l'Histoire de France, page 105. (Paris, Jules Renouard.

(2) *Sitres* pour cidres.

(3) Les Mémoires du temps font mention de cet hiver de 1480. On lit dans Commines :

« L'yver dura de Nouel à la Chandeleur. Pendant quel temps
« *fit la plus grande et aspre froidure que les anciens eussent*
« *jamais vue en leur vie.* . . . .
« . . . . *A ceste cause, le vin de l'année précédente qui au*
« commencement ne fust vendu à destail et taverne que 4 ^{ces} tournois, fust vendu 12 ^{ces} tournois la pinte. . . . .
« . . . . *Fust aussi le bled moult cher universellement.* »

(4) Fêtes de Noël.

Et qui vouloit du vin hucher (1),
Il falloit la broche chauffer
De fer, qui eust voulu boyre,
Autrement l'on perdoit mesmoire.
Vignes, romarins et genetz
Estoient commis (2) à se chauffer.
De moutons, brebis et aigneaux,
Les pelletiers en eurent les peaux.
Toutes avaines en quésirent (3),
Dont les chevaux si en moururent.
Et, pour en parler à bon droit,
Il fust bien vestu qui n'eust froid.
Et valoit bled, boësseau valoys (4),
Pour tout vray, quatorze tournois.
Ne devant l'yver, ne durant,
Plus ne valoit, j'en suis sçavant.

De la grande cloche de la Trinité.

En cil an, quant q y adviendré,
Fust fondue la cloche Sainct André,
De la Trinité pour tout vray,
Car j'en vis faire tout l'essay ;
Moy yssant (5) de la grant escolle,
Dy aller ne fuz plus en colle (6).

(1) *Hucher.* Ce mot est employé ici dans le sens de *boire.*

(2) Mis au feu.

(3) Périrent.

(4) Boisseau valoys. Boisseau de place, mesure ordinaire de Laval, contenant 21 chopines et pesant 28 livres.

(5) Étant, sortant.

(6) *Colle :* Fantaisie.

iiij͜e iiij͜xx j.

Segretain (1), ne mye (2), de par Dieu,
Servir au Cymetiere Dieu.
Puys de là, où tout foul ou saige,
Je mordonne à mariaige.

iiij͜e iiij͜xx j.

Puys à Pasques, sans rien debatre,
Quatre vingt ung est notre date,
Bled valut six blancs le boësseau,
Autant le veil (3) que le nouveau.
Puys valut, à laoust ensuyvant,
Six sols, de cela je me vant (4).
Lon le tiroit de ce Bas Maine
Et le menoit droict en Bretaigne.
Il ne fust ceste année nulz vins,
Car il ne fust point de raisins,
Ne en ce pais, ny en Anjou.
Mortes vignes en chascun lieu.
Pippe de vin veil de ce pais,
Douze francs, s'en estoit le pris.
Mais la Chapelle d'Anthenaise
Eust le cours dont chascun fust aise,
Car leurs sitres avoient gardéz
Qui furent moult soutregardéz (5).
Huyt deniers on vendoit le pot.
Boyre cildre, c'est pouvre escot.

Pâques
le 22 avril.

(1) *Segretain :* Secrétaire.
(2) *Ne mye :* Pas plus.
(3) Le vieux.
(4) Je sais bien.
(5) Estimés.

iiij^c iiij^{xx} ij.

En cil an comme jay jà dit,
La riviere, sans contredit,
Et les ruisseaux furent moult grants :
Car je la vis dont je me vants
Jusques à la maison Chesdasne (1).
Bien est vray que je vis ung asne
Qui portoit sur sa longue eschine
Bien douze boësseaux de farine :
Mais quant fust à lhuis du Galays,
Passant l'eau, pluseurs ad ce veoirs,
Demoura asne et farine.
Car elle faisoit très pouvre mine,
Ou carrefour Marc Sohier
Ou reçut maint coup pour loyer.
Cil an, il fust peu de fruitaiges,
De char (2) de porc que dautres usaiges.
L'yver ne fust pas des plus forts
Car le boys nous faisoit efforts (3),
Qui estoit à tres grand marché ;
Car à quatre solz est lasché (4)
Charlée de boys de forest.
Par tout on faisoit roust et bouest (5).

iiij^c iiij^{xx} ij.

Pâques le 7 avril.

Et quant fusmes au temps joyeulx
Qui sont Pasques quatre vingt deux,

---

(1) Cette maison était dans la rue du Pont-de-Mayenne, et voisine du lieu où est aujourd'hui l'église Saint-Vénérand.

(2) *Char*, pour chair.

(3) Nous abondait.

(4) Donné.

(5) Roust et bouest. C'est-à-dire on mangeait du rôt et on buvait.

Bled valut huyt solz le boësseau,
Autant le veil que le nouveau.
La justice a cinq solz le mint,
Mais le peuple guère n'en tint.
Le pain fust vendu à la livre
Afin que chascun se peust vivre.
Ceulx qui avoient bled à greniers
Ilz les tenoient par trop à chers.
Vous eussiez vu à grant centaines
Pouvres par les rues, hors d'alaynes (1).
Toutefois, d'aulcuns bons bourgeoys,
La sepmaine, deux fois ou troys,
Leur donnoient, pour Dieu, charité,
Qui bien leur sera merité.
Cil année, en ce pais cy,
Peu de bled il y fut cuilly.
Sy fust vin au temps de vendenges
Dont fust chanté pouvres louenges;
Deux solz on en vendoit le pot,
Qui estoit tres maulvais escot.
En apres l'yver ne fust mye (2),
Des plus forts il ne geloit mye,
Ne les eaux ne furent pas grants
Dont chascun fust rejoissans.
Mais nouvelles soudainement
Furent apportées incontinent,
Que le Daulphin est marié (3)
A la fille du Duc donné

(1) D'haleine.
(2) Ne fut pas dur.
(3) Charles VIII, fils de Louis XI, fut fiancé à Marguerite de

De Bourgongne, comme on disoit,
Et que grant mariaige avoit.
Dont la paix si fust faicte en France
Pour icelle grant alliance.
Car ce pais cy est moult chargé
De tailles dont fust deschargé.

Ici fust assis par Commissaire pour ung an de la grant taille viij^c L. Tz.

Car pour ung an, sans que me raille,
Il fut assis de la grant taille
Huyt cent francs par commission
En Sainct Melaine sans raison.
Et si vous dy qu'en cestuy an,
Papeillons si firent grant ahan (1)
Aux fruits, et lymatz (2), et chanilles
Qui leur furent beaucoup nuisibles
Dont plusieurs gens empouesonnéz,
En furent à la mort livrez.
Car les beaux pères, toutes voyes, (3)
Religieux de Sainct François (4)
De grant flebvre, par moult grant chault,
Au couvent eurent divers assault.
Plus de trente religieux
Moururent en brief temps furieux.
Pluseurs du couvent si vuida (5)
Et chascun au loing s'en alla.

Bourgogne, fille de Marie de Bourgogne et de Maximilien d'Autriche, fils unique de Frédéric III.
On lui donna pour dot les comtés d'Artois et de Bourgogne, etc. Le mariage n'eut point lieu. Il fallut rendre les provinces (Traité d'Arras).

(1) Peine, fatigue, firent beaucoup souffrir.
(2) Limaces.
(3) *Toutes voies*, ou *voies fois*, cependant (Roquefort.)
(4) Les Cordeliers.
(5) Sortirent.

iiij^c iii^{xx} iij.

Ils mirent en grant paours tout Laval
D'ainsi mourir et de tel mal.

Et dicellui an que jay dit,
Maints pelerins, sans contredit,
Passaient de Sainct Men (1), en tel nombre,
Que mors on les trouvoit à l'ombre.
Il en mourut en peu de temps,
Par compte fait plus de deux cents,
Gouvernez à l'aumôsnerie
Où la dedans rendoient la vie.
Toutes viandes se fut cheres
Car on les mettait aux encheres.
Et l'yver fut assez passable,
Et le carême assez valable.

iiij^c iiij^{xx} iij.

Puys, après que ne me devoys (2),
Mil quatre cents quatre vingt troys,
Le bled fust un peu rélasché
Et a quatre solz fust lasché.
Les albardiers en admenaient.
Car en ce pais en avoit maint
Qui avoit relinquit (3) la guerre ;
Et convint que chacun se serre (4)
Chez soy pour sa vie gaigner,
Car ainsi failloit séspairgner.

Pâques
le 30 mars.

(1) Saint-Men, couvent à Rennes.
(2) Que je ne sorte de mon sujet.
(3) Laissé.
(4) *Se serre*, pour se renferme, se ramasse.

iiij^c iiij^{xx} iiij.

Pour l'année, en ce pais cy,
Peu bled avoit esté cuilly.
Bonne année il fust de vins
Et daultres choses bien surprins.
Nous fusmes aussi de fruictaiges
Dont eusmes de moult grant domaiges.
De tuer porcs nous fumes quittes,
Car les foretz si furent frites
De la gelée en ung moment,
Et par une brouée de vent.
La char en après ci fust chère,
Elle estoit vendu à l'enchère.
Marchants menoient bestes en Brye
Chacuns jours à grant compaignie :
Et tellement que toutes gens
De char estoient tous indigens.
Et le pénultième jour d'Aoust
Mil quatre cent comme disoys
La mort du Le roy Loys (1) mourut à Tours
Roy Loys.   Et alla veoirs le Roy des Roys.

iiij^c iiij^{xx} iiij.

Pâques   Mil quatre cent quatre vingt quatre,
le 18 avril. Pour bien compter, sans rien debatre,
             Le prix du bled, tout sejourné,
             A quatre solz fust abourné (2).

(1) Le roi Louis XI mourut au Plessis-lès-Tours le samedi 30 août 1483.
Charles VIII n'avait que 13 ans et 2 mois lorsqu'il parvint à la couronne. Il fut sacré à Rheims par Pierre de Laval, archevêque de Rheims.
(2) Taxé.

La raison si est à noter,
Cestoit pour q à Chasteaugontier (1)
Marchants d'Orléans admenoient
Force de bled qui descendoient.
Lars et aultres provisions
Dont fut faict plusieurs oraisons.

Dicelle année veulx parler,   *Mortalité.*
La mort à Laval sans tarder
Fust en tous cas bien moult diverse,
Cinq cents jeta à la renverse ;
Paroissiens de St Melaine,
Qui gard leurs ames de nul paine.
Mais tout le peuple de Laval
Il s'arrachea (2) de mont et de val.
Et dedans la ville et dehors
De vieulx, de jeunes et moult fors ;
Et eust cours (3) depuis Penthecouste
Juc à Nouël, ren je n'en ouste.
Et si plusieurs n'eussent vuidé (4)
Ilz fussent mors *hinc* et *indè*.
En celuy aoust fust bonne année,
De tous biens on faisoit donnée,
Et de vins il fust à foison,
Pluseurs en beuvoient sans raison.
De char et lars pareillement
Il en fust bien suffisamment.

(1) La rivière de la Mayenne, navigable jusqu'à Château-Gontier, permettait d'amener des blés jusqu'à cette ville ; on les y allait chercher de Laval.

(2) Le peuple fuyait de Laval.

(3) Et dura.

(4) Ne fussent partis.

Lon dit souvent à quelque heurt
Quand l'herbe point (1), le cheval meurt.

Touchant les marchants de Laval.

D'icellui temps que jay predit,
Je vieulx parler, sans contredit,
Touchant les marchants de Laval,
Sans d'eulx alléguer aucun mal :
Car ilz n'avoient à gré le temps
Ainsi comme ilz ont à présent.
En Laval, que trois n'en avoit,
Qui ensemble faisoient leur faict.
Et trois lavandiers ilz avoient
Qui leurs toiles si blandissoient,
Sur la riviere devers Botz (2),
Où de toiles avoient beaux lotz.
Les Espaignols si descendoient (3),
Et leurs toiles si achaptoient,
Dont il demouroit grant argent
Qui soustenoit beaucoup de gens.
Mais incontinent, pour deduyt,
Et que chascun faisoit proffit
Envyron cette toilerie,
Et q' ainsi ils gaignoient leur vie,

(1) Commence à pousser.

(2) Les premières *blanchisseries de toiles*, établies à Laval, paraissent l'avoir été à Bootz, moulins situés au-dessus de cette ville.

(3) Espagnols. — Des traités de commerce existaient entre les ducs de Bretagne, l'Espagne et le Portugal. Une association d'amitié et d'intérêt avait eu lieu entre les négociants de Nantes et ceux de Bilbao. Le Roi, étant à Nantes, la confirma en 1494. La qualité des toiles de Laval attira les Espagnols dans notre ville et fut une source de richesse pour les habitants.

Leurs mestiers laissèrent en effect
Pour parvenir à plus grand faict ;
Tellement que grands mectairies,
Grands domaines et clouseries
Ont acquis, et, en peu de temps,
Que les ungs ont rentes et cens,
Debvoirs et aultres revenus
Qui estoient pouvres et menuz,
Et par leurs sens et vaillantie
Ont assurance de leur vie :
Qui leur est chose magnificque
Et proffit à tout bien publicque.
Et incontinent, sans faintie,
Vindrent trouver aultre praicrie
Près Panlivard (1) et Chantelou (2)
Où d'aucuns si ont trouvé où
D'employer de moult grands deniers
En jardins, terres et vergers,
Qu'ilz ont convertiz en bon préz
Ainsi que present les voyez ;
Esquelz ont faict grox édifices (3)
Qui a eulx si sont moult propices.
Auparavant d'iceulx toiliers
Laval est garnie de drappiers ;
Teinturiers y avoient le bruyt,
Car ilz besongnoient jour et nuyt.

(1) *Vallée du Panlivard*. C'est le lieu où se trouve aujourd'hui la rue des Lices. Après la construction de l'Hospice, elle prit le nom de *Vallée de Saint-Julien*.

(2) Chantelou, moulin au-dessous de la ville, près Avesnières ; c'était un des anciens fiefs du Pont-de-Mayenne.

(3) Ces *gros édifices* se voient encore, avec un corps de logis et une tour en saillie pour l'escalier.

Paraillement d'aultres mestiers
Comme plombeurs et espinguiers (1),
Imaigers, peintres, gens d'anticque,
Tous y font chose magnificque ;
Et pluseurs gens d'aultre mestier
Qui a tout le peuple ont mestier.

iiij^c iiij^{xx} v.

Pâques
le 3 avril.

En après l'an mil quatre cents
Quatre vingt cinq, en celluy temps,
Le bled tout l'an valut le pris
De quatre solz ou il fust mis.
Les champs si n'avoient raporté
Que paille, et y encore tout noté.
De vins fust pouvre revenu ;
Il ny avoit gros ne mynu (2)
Qui en but, fors de grant salaire.
Quelque peu en vint par sur l'aire.
Ce qui en fust estoit passable
Et en gout moult fort délectable.
Nous avions de notre fort
Le noble comte de Montfort (3)
Françoys, benign et gracieux,
Qui de Dieu estoit amoureux :

(1) Espinguiers. — Espincher, c'était nettoyer avec une pince les draps des bulles de laine qui les rendaient mal unis. (Roquefort, Suppl.) Le mot *espinguiers* semble en dériver et indiquer ici les gens occupés à la fabrique d'étoffes de laine qui existait encore à Laval à cette époque.

(2) Riche ni pauvre.

(3) François de Montfort. Il était fils de Guy XIV et d'Isabeau de Bretagne. Il hérita du comté de Laval à la mort de son père, en 1486.

iiij^c iiij^{xx} v.

L'Eglise aimoit parfaictement
Comme oirez après en suyvant.
Et pour supporter ses subjectz
Il avoit par lui fait cesser
La pledoierie d'aller au Mans (1)
Qui estoit acte bien souvent
Pour appeaux en sa court donnéz
Qui a Paris sont devolez (2)

Peu après, pour faire mon compte,   Reliques de
Le dict seigneur et noble comte   St Venerand.
Voulut, pour son plaisir avoir,
D'Acquigny (3), ou avoit povoir,

(1) Louis XI, au mois d'avril 1482, en faveur de Guy XIV et de François de Montfort son fils, créa à Laval une Élection, à part, et séparée de celle du Mans, afin, disent les lettres de création, *de soulager le peuple dudit comté et seigneurie de Laval, et les relever des vexations et travaux d'aller plaidoyer et poursuivre leurs matières et procès touchant les tailles et les aides par devant les esleus ordonnés en l'Election du Mans.*

Par les mêmes lettres, il donna au comte et à ses successeurs audit comté de Laval la nomination de tous offices royaux, *tant ordinaires que extraordinaires d'aydes que de grenier à sel audit lieu de Laval étant en ce comté et terres adjointes.*

Ces lettres furent confirmées par Charles VIII au mois d'octobre 1483.

Ce roi confirma par trois lettres patentes, l'érection du comté de Laval, sa distraction du comté du Mayne, et le ressort *sans moyens* au Parlement de Paris.

L'établissement d'une élection et le droit de nommer aux offices royaux. Et une troisième pour le rang des pairs. *(Titres du Comté de Laval. Annuaire de la Mayenne, 1858, p. 17-21.)*

(2) Les appels furent portés devant le Parlement de Paris au lieu d'aller au Mans.

(3) Acquigny, ville située sur l'Eure, département de l'Eure, dont la seigneurie appartenait à la maison de Laval. On conservait, dans l'église d'un prieuré de cette ville, une partie du chef de saint Maux ou Maximo, et celui de saint Vénérand, diacre, deux frères jumeaux qui souffrirent le martyre, le même jour, à Acquigny, au mois de mai de l'année 309.

Relicque de moult grant value
Qui du dict lieu sont detenue.
Incontinent fist apporter
En cette ville et transporter.
C'est le chef du vaillant martyr
Sainct Venerand, que, pour vertir (1)
Le peuple a devotion,
En suyvant son intention,
Voulut fonder au pont de Maienne
Eglise, pour a luy prochaine,
Et honorer le vaillant sainct
Qui y a faict miracle maint,
Le quel chef il voulut donner
A Sainct Melaine, et augmenta (2)
Une eglise parochial
En proximité de Laval ;
Aussi pour éviter la paine
D'aller jusques à Sainct Melaine.
Et tout soudain, par bonne guise,
Fust esleu place pour l'eglise
A l'ostellerie Jehan du Tay :
Et tira sa veufve a parczoy (3)
Qui en fist pure cession,
Bon conctract de vendition
Aux paroissiens Sainct Melaine,
Lesquelz soudain prindrent la paine
D'aller par devers le bon comte,
Dont en brief je feray mon compte.
Les maisons si debvoient de rente
Huyt livres dix solz, que ne mente,

(1) Attirer, convertir.
(2) *Augmenta*, pour construisit.
(3) A part soi.

iiij^c iiij^{xx} v.

Sans le debvoir d'icellui lieu
Deu, pour bien entendre le jeu,
Au noble seigneur d'Autherives, (1)
Qui povoir eut, sans que je desrives,
Un tiers pilier à sa justice
Qui bien augmente sa police,
Oultre le flé et seigneurie
Sur la Chesnaye (2) que quon dye,
Sise audessus de Thevalles:
Ce fust tout faict sans intervalle (3).
Puis Monsieur, de sa bonne grâce,
Voulut faire la récompense
Des huyt livres dix sols de rente
Sur la provouste, que ne mente,
De Laval, dont bailla surté :
Fondeur (4) en est par ce traicté.

Le lundy seiziesme du moys
De may, l'an que dessus disoys,
Le dict seigneur à peu d'espace,
S'en vint au lieu et à la place
Des maisons dudict feu du Tay,
Bien déliberé de cueur gay,

Ici assist monseigneur le conte la première pierre à l'édifice St Venerand.

(1) Terre et seigneurie d'Hauterives, dans la paroisse d'Argentré. Le seigneur n'avait que deux piliers à sa justice, le comte de Laval lui en ajouta un troisième pour le récompenser de l'abandon qu'il fit de ses droits sur le terrain où fut construite l'église paroissiale de Saint-Vénérand, au faubourg du Pont-de-Mayenne. Le titre existe encore au chartrier du château d'Hauterives.

(2) La Chesnaye, près le village de Thévalles, paroisse d'Avesnières. On y voit encore une maison avec tourelle annonçant un ancien *Logis*.

(3) Sans perdre de temps.

(4) Par les divers traités que fit M. le comte, il prit le titre de fondateur.

Au coup de huyt heures du matin,
Où point il ne fust chiche au vin (1).
Et afin que son cueur desserre,
Il assit la premiere pierre,
Pluseurs personnes ce voyant,
Moy present comme ay dit devant.

L'edifice de la croesée à St Tugal.
Celluy an veritablement,
A Sainct Tugal, semblablement,
Fist commencer leur grant croesée
Qui n'est pas pour icelle année.

Le trespas de feu sire André de Laval, mareschal de France.
Et le vingt neuvième jour
De décembre, sans nul séjour,
Mourut sire André de Laval (2),
De France le bon mareschal,
Qui tant fut moult vaillant et preulx
A la guerre et chevallereux.
Tant âmé du roy et des princes,
Mais moult craint par toutes provinces.
Saige étoit et bon conducteur
De tous gens d'armes, sans faveur
Avoir ne porter. Au Royaulme
Jamais ne tournera son heaulme
Contre la couronne de France :
Mais a esté escu et lance.
Inhumé fust à Sainct Tugal,
Par Phillippe, evesque et féal

(1) Où il fut donné beaucoup de vin.

(2) André de Laval, seigneur de Lohéac, fils de Jehan de Montfort, dit Guy XIII et d'Anne de Laval. Il avait épousé Marie de Retz, dont il n'eut point d'enfants.

André fit bâtir le château de Montjean près Laval, la grosse tour Renaise, et les portes du bas de la rue Renaise, détruites en l'année 1782.

iiij^c iiij^{xx} vj.

Du Mans (2), et abbez et prieurs
Et moult d'autres religieux,
Ou couste dextre de leur cueur.
Son ame soit a Dieu à cueur.

Ou dict an, les religieux
Qu'on appelle Freres Preschours (3),
Commencent à gaigner leur vie
Et bastir à la Trinquerie,
Comme dict sera cy après,
Sans en faire trop long procès.

Mesmes aussi que ne varie,
Fust levée la charpenterie
De la Neuf de la Trinité (1),
Ung peu devant pour verité,
Dont les chevrons furent allongés
Tous neufs et de plus de sept piedz.
Et depuis ont fait leurs chapelles
Et croesées qui sont moult belles.

Mil iiij^c iiij^{xx} six.

En après l'an mil quatre cens
Quatre vingt six, en celluy temps,
De biens ne fust pas grant année
Sy non de choux et de poirée.

Commencement de Notre Dame de Bonne-Encontre.

Pâques le 26 mars.

(2) Philippe de Luxembourg, évêque du Mans de 1477 à 1507 et de 1509 à 1519.

(3) Les Jacobins, aujourd'hui la Préfecture.

(1) Le Doyen a fixé ici l'époque où l'on refit la charpente de la nef de l'église de la Trinité. (Voir *Rech. hist. sur l'église de la Trinité de Laval*, 1845, p. 136.)

iiij^c iiij^{xx} vj.

Mais c'estoit pour ceulx qui avoient
Du lard; car je n'en avois point.
Ce fust l'année ou je prins famme,
Dont Dieu me garde et Notre Dame.
Il la me doint a joye user,
Car jay bien droit de la loser. (1)
Il fust peu de bledz et de vins
Qui furent bons a toutes fins.
Et fust le peuple recouvré,
Vignes avoit trop demouré :
Et pourtant de sur les villaiges
Avoit assez cuilly fruictaiges ;
Car sitres fust à grant foueson :
Mais c'est breuvage pour maczons.
Vin de Sainct Denys, à deux solz
Valoit le pot, dont n'estoit saoulz ;
Dix huit deniers Fromentieres,
Et six deniers, sitre aux Aysnieres.
Quant aux porcs, ilz estoient pesans :
Un porc gras valoit bien six francs.
Marchants forains, les aultres bestes,
Tiroient chascuns jours de nos aistres.
Le Caresme, à Dieu me commant (2),
Poisson fust cher comme devant.

Le trespas de l'ancien seigneur de Laval.

Et le deuxieme de septembre,
Ou dict an, dont je me remembre,
Trespassa, à Chasteaubriand,
Le seigneur de Laval (3) vrayment ;

(1) *La vanter;* ce mot vient de *los, louange, loser, louanger.* On dit encore : *aleuzer.*

(2) Recommande.

(3) Guy XIV. Il avait épousé Isabeau de Bretagne, fille ainée

iiij⁽ iiij^xx vij.   37

Puys advient audict Laval,
Et inhumé à Sainct Tugal.
Par Phillippe (3) Evesque du Mans,
L'Evesque du Lido me vans ;
Pluseurs aultres abbez et moynes,
Curez, vicaires et chanoines.
Ou melieu du cueur fust pouse,
Devant Dieu soit-il repouse.

iiij⁽ iiij^xx vij.

Puis à Pasques que l'on comptoit   Pâques
Mil quatre cent quatre vingt sept,   le 15 avril.
Quatriesme jour du moys de may,
Le Roy Charles joyeulx et gay (1),   L'entrée du
A Laval si fist son entrée,   Roy Charles à
Dont Laval si fust honorée,   Laval.
Car avec lui, par grande flance,
Estoient les grants seigneurs de France :

de Jean VI⁽, duc de Bretagne, et de Jeanne de France, fille de Charles VI.
   En deuxièmes noces il épousa Françoise de Dinan.
   (3) Philippe de Luxembourg.
   (1) Charles VIII.
   Charles VIII séjourna tout le mois d'avril dans les environs de Château-Gontier, et arriva à Laval vers le 4 mai 1487.
   Il fut décidé qu'il y séjournerait pendant que son armée entrerait en Bretagne. *(Hist. de Charles VIII* par Guillaume de Jaligny, p. 25.)
   Item, et avant que ledit ost fût desparti de Nantes, le Roy notre sire fut à Clisson, puis s'en retourna à Ancenis, et puis après quand il despartit d'Ancenis, s'en alla à Laval, et y fut bien trois mois à séjour. (Manuscrit de Guillaume Oudin ; *Revue d'Anjou*, t. II, p. 67, année 1857.)

Alenczon, Bourbon, Angoulesme,
Dunois, Rex, Nevers, de cueur blesmes,
Tous aultres, sans prolixité,
Nul n'estoit du Roy excepté
Qui ne fust à lui sans engaigne (1)
Pour d'illicc tourner en Bretaigne.
Les rues à grant tapisseries
Furent tendues sans mocqueries
A Ciel et de hault et de bas,
De fines toiles et fins draps.
Es carrefours jouer, dancer
Et ès tasses bon vin verser;
Et bien cinq sepmaines ou près
Se tint le Roy sans faire excès.
Par ses gens en ceste conté,
Tout bien y estoit sourmonté (2).
Par eulx n'estoit fait quelque mal,
Mais prisoient tous ceulx de Laval.
A chascun jour vivres habondoient,
Plus que despendre (3) n'en povoient.
Et si grant peuple si trouvoit
Que le nombre nul ne sçavoit.
Et quant à son département (4)
Il fust mandé hastivement
Pour debvoir à Nantes aller,
Ou là si vouloit devaler
Pour traïson que ceux de Bretaigne
Machinoient sur lui moult grant haigne :

(1) Chagrin, fâcherie.
(2) Sourmonté: ce qui est au-dessus, l'excédant, on en avait plus qu'il n'en fallait?
(3) Dépenser.
(4) *Département*, départ.

Dont le Royaulme avoit mal aise.
Souvent repousoit à mesaise,
Priant à Dieu le Roy des Roys
Qui garde le bon roy Charoloys
De toutes traïsons et d'ennuy
Et le bon Conte à qui je suy.

En après, le saizieme jour
De juillet, fust faict maulvais tour
Pour le peuple du pont de Maïenne ;
Car il leur cousta de leur layne,
Pour cappitaine Bonnestoc ;
Ses gens n'avoient vaillans leur froc,
Mais estoient gens deraisonnez
Et qui point n'estoient à louer.
Car ilz firent un grox domaige
Es forsbourgs et sur le villaige.
L'on ne savoit quels gens s'estoient,
Cauchays, Picquarts ils se disoient.
Mais toutefois pas ung denier
Ne poiassent pour leur manger
Ny deboyres et aultres vivres :
Sinon qu'ilz tranchoient de gens yvres.
Estime valoir le domaige
Qu'ilz firent en leur villain passaige,
Plus de deux cent cinquante francs
Qau diable je les recommands.

Puys après le septiesme jour
Du mois d'aoust, sans aulcun sejour,
Le bon Conte de Laval Guy (1),
A quatre heures après midy,

Le pillage que fist le capitaine Bonnestoc et ses gens ès forsbourg du Pont de Maïenne.

L'entrée de Monsr à Laval.

---

(1) François de Laval, sous le nom de Guy XV. Il épousa Catherine d'Alençon, fille de Jean II, duc d'Alençon.
Guy XV mourut en 1500, et sa femme en 1505.

iiij^e iiij^{xx} vij.

De son bon plaisir et vouloir
A Laval voulut apparoir
Pour en prendre possession
Sans nulle murmuration.
Son frère présent Duc de Rems (1),
Pluseurs nobles chevaliers mains
Qui assisterent à leur entrée,
Laquelle fust moult decorée
En tentes, jeux, esbattemens,
Qu'on fist hors la ville et dedans.
A plaines tasses on buvoit
Vin blanc, vin clairet qui vouloit,
Pour la bien venue du seigneur
Qui de Laval est protecteur.

Cet année fust assez de biens
En bledz et vins n'en failloit riens ;
Chascun en cuillit à raison
Pour soy et sa provision.

(1) Pierre de Laval, archevêque et duc de Rheims. Il avait été évêque de Saint-Brieuc et de Saint-Malo.
Pierre de Laval, fils de Guy XIV, comte de Laval, et de Isabeau de Bretagne, obtint l'évêché de Saint-Malo en commende après la mort de Jean l'Espervier. Il en rendit aveu au duc le 14 novembre 1480. Il fut ensuite transféré à l'archevêché de Reims, et mourut à Angers le 14 août 1493. Son corps fut inhumé dans l'église Saint-Aubin, devant le grand autel, avec cette inscription :

« Hic jacet R. in Christo Pater et Dominus D. Petrus, filius D. Guidonis Lavallensis, Dei gratiâ Archiepiscopus Dux Remensis, primus par Franciæ, Sedis Apostolicæ legatus natus, Episcopatûsque Macloviensis et præsentis Monasterii, nec non Monasteriorum B. Nicolai propè muros hujus civitatis ac Sancti Mevermi de Gadelo, Macloviensis dictæ diocesis Commendatorius perpetuus, qui obiit 14 mensis Augusti. Anno Domini 1493, cujus anima in pace requiescat. » (*Catalogue des Évêques et Abbés de Bretagne*, D. Morice, t. II, p. xlvij.)

iiij^c iiij^{xx} vij. 41

Boësseau valoit trois solz tournoys,
Mais c'estoit mezure valoys.
Et si la guerre n'eust duré,
Le peuple se fust recouvré :
Mais gens d'armes de tous quartiers
Se retiroient en nos sentiers,
Et moult le peuple de Laval
En fust oppressé mont et val.
Et Messieurs de dedans la ville,
Chascun en fust moult fort habille :
Car, sitoust que venir voyoient
Gens d'armes, les portes fermoient (1) ;
Par ce point ceulx du pont de Maïenne
En avoient la charge et la peine.
De les fournir et jour et nuyt,
Qui n'estoit pas faict sans grant bruyt.
Et durant que le Roy estoit,
En cestuy temps quatre vingts sept,
Nouvelles d'amont et d'aval
Luy venoient du tout à Laval.
De Sainct Omer et *Pierremel* (2)
Luy vindrent, et par ung semel (3),

(1) Il existait alors, sur la première pile du vieux pont, du côté de la rue du Pont-de-Mayenne, une porte de ville, avec une trappe au-devant, dans le tablier du pont, servant à en défendre l'approche. C'était cette porte que Messieurs de la ville tenaient fermée, laissant le faubourg au pouvoir des gens de guerre qui dans ce temps couraient les campagnes. On voit cette porte dans une vieille gravure, due au burin de M. Andouard, graveur à Laval, publiée à la fin du dernier siècle.

(2) *Pierremel*. Ploërmel, ville de Bretagne. Le roi Charles VIII l'assiégea en 1487, la prit et fit piller par ses soldats. Le duc François II fit détruire ses fortifications en 1488. (Ogée, *Dict. de Bretagne*).

(3) *Semel*. Une fois, en même temps, au même moment.

iiij^c iiij^{xx} vij.

Que Monseigneur des Cordes (1), pour vroy,
Les avoit prinses pour le Roy.
Et puys, le premier jour du moys
De septembre, l'an que disoys,
Le Roy si entra dans la ville

L'entrée du Roy Charles à Vitré.
De Vitré, par moyen subtille,
Au soir après souleil couchant,
Ou chascun fust mal repousant.
La Guerche et Chasteaubrient
Et Sainct Aulbin semblablement
Furent prins par telle manière,
Que Bretons faisoient pouvre chère.

Et le dix septiesme jour
Dudict moys, sans aulcun séjour,
Le bon Roy, pour son plaisir faire,
Voulut à Laval se retraire (2),

(1) Philippe de Crèvecœur, seigneur des Cordes, vulgairement dit des Querdes et de Launoy, maréchal et grand chambellan de France, chevalier de l'ordre du Roy, lieutenant-général et gouverneur des pays d'Artois, Bolonois et Picardie. (Voir le P. Anselme, t. I, 602, édit. 1712.)

(2) Le roi Charles VIII séjourna à Vitré jusqu'au 17 septembre qu'il en partit, et alla au *giste* de Laval.
Il y demeura jusqu'au 22 octobre et alla au giste de Mayenne la Juhée.
Ceux de *Laval* étaient en leur cœur bons Bretons, et fort déplaisants d'être réduits ainsi à la puissance du Roi, et étaient très mécontents du susdit Laval leur seigneur, pour ce qu'il les avait mis de la sorte ès mains du Roi. (*Hist. de Charles VIII*, de Guillaume Jaligny, 39.
1487. Item, est à sçavoir que le Roy, nostre dict sire, fust long-temps à Chasteaubriand, tandis que son ost estoit à Messac, et quand il se despartit de Chasteaubriand, il s'en alla à Vitré, et de Vitré, retourna à Laval, et puis de Laval, durant que l'ost estoit à Messac, le Roy s'en alla à Tours. (Man. de Guillaume Oudin, *Revue d'Anjou*, t. II, p. 67, année 1857.)
Charles VIII partit de Laval le 22 octobre, passa par Mayenne... et arriva au Mont-Saint-Michel le 26 du même mois. (Dom Morice, *Hist. de Bretagne*, t. I, p. 173.)

Pour qu'il disoit assez plaisant
Le chasteau et mothe devant.
Et incontinent les nouvelles
De la cité de Doul moult belle
Qu'elle estoit prinse par ses gens
Et que pour vroy estoit dedens.
Embassades de tous quartiers (2)
Venoient au Roy pour l'honnorer
Et lui apporter des nouvelles,
Donner chevaulx et robes belles,
De drap d'or, d'argent et de soye,
Couppes d'or, azur, que c'est joye.
De Venise, de Romanie,
De Milan, aussi de Hongrie,
Vestuz d'honneur en robes d'or,
De les veoir, sestoit grant honor.
Coueffez de drap d'or comme femmes,
Dont n'estoit reputez infames.
La sermonie de leur pais
Disoient être de tel divis.
Eulx mesmes faisoient les ducatz
Dont ilz estoient farciz à grant taz.
Et quant firent entrée à Laval
Cent d'ordre estoient et à cheval,

(2) Le prince **Djem** ou **Zizim**, fils du sultan Muhammed II, empereur de Turquie, chassé du trône par son frère Baïezid-Khan IIe, s'était réfugié entre les mains du grand-maître de Rhodes qui l'avait envoyé en France. Les Rois de Sicile, de Hongrie et de Naples désirèrent l'avoir à leur disposition, et en firent la demande au grand-maître. Celui-ci jugea plus à propos de l'envoyer au Pape Innocent VIII qui aussi en faisait la demande. Après avoir obtenu l'agrément du roi de France Charles VIII, le prince Djem fut conduit en Italie par le chevalier de Blanchefort, grand prieur d'Auvergne. Charles VIII, occupé dans ce temps à la guerre qu'il faisait au duc de Bretagne, reçut à Laval les ambassadeurs des princes.

iiij^c iiij^{xx} viij.

Sans que l'un d'eulx si passast l'autre.
Devant estoient sans nulle faulte
Leurs tambourins et leurs heraulx,
Et tous montez sur beaux chevaulx.
Que c'estoit honneur de les veoirs
Et la faczons de leurs harnoys.
Ceulx de Naples, semblablement,
Firent au Roy moult beau present
De chevaulx, mulles et muletz,
Chargez de coffres et coffretz
Garnis de draps d'or et de soye,
Que le Roy reçut à grant joye.

Toute l'année fust fructueuse
En bledz, vins, moult fort eureuse.
La char fust au pris de l'argent.
Si fust poisson entierement.
Aultres choses, beurre, œufs, fruitaiges,
Tout encherit à nos usaiges.

iiij^c iiij^{xx} huyt.

Pâques le 6 avril.

Et puys à la Pasque en suyvant
Quatre vingt huyt, moy, suys cavant
Que bon bled, marchant et nouveau,
Valoit quatre solz le boësseau.
Le vin à compétent marché,
Mais il fust trop vert emorché.
La char assez compétamment,
Mais toujours lard valoit argent.
L'yver fust assez aspre et sec
Et ne lessa à faire froid.
Poisson, haren, figues, espices,
Nous furent le Caresme propices.

Cy après, en celluy an, est faicte la complainte de la mort des Bretons pour la journée vampres (1) Sainct Aulbin du Cormier (2) avecques la prinse de Monseigneur d'Orléans et du prince d'Orenge.

Le lundy, vingt huitiesme jour
De juillet, mil quatre cents quatre
[vingts
Avec huyt, sans faire séjour,
Bretons, Allemands, Biscayens,
Espaignols, Engloys, Austerlins,
Près de Sainct Aulbin du Cormier
Parquez furent comme belins (3),
Dont chascun eut maulvais loyer.

Et, vers six heures du matin,
Vous eussiez vu beau fretaillis.
Tantoust commencza le hutin,
Francoys ont Bretons assaillis.

(1) Auprès.
(2) La bataille de Saint-Aubin est un des principaux évènements de l'histoire de Bretagne. Son principal résultat fut la réunion du Duché à la France.
Voir le récit de cette journée dans les *Mémoires français*, collection Petitot, *Panégyrie du chevalier sans reproche*, 1re série, tome XIV, p. 403.
(3) *Belins :* Béliers, moutons.

La Trimoille (1) fust premier mys,
Frappant sur eulx très puissamment
En criant Montjoye, Sainct Denys,
Chascun s'y porta fièrement.

Et quant se vint à laprocher,
Vous eussiez vu tomber par terre
Bretons. On gardoit de clocer,
Car on les tenoit bien de serre.
Les capitainnes tous grant erre
Frappoient sur eulx si vaillamment
Que chascun, si peust, se desserre,
Et s'enfuyoit ligerement.

Bretons si avoient mys devant
Biscayns o leurs arbalestres,
Espaignols et maint Allemant
Qui onc ne furent à telz festes.
On leur fendit illiec les testes ;
Car la bataille des Francoys
Escoutoient et en ses aguestes
Vint frapper de sur les Angloys.

Il ny eust si puissant ne fort
Qui y peust mectre resistance

---

(1) Louis II, sire de la Trémoille, fit prisonnier le duc d'Orléans, depuis Louis XII.

Louis de la Trémoille n'avait pas trente ans, il venait d'épouser Gabrielle de Bourbon, fille du comte de Montpensier. C'est de lui que descend la maison de la Trémoille qui posséda le Comté de Laval depuis 1605 jusqu'à la Révolution de 1789.

Il était seigneur de Craon.

On l'avait surnommé *le chevalier sans reproche*. Il avait pour devise une roue, avec ces mots : *Sans sortir de l'ornière.*

iiij^e iiij^{xx} viij.

Que le comte d'Escalles (1) à mort
Ne fust mys du coup d'une lance.
On luy perça sa grosse pance,
Dont furent Bretons ébahys,
Car peu en demoura, se pense,
Que tous ne fussent à mort mys.

Les Allemans et Biscayns,
Espaignols et aultres consorts,
Par Francoys, Normans, Angevins,
Furent occis et tretous mors.
Pas ilz ne furent les plus fors,
Car on leur a monstré telz tours
Que perdus ont bagues et corps
Pour aux Bretons donner secours.

Tantoust Francoys, comme il me semble,
Vont frapper sur l'oust des Bretons
Dont ny eust celluy qui ne tremble,
Tous en ung parc comme moutons.
De lances, espées et bastons
On entra sur eulx puissamment,
Et les trouvoit on à tastons
En les tuant cruellement.

Monseigneur le grant escuyer (2)
Ne Adryan (3), si n'avoit garde,

(1) Talbot, comte d'Escalles ou de Scales, Anglais. (Ogée, *Dict. de Bretagne*, art. Saint-Aubin.)

(2) Pierre II, d'Urfé, était grand écuyer de la couronne en 1484.

(3) Adryan de l'Ospital menait l'avant-garde de l'armée française. (*Panégyrie du chevalier sans reproche*, édit. Petitot, 1re série, t. XIV, p. 405.)

De Bourbon le bastard liger
Qu'ilz ne fissent aux Bretons barbe.
Leurs aelles et arriere garde
Furent tous mors et mys en fuite.
Une autrefoys se donnent garde,
Car des Bretons mourut l'eslite.

Albret (1) et Rieux, comme vaillans,
S'enfuyrent ligèrement
Avecques bien peu de leurs gens,
Car mors ilz estoient méchamment.
Beaudouyn (2), le faulx garnement,
Desloyal parjure en ses tiltres,
Les suyvit, car eulx seullement
Sont maintenant les plus grands traistres.

Et au champs si furent occis,
Mains vaillans Bretons et leur gent,
Ce fust de Cresmen lesne filz
Et cil de Guymène Guyngant.
On les laissa illiec dormant
Avec tous leurs aultres consorts.
On aura brief le demourant (3)
Ou de Bretaigne fuyront hors.

(1) Le sire d'Albret commandait le centre de l'armée bretonne, et le maréchal de Rieux avait le commandement de l'avant-garde. *(Dict. hist. de Bretagne*, art. Saint-Aubin-du-Cormier.)
Le sire de Châteaubriand était à l'arrière-garde. *(Ibid.)*
On avait promis au sire d'Albret la main d'Anne de Bretagne; la dame de Laval le favorisait.

(2) Beaudouyn, seigneur de Fallais, fils naturel de Philippe III, duc de Bourgogne, et de Catherine Thieffin. Il avait amené le contingent fourni par Maximilien duc d'Autriche.

(3) On aura le reste en peu de temps.

iiij͡c iiij^{xx} viij. 49

Loys (1), qu'on dit duc d'Orléans,
Au conflit fust prins prisonnier.
Tuez y furent tous ses gens.
Lesné filz (2) de Rohan premier,
Illec mourut, maint conseillier,
Car Francoys les ont pour bondis.
Des mors il ne faut plus parler,
Car piecza sont en paradis.

Orenge (3), Hunandoye (4), prinsonniers,
Le Pont l'Abbé ainsi qu'on dit,
Morandoye (5) et maints milliers
Des Bretons occis sans respit.
Maint en y eust qui s'en fuyt.
Mais Francoys les surprint si fort,
Que tantoust on les a confuyt (6),
Dont l'un fut prins et l'aultre mort.

Je croiz que soubz le firmament,
Il n'a si puissant ne parfaiz
Que sont Francoys pour le present.
Victorieux en tous leurs faitz,

(1) Régna depuis sous le nom de Louis XII.

(2) Le seigneur de Léon, fils aîné du seigneur de Rohan. *(Panégyric du chevalier sans reproche.)*
Il avait 18 ans. Son père était du parti français.

(3) Orange. — Jean de Châlon, IIe du nom, prince d'Orange.

(4) Hunandaye. — Raoul de Tournemine, seigneur de la Hunandaye.

(5) La Morandaye. — Un de ce nom signe le traité de Caen, entre Louis XI et François II, duc de Bretagne, en 1465. On y voit aussi un Hunandaye. (Dom Morice, *Preuves de l'histoire de Bretagne*, t. III, col. 116.)

(6) *Confuyt* pour *confits*, ruinés, perdus.

Leurs ennemys ilz ont deffaiz
Et trouvez en champ et en friche,
On parlera à vous bien pres
Entendez vous le duc d'Autriche (1).

Roy Charles, Dieu te face eureux,
Qui pres de toy as tel noblesse ;
Monsieur de Bourbon (2), saige et preulx,
Et ton oncle, seigneur de Bresc (3),
Qui, par leur sens et leur prouesse,
Ont tellement ton oust conduyt,
Que Bretaigne, l'oreille besse (4),
Est, presq tout, à toy reduyt.

Gentil comte, daulphin d'Auvergne (5),
La Trimoullie (6) et aultres maints,
Au Roy rendez toute Bretaigne
Subjecte à luy et soubz ses mains.
Vous ne vous y estes pas faints :
Car, des plus grans en avez prins
Qui seront de telz cas actains
Que malgré eulx crieront mercis.

(1) Maximilien, qui avait épousé par procuration Anne, duchesse de Bretagne.
(2) Pierre de Bourbon, sire de Beaujeu, mari d'Anne de France, fille aînée du roi Louis XI.
(3) Philippe de Bresse, fils de Louis, duc de Savoye, frère de Charlotte de Savoye, femme de Louis XI, oncle du roi Charles VIII.
(4) Basse.
(5) Gilbert de Bourbon, comte de Montpensier, dauphin d'Auvergne, mort en 1496.
(6) Louis II*, sire de la Trimouille, commandait l'armée française. Il n'avait pas 30 ans, et venait d'épouser Gabrielle de Bourbon. Il fut tué à la bataille de Pavie.

Aussi Monsieur de Baudricourt (1),
Et Anthoine (2), le bon bastard,
Leur firent sentir maint coup lourt,
Et donnèrent à maint leur part.
Fuyr les firent à l'esquart.
Bretons n'eurent onc tel encombre ;
La ny eust ung Francoys fétard (3),
Ilz en firent mourir sans nombre.

Des aultres seigneurs, bien je say,
Que chascun d'eulx y eust grand paines,
Et fist vaillamment, en droyt soy,
Ainsi que loyaulx cappitaines.
Tous avoient chaussé leurs mitaines
Pour furbiz (4) aux Bretons la peau.
Maint en laissa pourpoints et laynes,
Ce jeu ne leur fust pas trop beau.

Francoys (5), des Bretons présent duc,
Rendez vous, si faictes que saige.
Si Francoys vous donnent le huc,
Vous n'auriez pas l'avantaige.

(1) Jean, sieur de Baudricourt, de Choiseul, maréchal de France, fils de Robert, sieur de Baudricourt, et d'Alix de Chamblai. Il contribua beaucoup à la victoire de Saint-Aubin-du-Cormier, après laquelle il reçut le bâton de maréchal de France ; il commandait l'arrière-garde française.

(2) Antoine, bâtard de Bourgogne, comte de la Roche en Ardennes, capitaine de 75 lances, fournies de l'ordonnance du roy notre sire. (Quittance du 16 juillet 1488, Dom Morice, *Preuves*, t. III, col. 591.)

(3) *Fétard :* Lâche, paresseux.

(4) Frotter.

(5) François II, duc de Bretagne.

Vos gens et tout votre barnaige (1)
Sont mors, et si le cueur vous fault
Rendez vous au Roy pour truaige (2),
Et craignez des Francoys l'assault.

Bretons cuidoient faire leur honneur bruyre
Avec Gascons, Espaignolz et Engloys,
Cuidant (3) du tout l'oust (4) de France destruire ;
Ilz s'assemblèrent des milliers trente troys.
Mais on chargea si bien sur leur harnoys,
Que touts Francoys en doibvent à Dieu grâces.
Il demoura, aussi, comme je croys,
Dessus le champ vingt et deux cents cuirasses.

Grâce soit à la Trinité
De la victoire et conqueste
Qu'a eu le Roy, et unité
Nous doint en France sans moleste,
Et aux traistres oster la teste
Qui ont cuidé destruire France,
Affin qu'il ne soit jour ne feste
Que l'on naye diceulx souvenance.

(1) Maison, équipage.
(2) Impôt, subside, ôtage.
(3) Pensant.
(4) *Oust :* ost, armée.

La complaincte des Bretons.

E̶n Dieu le bon nous sommes descon-
[fitz,
Vezcy pour nous grant confusion.
Tous nos gens sont par les Francoys
[occis,
Jamais n'eusmes telle destruction.
Encor ilz ont tretous intention,
Si notre Duc ne faict appoinctement
Au Roy Francoys, toute la nation
De Bretaigne destruyront nectement.

Par force d'armes et par leur grant puyssance,
Ont le mellieur de toutes nos frontières,
Et les plus grants de noustre alliance
Sont prinsonniers : et, si ont prins Foulgeres,
Que ferons nous, nous ne sommes plus gueres :
Et, oultre plus, ilz ont par eulx stille
Nos alliez tuez et miz en bierres
Jusques au nombre de quinze à seze mille.

Nantes, Dignan, Rennes et Sainct Malo,
Criez merci au noble Roy de France,
Et luy priez que pour Dieu et Sainct Lo,
Il vous pardonne toute votre ignorance.
Car vostre Duc n'aura jamais puyssance,
Luy ne les siens, de vous sçavoir deffendre
Contre Francoys, ne d'escu ne de lance,
Bon gré malgré, vous convient à eulx rendre.

L'Épitaphe du Duc de Bretaigne.

Je fus Francoys (1) d'Estampes portant [nom,
Qui par le roy fust faiz duc de Bretaigne,
Ou lors y accrut mon grant bruit et [renom.
Des Bretons euz la terre et le domaine,
La duché je trouvay paisible, entiere et saine,

(1) François II°, duc de Bretagne, par son testament du 11 septembre 1488, institua et ordonna le maréchal des Rieux tuteur de ses deux filles, Anne et Isabeau, voulant qu'elles demeurassent dans la garde de Françoise de Dinan, dame de Châteaubriand, comtesse de Laval, veuve de Guy XIV, et que cette dame eût totalement la charge de leur éducation. (Dom Morice, *Preuves*, t. III. col. 602.) Françoise fit si bien instruire Anne de Bretagne, que cette jeune princesse connaissait les deux langues grecque et latine. (*Biblioth. de l'Ecole des Chartes*, t. I. p. 183. Année 1849). Anne avait de la répugnance pour épouser le roi de France. Tous les conseillers se réunirent pour combattre les raisons de la duchesse. Madame de Laval qui avait été sa gouvernante, et conservait beaucoup d'ascendant sur son esprit, avait d'abord favorisé le sire d'Albret. Se rendant à la nécessité politique, elle se joignit à ces seigneurs, et tous lui représentèrent que c'en était fait de la Bretagne si elle refusait opiniâtrément le seul parti qui pût la sauver de ses ennemis et la sauver elle-même. (Dom Morice, *Hist. de Bretagne*, t. II. p. 210). Anne épousa, le 6 décembre 1492, le roi Charles VIII, et par ce mariage le duché de Bretagne se trouva uni à la France.

Sans que nully l'eust destruite et foullée ;
Exillée l'ay, qui, moult fort me meshaigne (1),
Par mort la laisse très pouvre et desolée.

Et, quant je fuz pacificque et paisible,
Je descogneu le roy mon souverain,
Qui avoit fait pour moy tout le possible,
Et seul, par lui avoit eu ce grant bien.
Mais, contre luy, de faict trop inhumain,
Ay soutenu tousjours ses ennemis :
Bien avoys cueur desloyal, lasche et vain,
Contre mon roy qui si hault m'avoit mys.

De luy seul, la duché tenoye en hault paraige,
Comme son homme lige, son subgect et vassal.
Mais refus je faisoy lui en faire l'omaige,
Dont moy et tous les myens avons souffert grant mal.
Destruict en est Bretaigne, soit amont, soit aval,
Et pluseurs gens sont mors dont crains de Dieu sentence.
Hélas, si jeusse cru Rohan, aussi Laval,
Tout mon païs fust en paix soubz Charles roy de France.

Contre le roy, soutins Charles duc de Guyenne (2)
Qui, par très foul conseil, de luy sestoit party.
Grant support je luy faiz en ma terre et domaine.
Et moy et tous mes gens fusmes de son party.
Le royaulme de France de nous deux fust loty,
Car aulcuns en devoient avoir par portion.
Mais le bon roy Loys en fust bien adverty,
Que notre faict rompit, et notre intention.

(1) M'afflige.
(2) Charles de France, fils de Charles VII et frère du roi Louis XI, successivement duc de Berry, de Normandie et de Guyenne.

Au bien publicque (1) vins, de sens tout despourveu,
A l'entour de Paris, je fus, à grant puyssance,
Come serf deloyal, rompant promesse et veu
Que jadis javoys faict au noble roy de France.
Logé à Sainct Denis et fuz la sans doubtance,
Cuidant de faict et force mon prince assiéger.
Mais les Parisiens firent telle resistance,
Que bon gré ou mal gré me faillit desloger.

Retourner me convint, pilliant le plat pays,
Sans que rien conquester puisse sur les Francoys.
Par Normandie tiray, ou fuz bien esbahis,
Car mes gens, corps et biens lesserent et harnoys.
Normans de tous coustez, des milliers plus de troys,
En armes et puissance me firent tel ahan (2)
Que de mes gens et baigues (3) avecques leurs chevaulz,
Demoura grant foueson entre Cann (4) et Trehan (5).

Et depuis peu de temps, ay faict ung trop grant mal
D'avoir contre le roy tenu guerre et querelle;
Moy qui suiz, desoubz luy, son subgect,
En Bretaigne jay fait une playe très mortelle
Dont seigneurs francoys et toute leur sequelle
Ay soutins et Angloys, Biscayns et leur puissance.
Ung chascun de nous s'est porté trop rebelle
Contre son roy, estant en vray adolescence.

(1) A la guerre du bien public.
(2) Me tourmentèrent tant.
(3) Bagage.
(4) Caen.
(5) Ce doit être Rohan, pour Rouen.

Pligniz en sommes, tous, et moy tout le premier (1) :
Car les ungs en sont mors et les aultres sont prins.
Tous, au roy desloyaulx, nul ne le peult nyer,
Que mauldit soit de Dieu qui se trouble y a mys.
Le roy et sa puissance m'a dessoubz lui soubmys
Avec tous mes consors, a chascun est notoire.
Bien je croy fermement que Dieu si la permys,
Car, par droit et raison, sur nous tous a victoire.

Par orgueil et folie, l'oust des Francoys combatre
Voulu le jour Saincte Anne, l'an mille quatre cens
[quatre
Avecques quatre vingts et aussi deux fois quatre.
Tous mes gens et leurs guides faillirent à leur sens,
Car la très grant puissance du roy aussi des siens
Tellement les chargerent et frapperent dessus
Que des miens seze mille aux champs avec six cents
Rendirent illiec l'âme et furent tous confus.

Puis après fuz contrainct de demander la paix,
Et du tout me soubmettre, par force, malgré moy,
Entre les mains du prince qui est chef des Francoys,
A qui je doy obeir, comme à mon propre roy,
Qui, par grant courtoisie, m'en fist don et octroy ;
Dont je le remercie de franc cueur, sans engaigne (2),
Et com vroy heritier, ainsi que faire doy,
En sa main je soubmectz la duché de Bretaigne.

Luy priant humblement que mes filles pourvoye,
De tout le demourant, ne me chault nullement.
Mon corps demeure aux vers, l'âme s'en va en joye,

(1) *Pligniz* pour *playiz*, blessés, meurtris.
(2) Sans chagrin.

iiij⁰ iiij˟˟ viij.   59

Ou, par mes grants defaulx, peut bien estre en tourment.
Les biens si sont du monde à luy ils sont neument.
Bien voy que mort me serre, mourir fault en ce lieu,
A tous requiers pardon, tant au petit qu'au grant,
Et prier pour mon âme JHESU CRIST filz de Dieu.

A Nantes enterré fuz (1) en septembre le moys,
Ou date dessus dict, sans aultre chose dire.
Mes amis, vous requiers prier le Roy des roys
Que sur moy sa sentence ne jecte ne son ire.
Je vous lesse le roy, votre vroy prince et sire,
Qui bien vous gardera contre tous de nuysance (2).
Ung chascun poult bien veoirs et clerement instruire
Que Bretaigne est en paix de soubz l'ele de France.

(1) Le mausolée de François II se voit aujourd'hui dans l'église cathedrale de Nantes, dans l'avant-sacristie.

(2) Peine, Dommage.

La prinse de Foulgeres. (1)

Depuis le temps de Remus, Romulus,
De Hannibal et de Pompée,
Du roy Priam, d'Ecthor et de Troillus,
Ny eust si preux fust (2) de lance ou espée
Que sont Francoys qui ont teste couspée
A maints Bretons qui tenoient leurs
[frontières,
Et oultre plus ont toute destouppée (3)
La muraille et de faict prins Foulgeres.

Tous les Bretons qui estoient dans la place
Sy ne craignoient le roy ne son effort.
On a parlé à eulx près face à face,
Et l'on a vu qui étoit le plus fort.
Maints en y a qui ont esté à mort
Livrez et prins, et, par oultre cuidance,
Bretons ont eu bien petit reconfort
Au duc Francoys, et de son alliance.

(1) Le duc de La Tremoille, général de l'armée française, vint mettre le siége devant Fougères le 16 juillet 1488. Le 23, la ville fut forcée de capituler.

(2) *Fust :* Manche de lance.

(3) *Destoupée :* Débouchée, ouverte.

Désobeissance et leurs pensées fieres
Ont faict destruire et tout mectre en avant
Prendre de faict et abatre Foulgeres.
Des gens du roy sur tous aultres puissans
Dedans avoit maint vaillant combatant
Qui ont esté tretous prins et confus.
On aura brief à gré le demourant
De vré faict certes il n'est rien plus.

Les canoniers vous ont bien resveillez
En vous donnant aubade jour et nuyt;
Très bien vous ont gardez de somailler (1)
Après disner, unze heures ou mesnuyt.
De faict et force avez eu tel déduyt,
Que, malgré vous, si vous a failly rendre
Du roy vous fault impétrer un respit;
Ou ses vassauls vous feront tretous pendre.

Prince, Dignan et aussi Sainct Maslo,
Nantes, Vennes, et la cité de Rennes,
Rendez vous tous, ou le mal de Sainct Lo
Aurez de brief et les fievres quartaines.

(1) *Sumailler* pour sommeiller.

Mil iiij^c iiij^{xx} ix.

Puis, après l'an quatre vingt neuf,   Pâques
Ne fust pas grant caues, ne grant   le 19 avril.
[ueuf.
Le fort yver n'eust pas le cours,
Et pourtant bled valut à nous
Dix huyt desniers le boesseau.
Les vins furent vers jusqu'à Nau (1);
Et la char, en telle maniere,
Que pouvres gens n'en mangeoient guere.
De fruictz assez lopetanment,
Mais n'en fust pas communément.
Caresme et poisson que devant
Nous furent assez bien advenant.
Figues, haren, tout treguignaige (2),
Chascun en print pour son usaige.

(1) Noël.

(2) On trouve : *treigneage*, débauche, ivrognerie. Est-ce le même mot ?

Le decès de Monseigneur Loys de Laval seigneur de Chasteillon.

Dicelluy an quatre vingt neuf,
Vingt deuxieme du moys d'aoust,
Sans que rien y allègue de neuf,
Loys de Laval (1) perdist goust.
Icelluy fist son derrain (2) aoust.
Car ancien estoit daage ;
A Sainct Tugal est son repoux.
Son ame à Dieu comans si faage.
A droict de Laval portoit nom,
Et seigneur est de Chateillon.

Icy Monseigneur assist la premiere pierre à Nostre Dame de Bonne Encontre.

Et sans ce qu'en ce je devine,
Le lendemain de l'Angevine,
Se trouva le noble seigneur,
De Laval le bon protecteur,
Es terres, que je ne l'oblye,
Qu'on appeloit la Trinquerie.
Auquel lieu tous les fondemens
Prins furent pour Sainct Venerand.
Mais le bon seigneur, cognoissant
Que le lieu est moult advenant,

---

(1) Loys, Louis de Laval, seigneur de Châtillon en Vendelais, gouverneur du Dauphiné, grand maître général réformateur des eaux et forêts de France.
Il était fils de Jean de Montfort, Guy XIII, et de Anne de Laval.
On a dit qu'il avait été gouverneur de Paris ?
M. Paulin Paris (*Les Manuscrits de la Biblioth. du Roi*. Paris, 1840, vol. 3, p. 65), donne, comme ayant appartenu à Louis de Laval, un vol. manuscrit sous le n° 6981.
Louis de Laval employait Sebastien Mamerot, qui prend le titre de son *clerc*, à lui traduire des ouvrages du latin en français. En 1458 il en avait reçu la traduction des *Chroniques Martiniennes*. L'ouvrage sous le n° 6984 est une traduction de *Romuleon*, dont le préambule est donné dans l'ouvrage cité ci-dessus de M. Paulin Paris, et porte la date de 1466.

(2) Dernier.

Desirant saincts lieux fréquenter,
Et les églises augmenter,
Par prieres et oraisons
Y faire prédications ;
Fist venir lesdits orateurs,
Ou aultrement Frères Preschcurs (1),
Et celui jour, car point je ne erre,
Il assist la premiere pierre,
Vers le grant Autier ce me semble,
Car présens y fusmes ensemble,
Et du vin donna largement,
Aux maczons et qui fust present :
Tellement quil en fust chanté
Par eulx ung très beau *Silete*.
Et pour tant que auparavant
Les premiers qui vindrent devant
Firent bastir une maisonnecte
En faczon d'une camynecte
Ou la dresserent ung autel ;
Il n'est rien si vray, il est tel,
Un porier (2) avoit tout joignant,
Au hault duquel, bien advenant,
Les moynes pendirent une cloche ;
Mais souvent la poire décoche.
Incontinent en peu d'espace
Edifierent fort leur place
O la grant ayde des seigneurs (3),
Bourgeoys, marchants et laboureurs.

(1) Les Jacobins.
(2) Un poirier.
(3) On lit dans un ancien compte du trésorier du seigneur de Laval de l'année 1490 :
A frère Jehan Courte sur l'ordonnance faicte par Monseigneur

Et toutefois, sans que point ne sillie,
Icy la reigne de Cecile fist faire le portal en l'allée et chemin de Nostre Dame de Bonne Encontre.
La noble reyne de Cecile (1),
Sœur germaine du noble comte,
Qui de son bien rendoit vroy compte ;
Car aux églises en donnoit,
Et aux pouvres en départoit ;
Et affin de mieulx parvenir,
Et à mon intention venir,
Fist construire ce beau portail.
Ou est l'armoirie de Laval,
Assiz devant Sainct Venerand
Qui leur fust grant avancement.
Et pour entendre le motif
Du seigneur le preparatif,
Inventif fust, premierement,
Faire procession gayment,
Généralle, par gens d'Eglise,
Ou il eust moult grant divise
Et sermon sur icelle place
Pour acquerir de Dieu la grace.

le comte au couvent des Jacobins de Laval de cent livres par an aux termes de Nouel et de Sainct Jehan, par moityé, dont le premier terme escheut à Nouel derrain passé, oultre xxv solz dont ils ont été assignés sur Péan le Bret en ce que Monseigneur est assigné sur lui.
Du v° jour d'octobre iiij^c iiij^{xx} x.

(1) Jeanne de Laval, sœur de Guy XV, femme le René duc d'Anjou, comte de Provence, roi de Sicile.
Elle épousa le roi René en 1455. La cérémonie fut belle, se passa en grande solennité, et dura plusieurs jours.
La beauté de Jeanne l'avait fait nommer, à 15 ans, reine des tournois de Saumur et de Tarascon.
René était veuf d'Isabelle de Lorraine.
On a élevé, en 1841, à Beaufort, une colonne et une statue en l'honneur de Jehanne de Laval.

Et fust dict par ledict Prescheur,
Par commandement du seigneur ;
Que ledict lieu, sans venir contre,
Sy seroit nommé Bonne Encontre :
Et que sur paine de la vie
Nul l'apelast la Trinquerie,
Pour l'onneur de la bonne Dame
Marie. Car de corps et d'ame
L'amoit le très bon champion
Et de sa Visitation.

> Il appert que le lieu de la Trinquerie seroit nommé Nostre Dame de Bonne Encontre.

Peu après furent pluseurs jardrins
Par ledict seigneur, soudain prins
Pour leur eslargir, come pense,
Dont il fust bonne recompense.
Et le premier contract d'acquest
Je fuz à le passer tout prest :
Car javoys bon crédit lyens ·
Et amendoys de leurs présens
Sy faisoient ilz de mon affaire,
A leur portal est mon repaire.

Peu après, en les avanchant,
Se rendit à eulx un marchant
De Laval, assez bien famé,
Avoit du bien et renomée.
Jehan Courte, si l'appeloit on (1),
Lequel estoit d'aage et renom.

> Icy appert que Jehan Courte marchant de Laval se rendit religieux de Sainct Dominicque.

(1) Jehan Courte était un des enfants de Guillaume Courte, trésorier du Comté de Laval, et de Jeanne Enjubault. Guillaume Courte reçut en 1466, le 12 novembre, de Olivier Bouvier, ministre de la Trinité, près Châteaubriand, une quittance de 30 livres à l'acquit de M. le comte de Laval. Il rendit son compte en

iiij⁽ iiijˣˣ x.

Son jeune aage s'est transporté
Sur la mer. Avoit apporté
Or, argent, marchandic, richesses,
Dont il fist moult grant largesses.
Car, par comandement de Dieu,
Sa femme allée au hault lieu,
Religieux se voulut rendre,
Pour a paradis vouloir tendre.
Riche estoit de cinq à six mil,
Dont la moitié par loy civil,
Voulut employer au couvent,
Et le cueur fist de son argent
Edifier en sa présence.
Le cueur faict, gaigna la présence
De Dieu. Fust prestre à mon advis,
Et fust religieux submis.
Si lyens n'eust esté reçeu
Le couvent fust mal prevenu,
Car les religieux, vroyment,
Estoient tous sur leur partement (1).

Mil iiij⁽ iiijˣˣ dix.

Pâques
le 11 avril.

Puys après, l'an quatre vingt dix,
Comme il me semble par advis,
Le bled fust au pris de six blancs,
Dont le peuple fust bien contants.

1477. Jehan Courte, devenu veuf, se rendit Dominicain. Il fit
bâtir le chœur de l'église des Jacobins et donna 1,200 florins.
 Il avait épousé Marguerite Gauden, fille de Guillemine le Bigot
et de Jehan Gauden, dont il eut un fils.

(1) Départ, faute de fonds.

iiij^e iiij^{xx} x. 69

La gelée brusla les raisins,
Dont failliſmes à boire vins.
Homme n'en beuvoit par escot
Qui n'en poiast deux solz du pot.
La char, a moult passable pris,
Et d'aultres choses bien saurprins.
Car poisson et tout le Caresme
Il nous fust de maulvais appresme (1).

En cestuy an, comme il me semble,
Ung peu devant Pasques floris,
Le seigneur d'Allebreth, par emble (2),
En Nantes, planta fleurs de lys ;
Laquelle fust au Roy reduys,
Dont il fust de ce faict moult aise.
Et partant Albret submiz
Fust au Roy et hors de malaise.
Rennes si fust incontinent
Baillée en la main du Roy ;
Dont mariaige promptement
Se fist de la Reigne et du Roy (3)
Et incontinent le barnaige (4)
De la duchesse et tous ses gens
Se partit et fist son passaige
Par ceste ville a peu de gens.

Icy apper
comment le se
gneur de Alle
breth print
ville de Nantes.

Le mariaig
du Roy Charl
et de la Duches
de Bretaigne.

(1) *Appresme :* Tribulation, douleur.

(2) *Emble :* Surprise. — Alain d'Albret surprend Nantes, Charles VIII lui en donne le commandement.

(3) Charles VIII épousa Anne de Bretagne.
Par ce mariage, le Duché de Bretagne fut réuni à la France, 6 décembre 1491.

(4) *Barnaige* : Suite, équipages. — La Reine fut, sans aucune suite, de Rennes à Angers, sans passer par Laval; le chemin qu'elle suivit porte encore dans certaines parties du Craonnais, le nom de *Chemin de la Reine Anne.*

Espousez furent à Lergeays
Ou la, pour faire moins despens,
Beuvoient les Bretons aux Francoys.

iiij^c iiij^{xx} xj.

Pâques
le 3 avril.

De quatre vingt unze, pour dire,
L'année ne fust pas trop pire.
Et veulx dire, sans contredit,
Troys solz boësseau de bled valit.
Assez en fust de tout quartier :
Chascun en emplit son grenier.
Les vins furent de très bon goust,
Et furent vendengez de bon aoust.
De char fust par bonne manière,
Et fust à compétent salaire.
D'yver, ne d'eaues ne firent excoès,
Mais le boys nous fist grant acceès.

Et le neufviesme jour de juyn,
D'icelluy an, a ung matin,
Octave de la feste Dieu,
A Laval ne fust trop beau jeu.
Car, par misaille (1) ou aultrement,
S'assemblerent ung demy cent
De Bretons en bien pouvre arroy,
Qui s'avancerent par grant desroy (2),

Icy les Bretons
firent une cource
jusqu'à la porte
Rennaise.

Courir à la porte Rennaise,
Dont pluseurs ne furent à leur aise.
Prinsonniers du bourg Sainct Martin
Ennaverent (3), celluy matin,

(1) Gageure, pari.
(2) *Desarroy* : Désordre, confusion, désastre, infortune. (Roquefort).
(3) Emmenèrent.

iiij͡c iiij͡xx xij.

Sept ou huyt jusques en Bretaigne.
Auxquelz il cousta de leur layne.
Grant bruyt firent plus que grant mal
A tout le peuple de Laval (1).

Mil iiij͡c iiij͡xx douze.

Et en l'an quatre vingts douze,
Dire je veulx, si parler j'ouze,
De blez il en fust à raison.
Et cuilli de bonne saison.
Deux solz en valoit le boësseau.
Il fust aussi bon vin nouveau :
Et pour le peuple resjoïs,
La char si fust à vil pris.

Et le jour de l'Ascension,
Dont veulx cy faire mension,
D'un exploict qui ne fust pas jeu ;
Et fust au Cymetiere Dieu (2)
Par aulcuns serviteurs de paine
Qui demouroit en Sainct Melayne ;

Pâques
le 22 avril.

(1) Charles VIII, à Laval, le 27 octobre 1491, y nomma des commissaires pour tenir les Etats dans la ville de Vannes. (Dom Morice, *Preuves de l'hist. de Bretagne*, t. III, col. 705.)

(2) Les paroissiens de Saint-Melaine contestaient aux chanoines de Saint-Michel la propriété du terrain où leur Eglise était bâtie, sous prétexte qu'ils avaient droit au Cimetière. Ils abattirent la Sacristie. Un mémoire du dernier siècle, sur le Chapitre de Saint-Michel, donne à cette démolition la date de 1490. Un arrêt du Parlement de Paris débouta les paroissiens de Saint-Melaine de leurs prétentions, les obligea à reconnaître que le terrain appartenait aux chanoines, et déclara qu'ils pouvaient y bâtir ; condamna lesdits paroissiens à remettre les choses en l'état qu'elles étaient avant la démolition, en 10 livres d'amende au profit du Chapitre, et 10 livres d'amende au profit de René de Feschal, seigneur de Marboué et de Poligné.

Et abatirent, pour mal faire,
La maison du revaistuere (1)
Qui estoit comme presque faicte.
Ceulx de la ville, d'une traicte,
Qui avoint droict au Cymetiere,
Donnèrent en couraige deffaire
L'édifice et tumber par terre.
Ce qui fust faict ; dont vint grant guerre.
Puys Messieurs envoyerent quérir
Un mandement juc à Paris,
Ou firent escripre tel divis
Que bon leur sembla par le Roy,
Dont fusmes mis en mal arroy.
Car, à tous ceulx de Sainct Melayne,
Mille francs cousta de leur layne,
Par les motifs de Marbouë (2)
Et aussi maistre Jehan Bourrë (3).

(1) Sacristie.
(2) René de Feschal, fils d'Ollivier IIe de Feschal et de Jehanne Auvray, seigneur baron de Poligné, paroisse de Bouchamps, près Laval, de Marbouë, paroisse de Louvigné, de la Coconnière, etc.... Les Feschal étaient une ancienne famille du Maine, alliée aux Ouvrouïns, qui s'éteignit au XVIe siècle. Comme les Ouvrouïns, ils furent les bienfaiteurs des chanoines du Cimetière-Dieu de Saint-Michel. Jehanne Auvray, mère de René de Feschal, avait hérité de Jehanne Ouvrouïn, sa tante, des terres de Poligné et de la Coconnière ; elle était sœur de Michelle Ouvrouïn, femme de Pierre Auvray, toutes deux filles de Jehan Ouvrouïn, IVe du nom.

Ollivier de Feschal, père de René, avait succédé à la place du gouverneur de Laval, à Lancelot Frezeau, sieur de la Frézelière. C'est devant Ollivier de Feschal qu'eut lieu, à Laval, le duel entre l'anglais Artus Clifleton et Finot, seigneur de Bretignolle, en l'année 1432.

Les Feschal portaient : *Vairé, contre-vairé, d'argent et d'azur.* Une branche de cette famille chargeait d'*une croix étroite de gueules.*

Frezeau portait : *Burelé d'argent et de gueules de dix pièces, à la cotice d'or sur le tout.*

(3) Jehan Bourré, seigneur du Plessis-Bourré et de Jarzé, conseiller maître des comptes du Roi et trésorier de France, était

iiij^c iiij^{xx} xiij.

Et puys, en l'an quatre vingt treze,   Pâques
Blez assez et à moult grant aise,   le 7 avril.
Vingts deniers et deux solz le boësseau.
Il fust aussi bon vin nouveau;
Combien qu'ilz n'estoient pas moult fors;
Mais les sitres leur firent effors.
La char et tretout voletaire (1)
On en avoit à grant salaire.
Les guerres si estoient passées (2),
Mais à Naples furent relevées,
Et partant le peuple à mal aise
Fust par ce point mys à son aise.
L'yver si fust assez pesant :
Les eaues si tindrent en leur grant.
Le Caresme, et poisson de mer
L'on en avoit pour ung denier.

Celluy an, à la Penthecouste,   La moralité du
Je fis jouer, quoyqu'il me couste,   bon et maulvais
Le papier du Bon Pelerin   pelerin faicte par
Et maulvais, qui estoit affin   moy dev^t St Ve-
D'esmouvoir tous ceulx de la ville,   nerand.
Qui, entreprinse très utile,

seigneur de la châtellenie d'Entramnes, qu'il avait achetée en 1482 de Jehan vicomte de Rochechouart.

Bourré portait: *D'argent à la bande fuselée de gueules de 5 pièces.* (Généalogie de Quatrebarbes.)

(1) Volaille et gibier.

(2) Le mariage de Charles VIII avec la duchesse Anne, en faisant cesser les guerres entre la France et la Bretagne, rendait la paix à nos provinces.

Charles commençait ses guerres d'Italie.

74 iiij^e iiij^{xx} xiij.

Avoient faict du très beau mistere
De Barbe (1). Mais fust vitupere (2)
Par compaignons entrepreneux
Qui se voulurent faire outrageux ;
Tellement que tout à nyent
Demoura. Mais incontinent,
Entreprins ce dict Pelerin
Que je mys moy mesme a fin,
Et en joué le parsonnaige
Devant Sainct Venerand ce croi-ge.
Et ce voyant, ceulx de la vile,
Que tout le monde les avile (3),
Et que mutiners se voulurent,
Après brief temps, tous saparurent

<small>En ce present an fust joué à Botz le mistere de Saincte Barbe.</small>

Au moins le plus devant Monsieur,
Qui leur comanda, par honneur,
Reprendre ce beau mistère,
Et leur bailla, pour comissaire,
Troys ou quatre bourgeoys, moult saiges,
Pour départir les parsonnaiges
A gens qu'on sauroit bien jouer,
Afin d'en être mieulx louez.
Ce qui fust faict en grand honneur
Sans y acquerir deshonneur.
Nul nestoit abilliez de toile,

---

(1) Le Mystère de sainte Barbe est analysé dans l'*Histoire du Théâtre français* par les frères Parfait, t. II, p. 78. Voir aussi Paulin Paris, *Manuscrits français de la Bibliothèque du Roy*, t. VII, p. 374. L'auteur de ce Mystère, qui est du XVe siècle, est inconnu. (Note du Rév. Père Dom Piolin, Bénédictin de l'abbaye de Solesmes.)

(2) *Vitupérer :* Blâmer, reprocher.

(3) Blâme.

Monsieur en fist caner la vayle (1).
Cent joueurs abilliez de soye
Et de veloux à plaine voye,
Au moins les compaignons d'enfer,
Si estoit le grand Lucifer.
Puis y avoit une volée
Qui fust soudainement trouvée,
La quelle decora le jeu.
Pluseurs personnaiges du lieu
Y volaint d'ung bout juc en l'aultre.
Puys, y avoit une beste aultre,
Qui estoit de faczon orrible,
De grandeur et grosseur terrible ;
Et par Jehan Hennier compousée,
Lequel dessus en chevauchée
Venoit chascun jour faire homaige
A Lucifer et son mesnaige.
Elle gectoit le feu par sept lieux,
Par ses nazeaulx et par ses yeulx
Qu'elle avoit fort epouvantables.
Ses gestes estoient merveillables.
Et fust jouée, pour dire Amen,
Par maistre Pierre le Maignen,
Jeune advocat, mais bien lectré,
Qui de tous fust bien a tiltré,
Et puys se rendit Cordelier.
Car sa femme, sans peu tarder,
Se mourut tout en en suyvant.
Et puys, Dioscorus le grant,
Fust jouée par René Hubert,
Sergent du Roy, moult bien expert :

(1) Auner la toile.

Et le grant diable infernal,
Fust par André le seneschal.
Monsgr et sa noble comtesse
Furent presens sans faire presse.
Au long de six jours leurs trompectes,
Clerons, sonnans en choses faictes,
A toutes les belles entrées
Et pauses qui furent bien notées.
Tellement que amont et à val,
Il n'estoit honneur qu'en Laval.
Monsgr, par son commandement,
De Paris, sieurs de Parlement,
Fist venir à ses propres mises,
Pour de Barbe veoir les divises.
Tel pavillon avoit ou pré
Où cent hommes eussent entré.

iiij^c iiij^{xx} xiiij.

Pâques
le 30 mars.

Et en l'an quatorze en suyvant,
Le bled ne fust pas à pris grant,
Car deux solz il ne passa point,
Mais raboissoit de point en point.
De vins en fust passablement,
Mais ne valurent pas grant argent.
Et la char si ne fust pas chere,
Dont le peuple faisoit grant chere.
L'yver ne fust pas des plus fors,
Dont le boys nous faisoyt effors.
Le hareng et poisson d'eaue doulce
Ne nous firent cuillir grand mousse ;
Mais nous eusmes moult dédomaiges
En pommes, poires et fruictaiges

iiij^c iiij^xx xiiij.   77

En celluy an, pour verité, — La Nativité
Fust joué la Nativité (1) jouée à Sainct
Ce beau premier jour de janvier, Dominicque par
Et des troys Roys, sans y muser, moy, composée
Par moy et ceulx de Sainct Melaine, et assemblée à
Dont ne perdismes nostre paine, quarante person-
Car du bien il nous fust donné naiges.
Argent et vin abandonné,
Qu'ilz nous donnoient à leurs mains joinctes,
Dont payames toutes nos faintes.

Et le vingt deux^me de fevrier (1), Entrée du Roy
Pour tout sçavoir, sans diluer, Charles à Naples.
Le Roy Charles fist son entrée
A Naples, loingtaine contrée,
Ou illiec fust couronné Roy (2),
Et mys en si très grant arroy (3)
Que jamais ne fust chose telle,
Ne vit l'on chose pareille :
Et des présens qu'on luy donnoit,
Chascun si s'en esmerveilloit.
La guerre après si fust moult forte,
Qu'à Roussillon, mainte cohorte
Demoura plus d'un million
Selon le rapport de Lyon.

(1) Le Mystère de la Nativité est une œuvre anonyme du XVe siècle ; il se trouve analysé dans l'ouvrage des frères Parfait, t. II, p. 494. (Note du Rév. Père Dom Piolin, Bénédictin de Solesmes.)

(2) L'entrée de Charles VIII à Naples est fixée par l'histoire au 21 janvier 1495. L'année 1495 ne commençant alors qu'à Pâques, Le Doyen met le mois de février en 1494.

(3) Charles ne fut couronné Roi de Naples que le 12 mai 1495.

(4) *Arroi :* Magnificence.

iiij c iiij xx xv.

Pâques le 19 avril.

Peu après quatre vingts et quinze,
Pour parler du temps et divise,
Le bled, autant veil que nouveau,
Il valut troys solz le boësseau.
Vin fust à marche competant,
Si ce n'estoit le vin friant.
Sainct Denys douze deniers pot,
Vin de Marche (1) tout d'un escot.
Chascun en beuvoit pour son pris.
La char aussi fust à vil pris.
L'yver si fust assez pesant,
Pour quoy boys estoit advenant.
Les rivieres furent hors des rives,
Qui encherit un peu les vivres.
Mais quand marchants purent aller,
Les bledz furent bas devallez,
Et Caresme, comme devant,
En poisson fust bien advenant.

iiij c iiij xx xvi.

Pâques le 3 avril.

En l'an quatre vingt seze, fust
Une année qui pas ne plut (2).
Combien que bled fust à vil pris,
Car à vingt deniers si fust mys.
Pris de vin n'estoit mye bien hault,
Car pour vroy il n'estoit pas chault,

---

(1) Vin de Marche. La Marche, ancienne province de France forme aujourd'hui le département de la Creuse.

(2) Où il ne tomba pas d'eau.

Peu en avoit esté cuilly
En ce pais et mal recuilly.
Mais d'Orléans nous eusmes vins
Qui estoit très bons et moult fins ;
Cent solz en valoit le poinczon,
Qui n'estoit pas trop grant ranczon.
La char, par semblable maniere
Ne fust pas cette année trop chere.
L'yver fust assez aspre et froid,
Et fust bien vestu qui n'eust froid.
Les rivieres furent moult grants,
Car il rompit pluseurs étangs.
Le Caresme si fust moult sec,
Pluseurs mangerent leur pain tout sec.
Car le beurre et poisson eurent pris
Qui fust pour nous maulvais divis.
Ce fust une année moult diverse,
Maint el bouta à la reverse :
Car, des gentilzhommes plusours
De ce pais finerent leurs jours.
Gens d'Eglise de grant renom,
Et aultres y perdirent leur nom.
Et l'aoust dudict an en suyvant,
Boësseau de bled valut six blancs,
Et troys solz valut à Nouel,
Qui n'estoit pas cas trop nouvel.

Ung sabmedy de juign, vigille Sainct Gervaise,
Dix huitiesme jour, en l'an mil quatre cent
Ou dict an seze, fust un jour de malaise
De la gresle qui cheut, et tempeste de temps ;
En ce pais cy aval s'assemblerent moult de vents
Qui firent grant dommaiges aux peuples d'envyron,

La grosse gresle qui cheut audict an.

iiij⁶ iiijˣˣ xvij.

En bledz, vignes, potaiges, dont l'on perdit son sens;
Pour si très grants orraiges moult grant perte en avon,
Je pry nostre Seigneur que plus nous en ayon,
Et que le demourant demeure en saulveté,
Car je crains le bon just que plus nous n'en ayon
S'il retournoit encore seroit maleureté.

iiij⁶ iiijˣˣ xvij.

Pâques le 26 mars.

Puys, l'an quatre vingt dix sept,
Le bled retourna, quoi que soit,
A six blancs pour ung peu de temps,
Et quatre solz dont mal contens
Furent pouvres, gens de sur les champs,
Et pluseurs aultres actendans.
Le vin si fust assez marchans,
Huyt deniers pot le moins vendant.
Viande estoit à vil marche,
L'on avoit à ung pris trenche
Ung porc sur l'estal d'ung escu,
Dont ung grant mesnaige eust vescu.
L'on en avoit tout ung quartier
Pie et jambon, sans point flattier,
Pour cinq solz et troys solz et quatre,
Encore vous dy sans debatre.
Fredures et neufz (1) eurent le cours;
Mais les becasses en decours.
Cil hyver tout le voletaire (2)
On avoit pour petit salaire.

(1) Froid et neige.
(2) Volaille, gibier.

Pluseurs maladies si resgnoient,
Dont beaucoup de gens si mouroient,
Qui estoient bien d'auctorité,
Et qui avoient grant liberté
A gouverner en pluseurs lieux.
Aussi d'aultres maulx dangereux,
Qui de Naples estoient venuz,
Leurs corps estoient brochés menuz
En manière de gros rongnatz,
Plus gros que ne seroient lymatz ;
Pucresie et la grant fiebvre.
Et goutte qui point ne nous fiere,
Resgnoient impetueusement,
En languissant piteusement.

Et en l'an dessus recité,
Dixiesme de mars pour vrité,
Mourut mon vaillant sieur et maistre.
Son ame devant Dieu puisse estre.
C'est le noble seigneur de Villiers (1)
Qui a combatu à milliers
Pour le Roy et pour sa puyssance,
Qui du Royaulme jouyssance

---

(1) Haulte Rives, Auterives, *Alta Ripa*.
Dès le XII⁰ siècle, on trouve des seigneurs d'Hauterives. Le Cartulaire de Fontaine-Daniel fait mention de plusieurs seigneurs de ce nom.
Guillaume d'Hauterives, fils de Robin d'Hauterives, est fondé en 1325 d'avoir en sa terre *justice à sang, moyenne et basse justice*.
En 1400, cette seigneurie était dans la maison de Villiers. Jehan Auvé, seigneur de la Marie en Alexain, rend aveu à Jehan de Villiers, seigneur d'Hauterives, pour sa terre de la Marie.
La terre d'Hauterives entra, par le mariage d'une demoiselle de Villiers, dans la famille du Bellay, ensuite dans celle de Haute-Fort, qui la vendit en 1745 à M. de Berset, de Laval.

Vouloient avoir en la Bourgongne,
Où il fist de grosse besongne.
Des gentilz hommes du comté de Laval
Vray capitaine il fust et mont et val.
A Ancenis, et la Franche Comté,
Et aultre pays par luy fust surmonté.
Pourveu estoit de cheval et de lance,
Et bien venu devant le roy de France.
Doux ans devant, sa très bonne compaigne,
Qu'on appeloit Marie de Champaigne,
De ce monde, son ame c'est partie ;
Devant Dieu soit en sa gloire infinie.

Pâques le 15 avril.
En l'an quatre vingt dix huyt,
Ou quel le roy Charles mourit (1)

La mort du Roy Charles.
Ung sabmedy, jour d'apvril le septiesme,
De dart poignant mort le rendit tout blesme
En son chasteau d'Amboise ou nasquit,
Non de ses ans venus a vingt huyt.
Son corps fust mys à Sainct Denys en France,
Ou fust faicte la plus grant ordonnance
Qui fust faicte de vie a auscun roy,
Si sumptueuse ne auctentique arroy. (2)

Le mariaige de Monsr d'Orléans et de la Reigne.
Tout après, en icelle année,
Il ny eut pas longue durée
Que le mariaige pour vroy

---

(1) Charles VIII mourut la veille du dimanche des Rameaux.
(2) Magnificence.

iiij^e iiij^{xx} xix.

Et de la reigne de cueur gay
Fust consommé des celuy temps
Entre elle et monsgr d'Orléans. (1)

Celluy an, pour parler a droit,
Boesseau de ble si ne valoit
Deux solz six deniers, sans passer.
Les vins furent à grant marchez
De ce pays cy et de plus loing
Qu'il n'en fust lors auscun besoing.
La char aussi, semblablement,
Lon en avoit suffisamment.
L'yver des plus forts ne fust mye,
Qui aux vignes sauva la vie.
Le caresme, comme devant,
Il nous fust assez advenant.
Mais poisson deaue doulce et de mer
A marché furent, mais beure est cher.

En ce present an, au moys d'octobre, fust joué par troys jours à Pissanesse (2) le mistere de la Bourgeoise de Rome.

Mil iiij^e iiij^{xx} xix.

Puis l'an quatre vingt dix neuf,
Ne fust pas grande année de neuf;
Mais de ble en fust largement,
Dont le peuple fust bien content.
Deux solz en valoit le boesseau,
Autant le veil que le nouveau.
Vins, vivres compétenment
Lon en avoit suffisamment.

Pâques le 31 mars.

---

(1) Anne de Bretagne, veuve de Charles VIII, épousa le 8 janvier 1499 le duc d'Orléans, devenu Louis XII.

(2) Nous avons la rue du *Pissot*.

L'yver fust long, et aspre et sec,
Bien m'en souvient, car jeu grant froid.
Les chanillies, que Dieu mauldie,
Aux fruicts firent perdre la vie.

Ou moys de may, en celluy an,
Nostre evesque, sans grant ahan,
Le bon pasteur de Lucembourg,
Se transporta, sans grant sejour,
Au couvent de Sainct Dominique
Ou la dedicace autenticque
Du cueur chapelle dédya
Dont fust chanté alleluya.

Le battement des lisses de Monseigneur.

En celluy an, sans que décoche,
Resgnoit fort monsieur de la Roche (1)
Qui estoit puissant, jeune et fort,
Aussi avoit de gens effort,
Et desiroit le jeu de lance
Autant que grant seigneur de France :
Tellement qu'il fist eslire,
Edifier, bastir, construire
Lisses (2) pour soy solacier
Et pour soy esbatre et jouer,

(1) Nicolas, fils de Jean de Laval, seigneur de la Roche-Bernard, et de Jeanne du Perrier. Nicolas hérita en 1500 du Comté de Laval de Guy XV, son oncle, et prit le nom de Guy XVI.

(2) Les seigneurs de Laval se distinguèrent dans les amusements et exercices des tournoys. Le terrain que fit clore Nicolas de Laval, est celui qui, aujourd'hui, est occupé par l'enclos de l'hospice St-Joseph. On trouve encore en 1646 de vieux titres indiquant *des maisons et jardins proche l'enclos des lices à Monseigneur*. La rue qui traverse ce quartier en a retenu le nom de *Rue des Lices*.

iiij^e iiij^{xx} xix.

Où chascun jour, pour son deduyt,
Il y passoit temps et ennuyt. (1)
Et luy et des seigneurs de France
Tous armez, y couroient la lance
O moult grands chevaulx et puissans,
Et o leur bardes d'or luysans.

(1) Il y passait jour et nuit.

L'An du Jubile.

Mil cinq cens.

N après, en l'an mil cinq cens,
A Rome fust beaucoup de gens
Pour debvoir gaigner le pardon
De jubile qui, a bandon (1)
Estoit par la crestienté.
Mais tout peuple qui volunté
Et desiroit a y aller
Dauscuns si furent bien resvoillez
Amprès les monts à leur passaiges.
Car gens d'armes leur firent visaiges (2)

Pâques
le 19 avril.

(1) *A bandon :* avec abondance.
(2) Ces faits sont ainsi racontés par Bourdigné dans son *Hist. d'Anjou*, t. I, p. 287. Edit. de Quatrebarbes :
« En cet an 1500, le Pape Alexandre VI ouvrit le pardon général à Rome que l'on apelle *Jubilé*, qui fut cause de la perte de plusieurs pèlerins françois, qui par dévotion s'estoient mys à chemin pour gaigner le dit pardon ; car plus grant partie d'entr'eux estoient meurtris par les gens d'armes (pour mieulx dire brigands) Lombards. Et ceulx qui de leurs mains povoient eschaper, estoient occis par les vilains du pays et mêmes par leurs hostes. Aussi le malheureux Ludovic donnoit ung ducat par têtes de françois que l'on luy apportoit. »

Et brigands qu'ilz ne purent passer
Et convynt leur chemin lesser,
Et retourner à leurs maisons
Juc à ce que provisions
Le Pape et le Roy eussent faict.
Et incontinent, en effet,
Gens de puissance en leurs armes
A pluseurs firent rendre les larmes
Tant que les boys sans attendue
Furent tous mys à lestendue,
Et que pelerins retournèrent
A Rome se rachemynèrent.
Dont mains pelerins de Laval
Pour cil cas souffrirent grant mal.

———

Et lors, valoit bouesseau de ble
Six blancs, sans qu'en ce soit troublé,
Et valit bien troys solz et quatre.
Quant au vins, sans rien en debatre,
Sainct Melaine eust avantaige
Plus qu'aultre vin de loing passaige,
Il approuchoit, selon l'advis
Des marchans, au vin Sainct Denys.
De lars ne fust pas pourveance.
Mais les marchans furent en France
Qui de gras pourceaux admenerent
De Lymousin et se chargerent
De porcs noirs qui estoient fort bons;
On en faisoit de gros lardons,
De sitres, aussi de fruictaiges,
Bien peu en fust sur les villaiges.

Lyver nous fust assez courtoys :
La cherté commençzoit en boys
Car Monsieur chassoit ez foretz
De Concize et illiec près.
Poisson, en Caresme fust cher,
Mais chascun le fist trebucher.

Et le treziesme jour de may, ... ut levée
L'an dessus dit, par bon arroy, ... esgullie du
L'esgullie de Sainct Venerand   clocher....... de
Du clocher, si fust mise au vent.   Sainct Venerand.
Et fut levée par Jehan Bodin,
Charpentier, en beuvant du vin.
Pour lors gouvernoit Jehan Janvier,
Qui estoit moult bon serrurier,
Et la negoce de l'Eglise
Faisoit du tout à sa divise.
Par quest (1) amassa main denier
Qu'il faisoit lyens amployer.
Et si neust esté ses pourchatz (2)
L'église fust encore bien bas.

Et, le vingt huytiesme jour   Le deces du
De janvier, sortit de sa tour,   bon Guy conte de
L'ame du bon Guy de Laval.   Laval XV du
Qui jamais ne fust desloyal   nom.
A la tres noble fleur de France.
Jamais en lui n'eut repugnance
En tous ses faiz, mais honnoré
Estoit, et de son peuple amé.

(1) Quête.
(2) Efforts.

Aussi grands et petitz amoit.
Tout le monde le reclamoit ;
Resclamé estoit de l'Eglise
Et l'Eglise amoit sans fainctise (1).
Faint (2) n'estoit point en son service,
Et servy estoit comme un prince.
Prince estoit, et de grand renom,
Disgne estoit d'avoir un tel nom.
Nommé estoit chef de l'Eglise (3),
Car en fist faire à sa divise
Tout ainsi qu'ay predit devant.
Devant Dieu soit l'ame vivant.
Et le quinzième de fevrier,
En suyvant, sans point sejourner,
Fust son corps mys soubz une pierre,
Dont a pluseurs le cueur moult serre
De sa mort, et à Sainct Tugal
Fust porté en estat royal.
Premier estoit le cardinal
De Lucembourg, doulx et féal,
Evesque du Mans et pastour,
L'evesque de Rennes, entour
Abbez et prieurs et chanoines,
Curez et vicaires et moynes,
Conduisant honorablement
Le corps à son enterrement.
Et là, donné en charité,
De douzains (4), faicts pour verité,

  (1) *Fainctise :* Tromperie.
  (2) *Faint :* Trompé.
  (3) Patron.
  (4) *Douzain :* Monnaie de cuivre avec quelque alliage d'argent valant un sou ou douze deniers tournois. Le *douzain* avait d'un

A tous ceulz qui en vouloient prindre
Sans en excepter ne grant ne moindre.
Pour lors, estoit devers le Roy,
Le sieur de la Roche (1), pour vroy,
Touchant le faict de mariaige
D'une dame de grant lignaige,
Nommée Charlote d'Aragon,
Très noble d'armes et de nom,
Et du Roy de Naples est fille,
Extraicte de la saincte ligne.
Lequel mariaige se fist,
De par le Roy, ainsy qu'on dict.
La Reigne aussi, qui moult l'aimoit,
Ne nuysist à faire ce faict.
Puys après, en cour nopces faictes,

Le mariaige de Monsieur et de Dame Charlote d'Aragon.

côté pour légende, *Franciscus Francorum rex*, avec un écusson couronné où il y avait trois fleurs de lys, et de l'autre il y avait pour légende *Sit nomen Domini benedictum*, avec une croix au milieu de l'épée. Le *douzain* s'appelait aussi *grand blanc*. Il a eu cours jusqu'au règne de Henri IV. Il y avait aussi des *demi-douzains*, valant la moitié d'un *douzain*. Il y a eu des *douzains à la salamandre* en 1539.

(1) Guy XVI, nommé Nicolas, était fils de Jean de Laval frère de Guy XV et de Jeanne du Perrier. Il épousa, en premières noces, Charlotte d'Aragon, princesse de Tarente, fille de dom Frédéric d'Aragon, roi de Naples et d'Aragon, et d'Anne de Savoie. Charlotte avait refusé César de Borgia, qui convoitant les Royaumes dont cette princesse devait hériter, était venu la demander en mariage en la cour de France, où il avait étalé un luxe effréné. Elle avait préféré donner sa main au jeune sire de Laval. Frédéric son père ayant été dépouillé de ses Etats, Guy n'eut à recueillir que de l'honneur d'un mariage si brillant.

C'est en vertu de cette alliance que la famille de la Trémoille, devenue héritière des biens de la maison de Laval, prit pour ses aînés le nom de prince de Tarente, et fit valoir ses prétentions sur le Royaume de Naples, comme unique héritière de Philippe III. En 1648, ces prétentions furent présentées au congrès de Munster, et renouvelées ensuite dans tous les congrès de l'Europe. Il en fut question pour la dernière fois à celui d'Aix-la-Chapelle, en 1748.

Lesquelles furent à joye faictes,
Délibérèrent, en brief, par faire
Que leur entrée est necessaire
Faire à Laval proprement,
Aussi faire honorablement
Que la femme du noble seigneur,
Des Lavallistes (1) protecteur.

L'entrée de Madame Charlote à Laval.
Et le vingtiesme dudict moys
De fevrier, l'an que disoys,
En grant honneur et magnificque,
Entra la dame pacificque
En Laval honnorablement,
En litiere bien proprement.
Et, à la porte de la ville,
Chascun si porta moult abille :
Car Anges, pour la recevoir,
Par engins, qu'on faisoit mouvoir,
Descendant et en faczon quelz
A laquelle baillerent les clefz.
Car c'estoit par commandement
De Monsieur d'avoir ce present.
Puys, la demye heure passée,
Ledict seigneur fist son entrée,
Sans en ce mener aulcun bruyt,
Mais droict au chasteau se rendit.
Partout fust faict esbatemens (2)
Par compaignons joyeusement ;
Et en carrefours, on beuvoit
De bon vin qui boire vouloit.

(1) *Lavallistes* pour Lavallois.

(2) Amusements.

Et moy, par le commandement
De ceulx qui aient gouvernement
De la police de la ville,
Contraignirent moy, inhabille,
De composer une chanczon,
Sur chant d'ancienne faczon,
Qui fust, au Puits Rocher, chantée
Par enfans et bien accordée.

Chanczon.

OBLE princesse, contesse de La-
[val,
La bien venue, pour nous gar-
[der de mal,
A vous se rendent voz humbles
[serviteurs;
Car pour contesse ne pouvons avoir mieulx.

Fille de Roy, Charlote d'Aragon,
La bien venue soys de Laval Guyon,
De votre entrée tout le peuple est joyeulx,
Tous actendans qu'ilz leur en sera mieulx.

Aussi estes de lignée saincte extraicte,
Et de Savoye, c'est chose manifeste.
Estes issue du noble sang royal;
Pour vostre entrée il est feste à Laval.

Grâces, louenges, nous en debvons à Dieu
Qu'espousé es le seigneur de ce lieu.
Fruict et lignée vous doint le Roy des Cieulx.
Et votre peuple en sera moult joyeulx.

Boësseau de bled valoit, pour lors,
Quatre solz, dont je suis records (1).
Et à la Pasque ensuyvante,
Huyt solz valut, dont peu me vante.

v. c. i.

Paques
le 11 avril.

Puys, en l'an mil cinq cents et ung,
Vins et bled ne furent pas tout ung :
Sept solz six deniers le boësseau
Valoit, autant veil que nouveau.
Au pris fust juc à la Sainct Johan
Dont le peuple souffrit ahan (2) :
Mais la Bretaigne fist secours ;
Car Laval y eust son recours
Juc ad ce qu'il en fust cuilly
Et luy venu bien recuilly.

Mais les pouvres, à si grant nombre,
Sortoient du solail et de l'ombre ;
L'on les voyoit tous hors d'alaynes
Courans par les rues à centaynes:
Et les malades de Sainct Men
A Laval n'avoient nul demain (3).
Mors ès chemins on les trouvoit,
Puys après, on les apportoit
A l'ospital Sainct Julien,
Ou chascun leur faisoit du bien.

(1) Dont je me souviens.

(2) Grand mal.

(3) Ne voyaient point le lendemain.

Et le jour de la feste Dieu
Fusmes surprins d'un pouvre jeu ;
Car Vespres passées, à plain jour,
La gresle cheut si à l'entour,
Terrible et plus grosse qu'esteufs (1),
Qu'on disoit proceder de neufs (2)
Qui, par avant, ou païs d'amonts
Avoient esté entre les monts.
Tellement que tout encherit
Et huyt solz le bled on vendyt.
Mais il y fust tenu pour lors
Bien ung moys, puys on eust effors (3)
De l'aoust qui estoit fort prochain,
Car justice y myst la main.

La grosse gresle qui cheut le jour de la feste Dieu.

Et pour à mes fins parvenir,
Mort fit chascun le cueur tremir (4).
Et en icelle année, si tres fort,
Que nul si n'avoit resconfort (5).
D'amy, medecin, ne de père,
De voysin, ne de cher compère.

La mortalité à Laval.

Souvent on en trouvoit de mors
Es maisons, sans aulcuns suppors.
Il n'y eust entour de Laval,
Plus de dix lieues ne mont ne val,

(1) *Esteuf :* Balle pour jouer à la paume.
(2) *Neufs :* Neiges.
(3) *Effors :* Secours.
(4) *Tremir :* Trembler.
(5) *Resconfort :* Consolation, soulagement.

En toutes paroisses voisines ,
Qu'il ne visitast les cuysines ,
Si avant qu'en pluseurs maisons
Ne demouroit que les tysons.
Et bien troys mil en celui an,
Et plus encor, à grant ahan
Rendirent à Laval leurs ames ,
Dont fust pleuré maintes larmes.
Et ceulx qui s'estoient esvadez
Furent bien esmus , sans retarder,
De restourner à leurs maisons :
Mais ilz n'avoient provisions.
Touteffois la mort les suyvoit
Et de toutes pars poursuivoit ;
Tant qu'à Rennes , à Vitré et au Mans ,
Et aultres villes , en cela je me vans ,
Mort ne cessoit , mais toujours avoit cours.
En quelque temps fust croissant ou decours.
Par foiz cessoit , soubdain si restournoit ,
Et la peste , en tous temps , si resgnoit.

De bled en fust assez competamment ,
Mais d'avaynes ne fust pas largement.
Les vins furent bons , mais peu en fust cuilly ,
Combien qu'il fust des hers (1) bien recuilly.
Toutes viandes en ce temps si furent cheres ,
Le plus souvent si vendoit aux encheres.
Pluseurs marchants amenèrent des porcs
Qui au peuple firent moult grant effors (2).

(1) *Hers :* Echafaud, estrade. Le Doyen entend-il par ce mot :
Echalas, treille ?

(2) *Grant efforts :* Grand secours.

Après aoust et vers la Nouel
Bled valoit et veil et nouvel
Quatre solz pres ou environ
Ou fust tins par quelque saison.

Et de novembre vingt deuxiesme jour   *La Nativité du premier né des Enfans de Laval.*
A Vitré fust nasqui en une tour
Le premier né des enfans de Laval (1)
De la Contesse que Dieu garde de mal.
Qui la sestoient sinon pour le danger,
Mais pas ny furent grandement héberger.
Vers la Toussaint, que la mort fust cessée,
A Laval firent leur bonne restournée,
Et firent bastir leur grant maison des Lisses (2)
Ou chascun jour se frottent leurs pelices.

L'yver fust doulx, mais fust fort pluvieux,
Dont le peuple en fust moult ennuyeux.
Poinct ne gelais ne devant, ny apres,
Mais les eaues furent grandes en ses contrees,
Qui se tindrent longues et ennuyeuses
Et si moult furent fort ambicieuses,
Qu'ilz sourmontoient et chaussées et maisons
Qu'après faillit en besongner maczons.

Mil v. c. ij.

Puys à Pasques cinq cents et deux   *Pâques le 27 mars.*
Le peuple fust assez joyeulx,
Car les fruicts qui estoient sur terre
Se monstroient beaux, sans estre en serre.

(1) Il fut nommé Loys, et mourut peu de temps après.
(2) *Lisses :* Voir année 1499, p. 84, note 2.

Boësseau fust à quatre solz
Pour le pris on estoit absoulz,
Et y fust juc à Penthecouste
Ou fust ung temps qui beaucoup couste,
Car il fist terrible nuytee
De grand fredure et gelee,
Car bledz et vignes en cuisirent
Qui ad ce moyen encherirent.
Le bled qui tout fust à six solz,
Et le pot de vin à deux solz,
Dont pouvres gens furent esbahiz,
Pour actendans l'aoust à venir.
L'année fust moult dangereuse
Pour flebres et très maleureuse.
Cil ou celle estoient trop eureux
Qui n'avoient le mal langoureux.
Ce qu'il fust de vin estoit bon,
Touteffois peu en cuillit on.
Les sitres eurent leur année
Si eurent les choux et porées.
Mais le lar ne leur aidoit pas,
Dont chascun estoit bien de bas.
Les porcs Lymousins eurent le cours,
Les marchants en firent grant secours,
Et en approuchant de l'yver,
Qui ne fust pas du plus *panier*.
Le bled si fust à quatre solz,
Et bonne carpe pour troys solz,
Et l'autre poisson à vil pris.
Caresme nous fust bon amys
Et pour ce qu'avions peu de vins,
Pour la gelée qui surprins
Nous avoit à la Pentecouste.

v. c. iij.

Chascun marchant, quoyque luy couste,
Chevaulcherent ou païs d'Orleans,
Ou la employerent leurs argents
En vins qui firent grant secours
En ceste ville et ez forsbourgs
Et aussi ou pais d'environ,
Dont s'esjoys maint biberon.
Tellement que nouvelle estoit
Pour tout ce pais que l'on beuvoit
De meilleurs vins et sans dangers
Qu'on faisoit au Mans et Angers.

Et le vingt et ung^me de mars
Fust enterré en de blancs draps
Le petit Loys de Laval,
Dont à ses parens fist grant mal.

Mil v. c. iij.

Et le dernier jour du moys   Pâques
D'avril, en l'an mil cinq cent troys,   le 16 avril.
Fust né Françoys, filz de Laval (1),
Qui au père et mère tout mal
Et deuil de Loys furent ostés,
Mais de toutes joyes sourmontés (2).
Monsgr le Cardinal du Mans,
Aultres Evesques, dont me vans,
Qu'on fist venir en grans honneurs,
Et aultres tant nobles seigneurs;

(1) François de Laval, comte de Montfort. Il fut tué à la Bicoca près Milan, l'an 1522, le jour de la Quasimodo.

(2) Furent remplis de joie.

v. c. iiij.

Ledict Cardinal son parrain,
Qui en fust joyeulx à certain,
Aussi, Madame d'Espinay
Fust maraine, pour dire vray.

Pour celuy temps, le bled valoit
Cinq solz six deniers, qui estoit
Ung moult hault pris pour pouvres gens
Qui tant si estoient indigens.
L'yver fust assez convenable
A ceulx qui avoient boys bruslable.
Caresme ne fust pas trop cher,
Mais l'on le fist bas trebucher.

Mil v. c. iiij.

Pâques le 7 avril.

Et puys, en l'an mil cinq cent quatre,
Je n'en veulx en rien me debatre,
Le pris du bled si demoura
Au pris que j'avoys dict piecza (1).
Mais pouvres gens mouroient de faim
Qu'on trouvoit mors de sur l'estrain (2).
Bretaigne nous en fist secours,
Notre faict alloit au rebours.
Nos peres anciens disoient
Jamais autant venir de boys
En Laval comme en ceste année,
Qui moult fust tres bien estimée.
Et l'aoust venu, bled, sans debatre,
Vint au pris de troys solz et quatre.

(1) *Piecza :* Déjà
(2) *Sur l'estrain :* Sur la paille.

Il en fust cuilly à raison,
Et de bons vins en la saison.
Fruictz, lards et tous telz aultres vivres,
Ce pais n'en fust mys au delivres.
De tous biens en fust suffisance
Par tout le Réaulme de France.
L'yver fust long, aussi moult froys
A ceulx qui n'avoient poinct de boys.
En Caresme poisson fust cher,
Dont fusmes tretous escorchez.
Mais pour revenir aux vendenges
L'on en chanta à Dieu louenges;
Car de plus grands vins on ne vit,
Passé vingt ans, ainsi qu'on dict :
Quatre deniers valoit le pot,
Qui n'estoit pas moult grant escot.

Le moys de septembre fust chault,
Auquel fust donné maint assault
De feu en beaucoup de contrées.
Toute l'Eglise de Villiers (1)
Fust toute comburée en feu,
Et pluseurs maisons dudict lieu.
Les cloches ez clochers fondirent
Devant tous ceulx qui ce fait virent.
Et nulz sceussent remedier
Qu'Eglise et maisons furent bruslez.
Et mesmes, environ Laval,
Fust bruslé maisons mont et val ;
Et en quelque lieu que feu fust,
Nul remede trouver ne sceust.

(1) Villiers-Charlemagne.

L'yver fust assez amoureux,
Aussi fust doulx et gracieulx,
Car, juc à la Sainct Julien,
Il ne fust que par bon moyeu.
Rien n'est à competent marché
Et non le vin, car sescorché (1)
Est tout le peuple à bled querir.
Chars, beurre, sans soy enquerir,
Tout estoit cher à l'avantaige.
Les bestes de sur le villaige
N'avoient pas grammant (2) que manger.
Le fein et paille tout est cher,
Et, au pesant de son argent,
Nul n'en avoit suffisamment.
Aussi estoit poisson d'eaue doulce
Plus que n'est cil de la grant fousse (3).

Mil v. c. v.

Pâques
le 23 avril.

Puys, à Pasques l'an mil cinq cent,
Avecque cinq, assez bon tems,
Il fust. Mais la char est pesante,
Qui n'estoit chose consonnante,
Pour aider au grand pris du bled,
Dont notre sens est fort troublé.
Et avant qu'aoust fust venu,
Fust au pris de cinq solz tenu,
Et à quatre solz six deniers,
Il venoit de toutes contrées.

(1) *Sescorché :* fatigué.
(2) *Grammant :* pour grandement.
(3) De la mer.

Chascun jour marchants admenoient,
Lesquelz les peuples relevoient.
Tout l'esté fust moult pluvieux,
Venteux, graisleurs, non fructueux.
Mais chanilles, que Dieu mauldie,
Aux fruicts firent perdre la vie.

Larrons, voleurs, brigands, cil temps,
Resgnoient fort, dont nul n'est contens.
Quand justice les condemnoit,
Chascun à Paris appeloit.
Rien ne demouroit sur les champs
De jour et nuyt, o telz marchants ;
Moutons ès estables robaint (1),
Et après si les effondraint,
Et n'en emportoint que les peaux.
Mais ung provost des marechaulx,
De par le Roy, en fit raison,
Les suyvant juc à leur maison :
Car à Maïenne, la teste à mons (2),
Fit voller celle aux Fremons,
Qui lors de voller avoint bruyt,
Grands maulx se faisoint jour et nuyt.
Peu après, pour faire leur feste,
Au gibet fust mys malleteste,
Leur frère et ses compaignons :
Pourtant furent mors les Fremons.

Puys, la Penthecouste venue,
Laval fust de moynnes pourvue,

La mort d[es]
Fremons.

Le Chapit[re]
des Cordeliers
nu à Laval.

(1) Volaient.
(2) On pendit les Frémons.

Des Cordeliers de Sainct Francoys
Qu'il faisoit en ordre bon veoirs :
Car leur Chapitre général (1),
Fust ordonné au dict Laval ,
Ou ilz vindrent de Romanie ,
Des Ytalles (2) et de Hongrie.
Quant furent assemblez ou couvent ,
Ilz estoient plus de quatre cent ;
Ou y avoit pluseurs docteurs ,
Bien lectrez et grands orateurs.
Ilz firent pluseurs processions
Par ville en grand devocions.
Les feriers avecque les Colléges (4)
Aussi avoint grand privilléges
De pardons que chascun gaignoit .
Et , qui là present assistoit ;
Aussi , avoit du Pape bulle ,
Afin que chascun ne reculle

(1) Le Nécrologe d'Antoine Berset, vicaire de Saint-Vénérand, nous a conservé le souvenir d'un Chapitre provincial des Cordeliers qui eut lieu le 17° jour de mai 1619 :

« Il commença le vendredi au couvent des Cordeliers. Ils étaient au nombre de cent douze religieux à la procession qu'ils firent , le jour de la Pentecôte, de l'église de Saint-François aux Jacobins , où ils chantèrent la grand'messe , et déjeûnèrent. Ils s'en retournèrent processionnellement, tenant chacun une orange à la main. Il y eut tous les jours prédications aux Halles, par permission des Jacobins , et ils soutinrent des thèses , chaque jour , au cloître de Saint-François.

« Le jeudi 18 mai et jours suivants, chacun retourna en son couvent. »

Pareils Chapitres eurent lieu en 1738 et 1753. *(Rech. hist. sur l'église et la paroisse de la Trinité*, p. 266 ; Laval, H. Godbert.)

(2) Italie.

(3) Les chanoines de Saint-Tugal et de Saint-Michel.

A bien faire son saulvement,
Remission plainèrement,
Qui de son bien leur donneroit,
Ce beau pardon il l'obtiendroit.
Et duroit, sans faire séjour,
De Penthecouste ; au long du jour,
Par eulx fust faict moult beaux sermons.
Et leur fust faictes pensions
Par Monss^{gr} le Comte et Madame
Aussi qu'est tres honnorée Dame.
Laisnée et pluseurs gentilz hommes,
Bourgeoys, marchants, que poinct ne nommes,
Huyt jours furent audict couvent
Ou furent traictez honnestement.

Tout après, si vint la nouvelle,
Laquelle pour rien je ne celle,
C'est que le Roy estoit tenu
De grant maladi détenu (1).
Mais Dieu si le nous vouloit rendre
Pour au Royaulme bien prétendre.
Lequel cognoissant la saincté
Luy estre venu à planté (2)
Par prieres et oraisons
Que chascun jour nous luy faisons,
Et que chascun soit plus inclin
A prier pour luy de cueur fin,
A voulu luy mesme motif
Impetrer ung préservatif.

Procession generale faicte pour le Roy.

(1) Louis XII, après avoir fait couronner Anne de Bretagne comme Reine de France, vint à Blois par le conseil des médecins. Il y tomba dangereusement malade.

(2) *A planté :* Abondamment.

C'est par son intercession,
Toute plaine remission,
A tous confès et repentans,
Vroys crestiens et desirans,
Ne perseverer en peché,
Et de ce n'estre plus taché.
Que le jeudy, vingt sixiesme
De juign, sans estre à son cueur blesme,
Accompagneroit sans faintise (1)
Chascun en droyt soy, gens d'Eglise,
Et, processionellement,
Le corps Jhesu Crist vroyment,
Ainsi qu'on faict la feste Dieu,
Sans penser en bourde (2), ne jeu,
Mais dire et tant seulement,
Et que ce fust devotement,
La Patenotre par cinq foiz,
Ave Maria, tant de foiz ;
Tout ce pour le Roy et la Reigne,
Que Dieu leur donne paix au resgne,
Saincte joye et longue vie.
Et cela faict, sans que varie,
Toute plaine remission
De nos pechés nous aurions.
Ce qui fust faict honnestement,
Par le peuple honnorablement,
Et faict sermont moult magnificque
Par ung docteur bien autenticque.

Et dès le premier jour de may,
Commencza le jour de grant esmoy,

(1) *Faintise :* Dissimulation.
(2) *Bourde :* Plaisanterie, jeu.

Qui fist au peuple grant ennuy.
Troys moys dura, certain en suy,
Le moys de may, juign et juillet,
Rien n'est à sec, toujours pluyvoit,
De nuyt, de jour, et à toute heure,
Tant que mainte personne en pleure
Pour perte des biens de la terre,
Dont à chascun le cueur moult serre.

Et le premier jour du moys d'aoust,
Il fust trouvé de moult bon goust,
Car le bled est fort enchery
Juc à ce qu'il en fust cuilly :
Six solz en valut le boësseau,
Tant qu'on eust cuilly le nouveau.
Mais tout le moys d'aoust et septembre,
De cela bien je me remembre (1),
Tout fust serré et tout aousté,
Et fust le moys d'aoust nostre esté.
Il fust des bledz à grant foëzon,
Chascun en garnit sa maison.
Les vins poussèrent, dont mal nous print,
Aussi grant mal nous en advint.
Car l'on beuvoit à petit pris.
Fust vins de Marche ou St Denys ;
Quatre deniers valoit le pot,
Qui estoit un petit escot.

Depuis, l'onziesme de ce moys
De juillet, l'an que je disoys,
Il sapparut, dedans le Ciel,
Tout en la forme d'arquenciel,

(1) Je me souviens.

Troys cercles entour le solail
Dont le peuple sen esmeuvoit,
Pour qu'ilz croisoient l'un par sur l'aultre,
L'un blanc, l'aultre pers (1) et non l'aultre :
En diverses couleurs estoient
Nul n'a sceu quilz signifioient.

Le deces de Madame Katherine d'Alenczon douairiere de Laval.

Le dix huictiesme du dit moys
De juillet, l'an que je disoys,
Tres noble et puissante dame
Katherine (2), qui fust, sans blasme,
D'Alenczon aisnée de Laval,
Issue de ligne royal,
Voulust rendre son ame à Dieu
A Mont Jehan (3), moult Beaulieu ;
Et le pénultiesme du dict moys,
Fust apportée à Sainct Francoys
A repoux ; puis, à Sainct Tugal,
Par nostre evesque cardinal,
Fust son corps inhumé pour vray.
Son ame soit devant le roy.
Du peuple y avoit à milliers,
Qui receut pour Dieu mains deniers.

Le deces de feu maistre Pierre le Baud aulmonier de Sainct Julien de Laval.

Le dix neufvieme de septembre,
En l'an susdict, je me remembre
Deceda ung homme de bien.
Aulmonier de Sainct Julien,

(1) *Pers :* Bleu très-foncé, bleu azuré.

(2) Catherine d'Alençon, veuve de Guy XV, mort en 1500.

(3) Château de Montjean, paroisse de Beaulieu, près Laval.

Chantre estoit de Sainct Tugal,
Qui garde son ame de mal,
Mesmes tresorier de Vitré.
Evesque eust esté en cité
Tant estoit garny de bon sens.
Le Baud (1) avait nom, en son temps,
Qui gouverna toute sa vie
De Laval la grant seigneurie.
Quant a l'aoust, ble fust à raison,
Qui peust, en garnyt sa maison.
A deux solz et *dix* (2) le bouesseau,
Et à troys solz bon ble nouveau.
Et au regard de nos vendenges,
En fust chanté pouvres louenges

(1) Pierre Le Baud, trésorier de la Magdeleine de Vitré, était né à Laval. Il était, dit-on, seigneur de Saint-Ouën-des-Toits. Il fut administrateur de la Maison-Dieu et aumônerie de Saint-Julien de Laval, et, en cette qualité, il fit aveu, le 13 août 1497, à la seigneurie de Chantelou, pour les *choses et héritaux, tant en fief que en domaine*, que l'Aumônerie tient de cette seigneurie. Le 1ᵉʳ mars 1493, il avait été pourvu de la dignité de chantre du chapitre de Saint-Tugal, et payait en cette qualité 100 sols pour la chape, un gros d'or pour la sacristie, et 3 sols pour le pain du chapitre, sommes qui furent employées à l'acquisition d'un calice pour l'usage des chanoines. Pierre Le Baud devint doyen du chapitre, le 22 janvier 1504, en remplacement de Jean Bouchet. Il obtint par grâce que sa *rigoureuse* (stage) ne serait point interrompue pendant qu'il était en Bretagne auprès de Mgʳ le comte de Laval, à cause des services qu'il y rendait au chapitre. Il donna, par testament, à Saint-Tugal, une partie des jardins que les chanoines possédaient dans les ruelles des Capucins. Plus tard les chanoines cédèrent une partie de ces jardins pour l'établissement des religieux capucins à Laval.

Pierre Le Baud fut aumônier de la reine Anne qui le fit nommer évêque de Rennes; mais la mort le surprit, il ne prit point possession de son siége. Il est auteur d'une *Histoire de Bretagne, avec les Chroniques des maisons de Laval et de Vitré*, Paris 1638, in-fol. (Voir: Hauréau, *Hist. littéraire du Maine*, t. II, p. 165.)

(2) Il doit être entendu dix deniers.

Pour le temps qui fust moult divers,
Car les vins si furent si vers
Que de verjus eussent servy.
Des vieux, qui peut, en fust servy;
Qui en avoient, car bons estoient.
A huyt deniers sestoit leur point.
Quant aux porcs, ilz estoient moult chers;
Il faillit bien peu de boucherie
Pour en faire la tuaison,
Car petite en fust la saison.

Au retour de Bretaigne la reigne passe par Laval.

Et le quatriesme jour du moys
D'octobre, l'an que je disoys,
A Laval, vint par ordonnance,
La tres noble reigne de France (1),
Qui, de Bretaigne, retournoit
En France. Car au roy plaisoit.
Laquelle dès le lendemain
Fust son partement (2), tout soudain,
Accompaignée de grants seigneurs
Allemands et aultres pluseurs.

Le deces de Madame Charlotte contesse de Laval.

Le septiesme jour en suyvant,
Dudict moys fust mal advenant
Pour Laval, je prends sur mon ame;
Car mourut la tres noble dame,
Dame Charlotte d'Aragon (3)
Fille du roy de Naples *de nom* :

---

(1) Anne de Bretagne, croyant le roi à l'extrémité, avait quitté la cour et était venue en Bretagne, sous prétexte d'un pèlerinage à Sainte-Anne-d'Auray. Le roi étant guéri, elle revint à la hâte, et ne fit que coucher à Laval.

(2) *Partement :* Départ.

(3) Charlote d'Aragon, princesse de Tarente, femme de Guy XVI.

A Vitré rendit son esprit,
Laquelle, ainsi que l'on dit,
A son noble cueur fist grant mal,
Qu'el nest ou chasteau de Laval.
Dix huyctieme dudict moys,
Servie fust de son dernier moys,
Et peu après fust inhumée
A Sainct Tugal sans demourée,
Ou fust le noble cardinal,
Evesque du Mans, moult féal.
Lequel en jecta maintes larmes.
Que devant Dieu si soit son âme.

Au regard de l'yver, il fist
Si aspre que le peuple occist
De la fredure qui faisoit,
De neges tout en surmontoit.
Et fust après Nouel bien peu
Tout environ la Guy lan *leu* (1)
Quand il finit, fust moult grans glaces
Et grands eaues, mais peu de becasses.
Les oiseaux on prenoit de cource
Par les chemins et à la source.
Poisson de mer n'eust pas le cours,
Les grants pluys le mirent en decours.
Mais figues, harens et espices,
Nous furent de pris assez propices.

(1) *Guy l'an leu*, ou *Guy l'an neuf*, premier janvier. Cette expression rappelle une solennité par laquelle les Druides commençaient la nouvelle année.

L'*Aguianleu* est encore connue dans nos provinces, donner l'*aguianleu* (donner des étrennes). Nous avons la chanson de l'*aguianleu*, chantée le soir dans nos rues, la veille du jour de l'an, pour avoir les étrennes, l'*aguianleu*.

v. c. vi.

Pâques le 12 avril.

Puys à Pasques, l'an mil cinq cent
Avecque six, assez bon temps
Il fust, egard au temps passé ;
Le grand pris du ble fust passé ;
Quatre solz valut le boesseau,
Qui estoit un pris trop nouveau
Pour pouvres gens qui n'en avoient.
Car a paine fournir pouvoient
A ble, char, bois, car tout est cher.
Le vin fust moult notre amy cher.
Au par sus la Penthecouste,
Fist un tems d'eaue qui beaucoup couste,
Car il dura jusques à l'aoust,
Qui ne fust pas trouvé de goust.

Le deces de Yves abbé de Clermont.

Et le vingtieme de ce moys,
De juillet, l'an que je disoys,
Yves Tronsson, son temps abbé
De Clermont (1), de mort fust gabé (2)
Audict lieu rendit son alayne ;
De mort d'abbé nopce de moyne.

Et le moys d'aoust, sans séjourner,
En Normandie se vint trouver
Une tres piteuse fortune,
Qui a beaucoup fust amertume,
A pluseurs qui mort en ont prins.
Car ung dimanche furent sourprins

(1) L'abbaye de Clermont, près Laval.
(2) *Gabé :* Tromper, railler.

D'eaue, de gresle et de tempestes
Qui fust un terrible moleste (1),
En troys paroisses, près Falaise,
Au temps de la faire (2), dont poise (3)
A pluseurs marchants de Guybray
Qui en eurent au cueur effray.
Troys heures dura celluy temps,
Selon le rapport des présens.
La terre fust si surmontée,
La amprès et environnées,
Comme on dict, d'une aulne de hault.
Chascun à ung pas et ung sault
Montoit en arbres et maisons,
Pour fuir les occasions
D'icelluy tems qui grief estoit ;
Car les gens et bestes noyoit.
Maison jectoit pied contre mont
Que homme ne savoit bas ne mont
Ou se mucer (4) pour le danger.
Puys l'eaue vint se retirer
Et consumer en lacs parfons (5)
Qu'on n'en savoit trouver le fonds,
En ung lieu certain près Falaise.
Plaise à Dieu et son ire apaise.

Et le jour Sainct Barthelomer,
Il fust beaucoup par trop amer

Adieu de Jacques Bruneau malade.

(1) Dommage, tort, chagrin, ennui, etc.
(2) *Faire :* Foire.
(3) *Poise :* est cause de chagrin.
(4) *Se mucer*, pour se cacher.
(5) Si profonds.

Pour le faict de Jacques Bruneau.
Hélas il fust rendu mezeau (1),
Dont à pluseurs le cueur fremye,
A la pouvre Maladerie
De Sainct Nicolas (2), dont grant mal
En eurent tous ceulx de Laval.
S'estoit le prince des Poullains (3),
S'estoit le plus gentil compains

(1) Lépreux.

(2) La *Chapelle*, *Malanderie*, *Maladrerie de Saint-Nicolas*, était située sur la rivière de Barbé, près la route de Tours, sur le territoire de la paroisse d'Avesnières. On ne connaît point l'époque de la fondation de cette Maladrerie. Le plus ancien titre connu est un don qui lui est fait, en 1277, d'une maison, à titre de rente, par le Chapitre ou les Confrères.

Les Confrères, qui avaient le gouvernement de cette Maladrerie, avaient le droit de *coutumes* sur les denrées qui se vendaient dans la ville et les faubourgs de Laval, le samedi d'avant ou celui d'après la Saint-Simon et la Saint-Jude. Ils possédaient, dans les Halles à la Boucherie, un *étau*, appelé l'*Étal de Saint-Nicolas*, affermé, en 1619, la somme de 12 livres. Les Confrères donnèrent à rente, le 25 juillet 1477, une maison leur appartenant, située dans la rue des Curés.

Le 30 mars 1585, Me Marin Nail, prêtre, était chapelain de la Maladrerie de Saint-Nicolas. Il est ajourné à comparaître comme compris dans l'édit du Roi, tendant à réformer les abus existants dans les Maladreries du Royaume. Maître Nail refuse de rendre aucun compte, n'ayant que la qualité de chapelain de la chapelle de Saint-Nicolas; il dit qu'il paie au Roi les décimes montant à 8 ou 9 sols, sur la maison où il se loge près la chapelle, de même que sur un pré et un jardin qu'il possède à titre d'honoraires du divin service, et pour administrer les sacrements aux malades lépreux et les enterrer.

Saint-Nicolas ne conserve aujourd'hui aucune trace de son ancienne destination.

(3) Poullain : *Joyeux compagnon, bon vivant.* Ce mot remonte à l'époque des Croisades, il se trouve dans Joinville : « .... Et « fut adverty messire d'Avallon, qui est mon cousin, qu'on me « appeloit Poullain, parce que j'avois conseillé au Roy sa de- « meure avec les Poullains. »

Des croisés s'établirent en Orient, la chaleur du climat, l'exemple des naturels du pays, les amollirent et les excitèrent à ne se

Qui fust en toute la Conté,
De tous sens il est confronté,
Joueurs, danseurs, bon composeurs,
Bon compaignon et gaudisseurs.
Mené fust processionment
A Sainct Nicolas vroyment :
Piteusement fist son adieu
Devant tous qui furent en ce lieu.

En octobre, qu'onziesme jour,
Celluy an, sortit de sa tour,
L'ame de Anthoine Coullonneau (1),
Ung homme formé d'ung corps beau.
Maistre d'ostel (2) en son vivant,
Car il estoit homme savant,
Aussi du Roy estoit esleu
Et de tous biens estoit pourveu.
En son temps, fist édifier
Une chapelle o maint denier,
Ou couvent des Frères Prescheurs (3),
Où il a de bons orateurs.
Dedans est ensepulturé
Par les Frères et son curé,
Chanoines et religieux :
Son ame soit la hault es cieulx.

Le deces feu Anthoi[ne] Coullonneau.

refuser aucuns plaisirs ; leurs enfants dégénérèrent encore, et formèrent une nouvelle nation nommée les *Poulains*...... (Fleury, *Histoire ecclésiastique*, in 4°, t. 18, p. 17.)

On séquestrait, au XVI° siècle, dans les Léproseries et les Maladreries, les malheureux atteints par les maladies que nos expéditions d'Italie avaient apportées en France, et dont Le Doyen a déjà fait mention ci-dessus, année 1407, p. 81.

(1) Antoine Colloneau était maître des Eaux et Forêts du Comté en 1498, avec le titre de conseiller du comte.

(2) Du comte de Laval.

(3) Les Jacobins.

Et pour tant que touche vendanges,
Chanté avons pouvres louenges,
Car, en cet an mil cinq cens six,
Les vins ont esté à hault pris.
Et de ce pais et d'Orleans
N'estoient communs à toutes gens.
Vin estoit appelé Monsieur,
A quelque table de seigneur
Qu'il fust presenté. Car marchants
Estoient vins en villes et champs.
Orleans dix huyt deniers,
Dt de ce pais ci douze deniers,
Pour le moins. S'estoit la faczon,
On en chantoit pouvre chanczon.
Et quant Messeigneurs de la ville,
Virent Monsieur vin si abille,
Qui tant se faisoit honnorer
Par tous ceulx qui adenerez (1)
Estoient, trouvèrent faczon de faire
Venir Bodin à leur repaire,
Le Lamier et aultres ouvriers,
Lesquelz receurent maints deniers
Pour faire venir la fontaine (2)
Sur le pavé à toute paine.

(1) *Adenerez :* Marchands.

(2) Il y eut en 1485 une transaction entre le prieur de Saint-Martin, Frère Guillaume Turmel, et les habitants de la ville de Laval, au sujet des dommages que causaient dans les prés du Prieuré les tuyaux de bois qui amenaient les eaux de la fontaine de la *Vallette* dans la ville.

Il fut composé à 30 sols de rente annuelle et perpétuelle et 12 deniers annuels de cens, payables à la Saint-Thibault.

Plus tard, les tuyaux de bois furent remplacés par des tuyaux de plomb.

Une nouvelle transaction eut lieu en 1507 entre le prieur et les habitants qui ajoutent 5 sols pour les dommages qu'ils font au pré

Tuaulx de plomb firent eslire,
Et iceux par maistres construire,
Qui furent soubz terre pousez,
Qui de la Vallecte (3) arrousez
Viennent jusque sur le pavé.
Touteffois je fus controuvé
Faire servir certains tuaulx
De boys par où venoient les eaues
En certain endroict enterrez.
Boyre caue pluseurs sont enserrez.
L'yver fust assez gracieulx,
Car il fust doulx et amoureux,
Et ne fist aucune gelée,
Mais bien fist un temps de brouée.
Neges, ne eaues n'eurent le cours,
Dont le boys ne fust de cher coustz.
Et Caresme nous fist bon temps,
Dont le peuple fust moult contens,
Car poisson d'eaue doulce et de mer
On avoit à petit denier.

Mil v. c. vij.

Puys à Pasques, mil cinq cens sept,   Pâques
Il fist du temps qui fust moult sec ;   le 4 avril.

en allant puiser de l'eau à la fontaine. Une reconnaissance de 35 sols de rente et 12 deniers de cens fut donnée de nouveau en 1540 par les habitants.

En 1838 on a remplacé les tuyaux de plomb par des tuyaux en fonte.

(3) La Valette, au bout de la rue des Tuyaux. Ce lieu est aussi connu sous le nom de *Valette-Gueudoux*, pour le distinguer de la Valette, située au bout de la rue du Lycée, où s'établirent les religieuses Ursulines.

Au XVIIe siècle, il y eut, à la Valette-Gueudoux, un Hôpital d'Incurables, sous le vocable de Saint-Liboire.

Car tout mars, juc à my avril,
Ou commun sechoit le *dousil* (1).
Et pour la grande secheresse,
Du pyot (2) ne fust pas largesse.
Mais bien vous dye, sans demourée,
Il advint maulvaise nuictiée;
Les vignes gelèrent en ce val,
Et fust la feste Sainct Vital.
Il nous fist ung tres maulvais poinct
Qui ne vint pour nous bien à poinct.

Comment Monsgr le cardinal pourveut son nepveu de l'Evesché.

Premier jour de may ensuyvants,
Monsgr le Cardinal du Mans (3)
Son bon nepveu, nomme Françoys,
D'Evesché la voulu pourvoys,
Et du Mans la faict le pasteur,
Car vers Dieu est grant orateur.

Comme le roy entra en Gesnes.

Et le dix neufme du moys
D'avril, en cil an que disoys,
Le tres noble et puissant roy (4)
De France, en moult grant arroy,
En Gennes (5) si fist son entrée
Avecque sa puissante armée,

(1) *Dousil*, *dosil*, petit morceau de bois dont on se sert pour fermer ou boucher un tonneau.

(2) *Piot*, *pyot*: Cidre ou vin. Il est encore en usage pour dire: du *mauvais cidre*.

(3) Le cardinal Philippe de Luxembourg, évêque du Mans, résigna, à l'âge de 62 ans, son évêché, avec l'autorisation du roi, à son neveu François de Luxembourg, qui ne le posséda que deux ans.

(4) Louis XII.

(5) *Gennes*: Gênes, capitale de la république du même nom, aujourd'hui celle du duché de Gênes, dans les Etats Sardes.

Crians les bourgeoys de la ville,
Tous a genoulx, sans que nul sille (1) :
Misericorde demandons,
Sire, vos vrais subgetez serons.
Lequelz le roy print a mercy,
Dont rendirent graces aussi.

Vers la vigille de Sainct Jehan,
Et de Sainct Pierre, celluy an,
Il pleut fort selon la saison,
Et de ble n'eusmes a raison.
Cinq solz, a l'aoust, valut boësseau,
Autant le veil que le nouveau.
Sestoit assez maulvais notable,
Qu'a l'aoust pain defailloit sur table.
Après, fust tres maulvais traicté
De vendenges pour verité.
Bien peu d'vins par pais fust cuilly,
Mais si fust il bien recuilly.
Sainct Denys fust de bon rapport
Mais trop de solz valoit le *pot* (2).
Les sitres au vin firent secours.
Mais le bled si cheut en decours ;
Avaricieux, uzuriers,
En avoint à plein leurs greniers,
Sans donner ne vendre aulcun grain.
Mais justice y mist la main,
Et en sourvint de sur les champs
Qu'admenoient chascuns jours marchants.

(1) *Nul sille :* Ne cligne de l'œil, ne bouge.

(2) La rime voudrait *port*.

Touteffois, sans muer propos,
Estoit toujours bled à cinq solz.
Et ce voyant; ung homme vray,
Appellé Françoys de Launay,
Bon marchant, enfant de Laval,
Lequel sercheait de mont et val,
Sur eaue, sur terre et sur champs,
Où il pourroit trouver marchants,
Qui de bledz le pussent fournir,
Pour les Lavallistes nourrir.
Lequel tant de bledz amassa,
Que famyne du pays chassa.
Si le mist à pris raisonnable
Que tout peuple leut agréable.
Aussi, que l'année precedente,
Estoit venu à son entente,
Fourny avoit, par bon advis,
De vin d'Orléans et d'aultre pais.
Et Jean Boullain, semblablement,
En ce pais grant recouvrement
Firent chacun jour en marchandie,
Dieu leur veuille accroitre la vie.
Et prosperer d'ame et de corps ;
Il fait bon avoir bon supports.

Le deces de la mort feu maistre Guy le Maroullier lieutenant.

Et d'octobre dix septiesme,
Fust pour Laval très maulvais thesme
De la mort Guy le Maroullier (1),
Qui estoit moult grant justicier,
Qui les subjects en bon arroy

(1) Guy Le Maroullier, juge de Laval.

Tenoit, faisant bonne justice,
Sans que nully fist injustice.
Je prie à Dieu et Notre Dame
Que luy face pardon à l'ame.

Le dix neufviesme de novembre,
D'ung notable homme me remembre,
C'est de maistre Jehan de Launay,
Qui, icelluy jour, pour dire vray,
A Dieu voulut son esprit rendre ;
De peine le veille defendre.
Vingt ans m'a bien entretenu,
Devant Dieu soit il bien venu.

Quant à l'yver, ne fist gelée
Qui ne fust tout anichilée
D'eaues, de nefs (2) aulcune apparence
Ne fist, qui portassent nuysance.
En pluseurs lieux, bledz et avaynes
Qui ne sont aulcunes fredaines,
Par vent s'estoit semez es champs.
Touttefois furent resjoissans
Les laboureurs et aultres gens,
Car de paours d'estre indigens,
Charruerent sur celle semence,
Qui les a gardé d'indigence.

Quant à la char, elle n'est pas chere,
Si ce n'est par bonne maniere ;
Fors char de porc qui est pesante.
Car l'année mal consonnante,

---

(2) *Nefs*: Neiges.

Fust par tout païs en général ;
De peste mouroit mont et val,
Toutes l'années ilz ourent tel cours
Qu'andoullies furent en decours.

Le sacrifice d'Abraham et l'Ignocent.

Puys, d'Abraham le sacrifice (1),
Fust joué, qui fust moult propice,
Sur le grant pavé de Laval (2),
Par le clergé de Sainct Tugal.
Aussi fust joué l'Ignocent,
Celluy an qui est moult décent.

Les sermons de Caresmes faits par frere Nicolas Taunay natif d'Avenieres.

Et le Caresme fust presché
D'un Frère de cet Evesché,
Nommé Frère Colas Taunay,
D'Avenieres natif pour vray,
Et Cordelier de Sainct Francoys,
Au couvent venu tout de froys.
D'aulcuns compaignons de la ville
Furent motif, pour qui est abille,
Monstrer figurativement
Et ses sermons et preschements.
La Passion par parsonnaiges (3),

---

(1) *Le Sacrifice d'Abraham.* C'est une œuvre anonyme qui paraît être de la fin du XVe siècle. Il est représenté à Caen en 1520, à Paris, quelques années plus tard. On ne le voit pas représenté avant 1507. Les frères Parfait le mentionnent t. XI, p. 317. (Note du R. P. Dom Piolin, Bénédictin de Solesmes.)

On pourrait, sans trop d'invraisemblance, attribuer ce mystère à notre auteur.

(2) Aujourd'hui place du Palais.

(3) Le *Mystère de la Passion* est le plus célèbre de tous ceux du moyen-âge ; il existe plusieurs drames sous ce nom. Le plus beau, celui qui eut le plus de vogue, est l'œuvre de Jean Michel, évêque d'Angers ; les frères Parfait en ont donné une longue ana-

v. c. viij.

Le Vendredy Sainct, par gens saiges,
Jour de la Resurrection,
Fust monstré, a probation (1),
Jusques à quarante histoires,
Dont ce fust faict moult grants memoires.
Preschant et démontrant par signes
Sur le pavé à toutes fines,
De rideaulx, de cielz d'or et de soye,
De ce veoir le monde avoit joye.
Quand falloit tirer le rideau,
Taunay trouva un mot nouveau
Qu'il chantoit pour *veritatis*,
Là, Messeigneurs, *ostendatis* (2).

Poisson de ripviere et de mer
Bon gré, malgré, faillit à mer.
Mais haren, figues et epices,
N'eusmes pas à tous nos delices.

Mil v. c. viij.

Et à Pasques cinq cent et huyt,   Pâques
Ledict de Launay, jour et nuyt,   le 23 avril.
Vers Gyen, Auvergne et tel pais,
Chevaucha bien garni d'amys ;
Tellement, que bled amassa,
Et de six solz boësseau lascha.

lyse, t. I, p. 75-486. On peut voir aussi Paulin Paris, *Manuscrits français de la Bibliothèque du Roi*. (Note du R. P. Dom Piolin.)

(1) *Probation* : Témoignage.
(2) *Ostendatis* : Faites paraître, tirez le rideau.
La rime a entraîné Le Doyen à mettre le subjonctif pour l'impératif.

A Angers et Chasteaugontier,
Bled arrivoit de tous quartier :
Vins et vaisseaux si descendoient,
Et bledz que gens sesmerveilloient.
Et le bled à cinq solz fust mys,
Qui eust valu, selon l'advis,
Quinze solz, pour dire vray,
Si ne fust ledict Launay.

L'edifice du paveillon et galleries du chasteau de Laval.

Et d'avril au commencement,
Monss**r** fist prendre fondement (1),
Soubz la mothe de son chasteau,
Desirant faire de nouveau
Ung très sumptueux édifice,
Qu'on dict luy estre moult propice.
Floridas, portier du chasteau,
A cil édifice nouveau
En charge, par mondict seigneur,
Qui y acquiert bruyt et honneur.

L'aoust venu, le peuple fust riche,
Chascun mangeait pain blanc et miche,
Et louoit Dieu du bon du cueur,
Pouvre et riche l'avoit à cueur.
L'Eglise, par processions
Faisoit, et aussi oraisons,
Tellement que l'aoust fust moult beau,
Dont fust bled troys solz le boësseau.

*Le deces du prieur de S**te** Katherine.*

Et de juillet, en celluy an,
Vingt huytiesme, à grant ahan,

(1) Le Blanc de la Vignolle dit que Guy XVI fit bâtir sur la tour de la Poterne, et que ce fut Guy XVII qui fit construire la galerie. Cela se reconnaît, dit-il, aux écussons de Laval et de Foix.

Rendit l'ame Francoys Aisne (1),
Prior Saincte Katherine (2);

(1) François Lesné, licencié en droit, prieur d'Ollivet, le 12 octobre 1492. Est-ce le même ?

(2) Sainte-Catherine, prieuré conventuel, de l'ordre de Saint-Augustin, congrégation de France, situé dans un faubourg de Laval, dans la paroisse de Grenoux, fondé en l'année 1224, par Haoïse de Craon, veuve de Guy VI, seigneur de Laval. Haoïse l'avait donné aux religieux de l'abbaye de Sainte-Marie de la Réale en Poitou.

Haoïse lui donna de grands biens ; Emma de Laval augmenta les dons de sa mère. Guy VII les confirma tous et accorda en outre au prieuré, à perpétuité, un droit de *pescherie*, *à tous engins*, dans la rivière de Mayenne, depuis le gué du Bourg-Chevreau jusqu'à l'écluse de Bootz. Le prieuré de Sainte-Catherine prenait le titre d'abbaye, qui lui était contesté par l'abbaye de la Réale dont il dépendait. Les religieux portaient le nom de Génovéfains.

Les constructions, dont parle Le Doyen, se voient encore. C'était le logement de M. l'abbé, lorsque le prieuré fut mis en commende. C'est un corps de bâtiment avec deux pavillons, dont l'un est surmonté d'une sorte de donjon. L'église ancienne n'existe plus, elle a été démolie dans la Révolution ; nos anciens disent qu'elle était très ornée. On y voyait de belles verrières. Dans l'une, dit Le Blanc de la Vignolle *(Mém. man.)*, était le portrait de Jehanne de Laval, reine de Sicile, qui avait été leur bienfaitrice ; dans une autre on voyait une dame de Mathefelon, femme de Guy VII. C'est vraisemblablement l'écusson de cette dame, *d'or à 6 écussons de gueules*, 3-2-1, presque effacé du temps de Bourjolly, qui lui a paru être les coquilles, armes inventées pour l'ancien Laval, par le Révérend Père de Cuilly, prieur des Jacobins de Laval, dans l'oraison funèbre de Guy XX, et que le Père de Varennes a reproduites dans son *Herault d'Armes*.

La Révolution fit sortir les religieux de Sainte-Catherine, le 10 juin 1791. Sainte-Catherine fut successivement Hôpital militaire, gouverné par des infirmiers, Maison de Vétérans, puis Loge de Francs-Maçons. La maison, achetée par Mlle Letourneurs de la Borde, fut rendue à sa première destination. En l'année 1818, un bref de Sa Sainteté Pie VII approuve l'établissement du *Monastère de Notre-Dame-de-Grâce des Religieuses de l'observance de la Trappe*, réforme de M. de Rancé. Ces religieuses venaient du monastère de l'*Éternité*, à Darfeld en Westphalie. Après un séjour de quarante années, ces saintes filles, logées trop étroitement à Sainte-Catherine, ont cherché un autre asile. Elles se construisent aujourd'hui, dans la paroisse d'Avesnières, un nouveau lieu de retraite dont elles comptent prochainement prendre possession.

Ung homme lectré, bien savant,
Et qui avoit mys en avant
Grands deniers à édifier
L'Eglise, dortouers et moustier,
Portes de fer, et parement,
Pupitres, cloaistres et bastiemont.

Le deces de Favieres prieur de Changé.
Incontinent, et l'an susdit,
Rendit l'ame, sans contredit,
Le grox, gras prieur de Changé (1);
De Favières, son nom, changé
Fust en brief temps par Atropos,
Qui luy fist perdre son propos.

Le deces de honneste homme Jehan Tartroux advocat.
Et l'uytiesme du moys d'octobre,
Fust ung jour qui assez fust sobre;
Car cil Atropos, ung matin,
Rendit à Jehan Tartroux (2) la fin.
Homme notable et de conseil;
Devant Dieu soit son apareil.

Le deces de Robin Touillon seigneur des Ifs.
Et seiziesme jour de novembre,
D'ung notable homme me remembre,
Appelé Robin Touillon (3),
Bon marchant, saige et vaillant hom.

(1) Prieuré de Changé près Laval, fondation des seigneurs de Laval au XII⁰ siècle.
La famille de Favière posséda la terre, fief et seigneurie de Beauvais, dans la commune de Changé, au XVI⁰ siècle. Ils portaient : *D'azur à une face fuselée d'or de 5 pièces entières et 2 demies et de 5 oiseaux d'or.*

(2) Tartroux. Cette famille était ancienne à Laval. Il y a eu plusieurs juges de ce nom. En 1601, un Pierre Tartroux, chanoine prébendé de Saint-Tugal, était archidiacre de Laval.

(3) Touillon, autre ancienne famille de Laval. Les Touillon étaient seigneurs des Ifs près Montsûrs. François Touillon fut, en 1544, docteur en médecine.

Par ytropisie fust actaint
Que l'ame rendit sur ce poinct.
Par son testament ordonna
Que sept cens livres si donna
Aux religieux et couvent
De Sainct Dominicque vrayment (1).
Pour parfaire la nef d'Eglise ;
Qui fust pour eulx bonne endivise.
Mais les charges, quoy qui advienne,
Dire troys messes par sepmaines,
A toujoursmes en leur Eglise.
Son ame devant Dieu soit mise.

Au regard de l'yver pourtant,
Il fust long, froid, mal advenant,
Et commencza, quant javiendré,
A la feste de Sainct André,
Et dura, sans faire sejour,
Juc à Pasques. Dicelluy jour
Sans pluye, neger, ne gresler,
Mais chascun jour plus fort geler ;
Tellement que le peuple estoit
Esbahy que hyver tant duroit.
Aulcunes eaues, frimats, rousées,
Fust, dont terre fust arrousée.
Mais rousée, à Pasque venue,
Et fust alors la bien venue.
Car le peuple se disposa
A recevoir Dieu. Se posa
En bonnes opérations ;
Aussi par prédications

(1) Aux Jacobins.

Que Prescheurs avoient mys auvent
Es Halles et Sainct Venerand.
Tous fruicts de terre yssirent hors
Qu'en huyt jours furent tous dehors.
Lins, poys, fèves et jardrinaiges
Rendirent à deux fois leurs usaiges.
Quant aux édifices de ville (1),
Chascun y estoit moult abille.
Monss^r besongnoit à sa mothe,
Dont pluseurs n'entendoient la note.

Pour parler de Sainct Vénérant,
Mais que escus si soient mys auvent,
Des grands marchants de St Melaine,
Les pouvres alors mectront paine
Que l'Eglise sera parfaicte ;
Aultrement elle est imparfaicte.
Fors cent livres que Touillon
Y donna, qui est moult beau don.
Et la nef, si vault quasi preste,
Par Touillon et sa conqueste.

Touchant la guerre, je m'advise,
Chascun dict qu'elle va à Venise,

___

(1) Le Doyen vécut à une époque de transition pour notre ville. Le mariage de Charles VIII avec la duchesse Anne mettait fin aux guerres si souvent renouvelées entre la France et la Bretagne, dont nos pays avaient presque toujours été le théâtre. Laval cessait d'être ville frontière, et s'étendait au-delà de son enceinte murée ; son commerce devenait florissant. Profitant de la paix et de la fortune que son industrie lui apportait, chacun s'empressait de construire d'une manière plus confortable. Les hôtels de cette époque sont encore nombreux, et faciles à reconnaître à un escalier renfermé dans une tourelle ronde ou octogone, à toit aigu, orné d'un bel épi, en saillie sur le bâtiment principal.

Ou le Roy faict de grant conqueste,
Mais pourtant ce n'est chose preste.

Mil v. c. ix.

Puys à Pasques mil cinq cens neuf,   Pâques
Celluy jour fust ung temps bien neuf,   le 8 avril.
Car la rousée, sans contredict,
Du ciel d'amont si descendit
Et dura juc à Penthecouste
Ou bonne chère rien ne couste.
Le moys de may fust pluvieux
Dont le peuple fust moult joyeux :
Car tous bledz avecques leur suyte
Et les lins eurent leur poursuyte.
Les eaues furent hors de leurs rivaiges,
Mais ne firent pas grant dommaiges.
Et pour savoir du bled le pris,
A troys solz le boësseau si fust mys.
La mort nous cuida suffocquer,
Mais la fismes ecquivocquer
Par belles supplications
Faictes à Dieu et oraisons,
Où partout pais en général
Resgnoit fort environ Laval.

Quant à l'aoust, jamais à vie d'homme,
Ne fust vu tant de bled en somme,
Sans valoir ung moult grand denier ;
Car deux solz valoit le plus cher.
Froment, advaines, tant et plus,
L'on en faisoit quasi refus.

L'aoust aussi fust moult convenable,
Car tout au long fust agréable
Sans pluye, ne vent, ne aultre temps,
Que le peuple fust bien contens.

<small>René Le Lamyer fist jouer le mistère de St Estienne du Genest.</small>

Celluy aoust, pour resjoissance,
Fust joué, par bonne chance,
Des bons compaignons de Laval,
Que du Genest (1), sans songer mal,
De Sainct Estienne le mystère (2),
Qui fust faict, par bonne maniere,
En la vallée pres le hault bourg
Du Genest, ou René ne fust lourt.
René Le Lamier fist la mise,
Aussi avoit faict l'entreprinse.

Pour bien chanter à Dieu louenges,
Nous eusmes tres bonnes vendenges
Partout pays, amont et val,
Tant à Sainct Denys, qu'à Laval.
Pour parler de la sémaison
De blez, il fust droicte saison :
Car, au rapport des anciens,
Jamais ilz n'avoient vu le temps
Se porter, au long de l'année,
Ainsi qu'avoit faict cette année.
Toutes choses eurent le cours,
Tout en croissant, comme en decours.

(1) Le Genest, bourg à 6 kilomètres de Laval.

(2) Le mystère de Saint-Etienne a été publié par M. Achille Jubinal dans ses *Mystères inédits du XVᵉ siècle*, Paris 1837, in-8°, 2 vol. t. I, p. 125.

Et afin de rens n'oublier
Mongr faict fort édifier
Son paveillon sur la pousterne
En maniere d'une lanterne (1).

L'yver fust bien long, aspre et froid
Dont le boys trop d'argent valoit.
Caresme fust moult gracieux
Et faisoit tems bien amoureux.
Un Jacobin fist les sermons
Qui fust tenu à notable homs
Bien lectré, belle traditive (2).
Autant qu'il est homme qui vive.

Mil v. c. x.

Puis à Pasque cinq cens dix
Boesseau de bled est à vil pris.
Deux solz valoit le cours de ville,
Encor chascun jour on l'avile.
L'esté fust gracieux et beau
Sans pluy voir que moult petit d'eaue.
Par lieux fust joué mysteres,
Et mesmement en Avenieres
Le mystere Monsieur St Blaise
A volée, où fust chascun aise
Par l'espace de quatre jours
Ou Monsieur en vit tout le cours.

Pâques le 31 mars.

Le mistere de St Blaise joué à Pisanesse.

(1) Cette partie du château située au Nord fut abattue vers l'année 1834, pour construire le logement du président des assises.

(2) *Belle traditive* : Beau débit.

Coqueluche.

Mais durant le jeu, sans que huche,
Descendit une Coqueluche (1)
Du pais d'amont juc à ce val,
Qui nous fist souffrir moult de mal ;
Et prenoit en la teste et rains
Tant que par terre en jecta maints
Et des tirans joue le quart
Combien que du mal eu ma part.

La char fust chere à mon avis :
Car les porcs mouroient par tous pays.
De l'yver, quand je y adviendré,
Commencza à la Sainct André
Et ne finit jusques en may.
Où pouvres gens en grant esmoy
Furent des nefs qui furent grandes
Et qui en firent pouvres offrandes.
Les vignes en tout ce bas pais
En gelerent jusqu'aux rays.
Noyers, genest et romarins
Et loriers y prindrent leurs fins.
Chascun cognut et vit alots (2)
Que l'on en faisoit des fagots..

---

(1) Coqueluche, *Cucullus morbus; Coqueluche, capuchon de moine.* Voir : *Dict. de Trevoux.* Art. *Coqueluche.*
Dans les premiers jours de l'année 1510, courut presque par toute la France certaine maladie épidémique, à laquelle peu de gens échappèrent, et dont beaucoup furent victimes. « *On la nomma Coqueluche*, dit Mezerai, *par ce qu'elle affublait la teste d'une douleur fort pesante, et que les premiers qui en furent atteints, parurent avec des coqueluchons..... Elle causait aussi une grande douleur à l'estomac, aux reins et aux jambes, avec une fièvre chaude accompagnée de fâcheux délires, et d'un dégoût de toutes les viandes ainsi que du vin.* »

(2) *Alots :* Alors.

Incessamment geloit, negeoit,
Et le plus souvent verglaczoit.
La rivière tout au travers
Gela, que glaczons moult pervers
Firent alors moult grant dommaiges
Par où ils faisoient leurs passaiges.
Trente ans ung tel tems avoit fait
Auquel commence ce livret.

Le Caresme poisson fust cher,
D'eaue doulce, d'estangs, de mer.
Beurre et aultre mynu suffraige,
On en fournissoit le mesnaige.

Item, Monsieur le Cardinal
Du Mans, Evesque et pastoral,
Nouveau remis en l'Evesché (1),
A Rome en fust empesché
Par le Pape qui l'arrestoit,
Pour ce que moult fort l'appetoit (2).
A sa venue nous apporta,
Dont le Manceaux se contempta,
Grands pardons à leur grant Eglise (3),
Qui fust pour eulx bonne divise.
Que tous ceulx qui dedans yroient,
Et sept aultres visiteroient,
Et cinq foiz, diroient à genoulx,
Pater Noster à basse voix,

(1) Après la mort de François de Luxembourg, en 1509, l'Évêché du Mans fut rendu à Philippe de Luxembourg, oncle de François, qui le lui avait résigné.
    Philippe fut légat en France, nommé par Jules II; il fut confirmé par Léon X, son successeur.
(2) *L'appetoit :* L'aimait.
(3) La Cathédrale de Saint-Julien du Mans.

Ave Maria tant de foiz,
Se repentant de ses maulx faiz,
Devant chascun desdicts aultiers,
Pour lors gaignoit, de cueurs entiers,
Le pardon ainsi comme à Rome,
A sept Eglises que l'on nomme,
Selon les patentes et lectres
Qui sur ce avoient esté faites.
Et oultre, le bon Cardinal,
Pour mieulx corriger nostre mal
Que chascun jour nous commectons,
Nous impétra aultres pardons,
Savoir : à la Sainct Jehan prouchaine
Le *Jubilé*, par son enseigne,
Impétra audict lieu du Mans
A tous confès et repentans.

Le deces de deffunct Pean Le Bret, receveur des tailles.

Et la vaille de la Marchaise (1),
Qui est le temps là où l'on presche,
Décéda ung homme ancien
En son vivant nommé Pean
Le Bret (2), receveur des grands tailles,
Duquel fust faict grant funerailles.

(1) La veille de la fête de l'Annonciation, le 25 mars.

(2) Famille ancienne de Laval, éteinte dans celles du Tronché de Baladé et de Bautru. Péan Le Bret avait pour femme Jeanne Goussé; il fonda, le 4 janvier 1490, dans la rue de Rivière, ancienne rue Boutagu, la *Chapelle de la Magdeleine-du-Roc*, dont encore aujourd'hui les restes dominent cette rue.

D'une seconde branche de cette famille sortit Robert Le Bret, qui fut en 1545, juge ordinaire, civil et criminel du Comté de Laval, marié à Marie Le Mouette. André, un des fils de Robert, lui succéda dans cette charge. Cette deuxième branche s'éteignit dans les familles Guillot et Bricel. François Bricel fut juge des exempts du Comté.

v. c. xi.

Lequel fist de son bien et payne
Edifier la Magdelaine
En Boutagu (1) près sa maison.
De son ame ait Dieu vision.

Mil v. c. xi.

Puys après Pasques cinq cens
Et unze, je perdis mon sens.
Car l'yver en rien ne cessoit,
Rien de terre ne profitoit.
Le bled à deux solz ne partit,
Chascun avoit grand appetit
Que le doulx tems d'esté fust près.
Mais toujours nous faisons excès.
La mort si nous cuida surprendre,
Mais chascun s'en voulut défendre.
Chascun si fuyoit mont et val (2),
Pour ung belier (3) qui fust grant mal,
Nommé Reverdy Cousturier
Qui du mestier estoit ouvrier.
A Laval grant bruyt il donna
Par sa mort, qu'on abandonna
La ville pour ung peu de tems,
Dont aulcuns ne furent ben contens.

Pâques le 20 avril

(1) La *rue Boutagu*, ou rue de Rivière, porte dans les anciens titres le nom de *Bourg Boutagu*; en 1480, on la considérait comme faisant partie de la ville. On la retrouve désignée sous ce même nom jusqu'en 1702.

(2) On fuit la ville à cause des maladies.

(3) *Belier :* Belître. — O Quel belier taint en cramoisi est cestuy-cy ! *(Les Jaloux*, comédie de Pierre de Larivey, champenois, 1579.)

Et pour tant que touche le Roy,
Le peuple en est en grant esmoy.
Le Pape et luy se font la guerre,
Et si ne peuvent tenir en serre
Car ilz ont fait divers assaulx
Par leurs gens d'armes et vassaulx
Touchant la ville de Venise,
Dont ilz ont entre eulx grand divise,
Faulte d'accomplir leur promesse,
Dieu veille que leur divis cesse.

Cet an mesmes c'est accomplye
Le paveillon et gallerye (1)

(1) Nous avons peine à assigner une date certaine à la construction du *Petit Château*, qui est aujourd'hui, avec toutes ses augmentations, le siége du Tribunal de première instance. Le Doyen vient de nous dire que Guy XVI, au commencement d'avril 1508, *prenoit soubs la mothe de son Chasteau les fondements d'vn nouvel édifice*, et qu'en 1511 il achevait *le paveillon et la gallerye*.

Le Blanc de la Vignolle, qui écrivait un siècle et demi environ après Le Doyen, dit *(Mém. man. sur le Comté de Laval)* : que ce fut Guy XVII qui fit construire *la galerie;* ce qui se voit, ajoute-t-il, *aux écussons de Laval et de Foix*.

Pour faire concorder ces deux historiens de notre ville, nous penserions que Guy XVI n'aurait fait qu'élever le mur de soutènement, partant du pied de *sa mothe féodale, devant son Château*, baignée, à cette époque, par les eaux de la rivière. C'était un roc abrupte, où, suivant quelques auteurs, le jeune sire de Gaure, fils de Guy XII et de Jeanne de Laval, en jouant à la paume, avait fini ses jours en tombant dans l'endroit où se trouve la rue du Val-de-Mayenne. Guy XVI termina ainsi une *galerie ou terrasse, où ses enfants pouvaient se solacier et s'esbatre*. A l'extrémité nord, était le pavillon, isolé, qu'il édifiait *sur la poterne en manière d'une lanterne*. Guy XVII, son successeur, construisit le Château. Son genre d'architecture, rappelant la fin du règne de François Ier ou le commencement d'Henri II, et les armes de Guy XVII avec celles de Claude de Foix sa femme, qui étaient placées sur les écussons, suivant Le Blanc de la Vignolle, viennent confirmer cette opinion.

De Monsieur devant son chasteau.
Messieurs les enfans auront beau
Leur solascier (1) et esbatre
Et fussent ilz cinquante et quatre.

Quand au couvent de Bonne Encontre,
Ilz ont trouvé bonne rencontre
En la veufve feu Touillon.
Elle a faict faire ou grant pignon
De leur Eglise la grand vitre,
Dont chanteront moult belle espitre;
Aussi le pavé de leur neuf,
L'on faict faire de carreau neuf.

Du temps de l'esté, je me vant,
Il n'a faict ne petit ne grant.
Non il a faict aoust, ne vendanges,
Dont nous chantons pouvres louenges.
De pomes, poyres, glans ne fruicts,
Et de porcs fusmes tous unys.
Mais n'avons eu en ceste année
Si non force choux et porrée;
Assez bledz et non aultre chose
A esté, mais je presuppose
Qu'iceulx bledz, tout, ne plus ne moins,
L'on traicta jue à la Toussaint;
Tellement que les grands desrays
Des eaux ont esté partout pais,
Au tems de Toussaint et devant,
Qu'il n'est ruisseau qui ne fust grant.
La pluye si n'avoit nulle cesse,
Jour et nuyt nous faisoit la presse.

(1) *Se solacier*, se réjouir, se divertir.

Semaison ne dut estre faicte,
Mais dut demourer imparfaicte.

L'invencion Saincte Croix jouée à Sainct Seraine.

A l'Angevine, à plaine voix,
Fust l'Invencion Saincte Croix
Jouée à Sainct Serené (1)
Par Macé le Duc, mon aisné;
Tous volant bien hault et bas,
Fors St Michel qui cheut à bas.
Pour parler de la semaison,
Bonne fust, selon la saison.
Lars fust cher comme devant.
De vendenges, je suis savant,
Qu'ou pais d'Anjou et ici bas,
Il n'en fust pas moult grands débats
A vendenger pour dire vroy.
Mais, pour nous tirer hors d'esmoy,
Le plus des marchants de Laval
Se tirèrent a mont et a val,
Principallement vers la Marche

Icy appert que en ce present an ne fust bon à Laval que vins blancs de Rablay.

Et Rablay, ou chascun d'eulx marche,
Et mirent leurs deniers en vins blancs,
Et en vendoit le pot deux blancs.

L'yver fust aspre, long et froit,
Tellement que bois sec et vert
Jusques à Pasques et après
Valoit argent et loign et près.
Poisson d'eaue doulce et de la mer
Le pris ne nous en fust amer.
Non fust bourre et tel suffraiges
Qui ne nous tourna à dommaiges.

(1) Saint-Ceneré.

Mil v. c. xij.

Puys à Pasques, si parler ouze,   *Pâques*
Qu'on comptoit mil cinq cent et douze,   *le 11 avril.*
Encores n'est l'yver finy ;
Il faisoit ung temps infiny
De pluyes et fredures et glaces
Dont ensuies (1) de grandes menaces
Pour les arbres faire flourir.
Nous en fusmes tout près unyr.

Et d'icelle feste de Pasques,   *Icy appert de*
De là les monts, furent tous flasques.   *la journée de Ra-*
Noz gens, par le Pape contraire,   *vennes.*
Qui du Roy est grant adversaire,
De gens d'armes a faict eslite
Qui du roy deust être conduite
Es choses spirituelles
Et mesmement es temporelles.
Il a faict terrible aliance (2)
Contre le noble roy de France,
Luy arme a grant compaignie,
Exposant en danger sa vie.
Congréger fist ses gens ensemble,
Pres Ravenne, comme il me semble (3),

(1) Dont s'ensuivit.

(2) Ligue entre le pape Jules II, le roi d'Espagne et la république de Venise, avec l'accession à cette ligue de Henri VIII, roi d'Angleterre, et de Maximilien d'Autriche.

(3) Journée de Ravennes, 11 avril 1812.

Vers Venise, delà les monts ;
Ou les Francoys, et bas et monts,
Eurent moult terrible rencontre,
Ainsi que par lectres l'on monstre ;
Et par Francoys, furent mys par terre,
Plus de trente mil gens de guerre,
Mors et occis d'espée et lance,
Contraires au bon roy de France.
Mais des noustres y demoura
Dont mainte personne ploura,
Messieurs de Nesmours (1), Maugiron (2),
Alegre (3), la Crote (4), Chastillon (5),
Et aultres grands seigneurs et princes,
Dont larmes fust par les provinces,
Qui furent trahiz par l'artillerie (6)
Qu'ilz avoient soubz terre enfouye.

(1) Gaston de Foix, duc de Nemours ; il fut renversé de son cheval, un Espagnol lui enfonça son épée dans le sein. Il n'avait que 22 ans et commandait l'armée française.

(2) *Maugiron, capitaine, qui y fist d'armes possible.* (Le bon Chevalier sans paour et sans reprouche, Collect. Petitot, 1re série, t. XVI, p. 47.)

(3) Yves d'Allègre conduisait une charge contre l'infanterie espagnole. Il vit tomber sous ses yeux le seul fils qui lui restait ; voulant le venger, il fut tué à son tour.

(4) La Crotte. Jacques de Daillon, seigneur de La Cropte, châtellenie dépendant du comté de Laval, près Meslay. Il était fils de Jean Ier de Daillon, seigneur du Lude, que Louis XI appelait son compère.

(5) Jacques II, sieur de Coligny, de Châtillon-sur-Loing, prévôt de Paris. Il mourut à Ferrare, des suites d'une blessure reçue au siège de Ravennes, à l'assaut de la tour Roncona.

(6) Pietro Navarro, général de l'infanterie espagnole, avait fait coucher ses hommes à plat ventre. Ils se jetèrent à l'improviste

Dont nos gens ne furent advertys,
Qui ainsi les firent subvertiz.

Du differend du roy et du pape (1),
Je men tais, mais chascun se happe (2)
D'en parler, dont je me rapport (3);
Car qui trop en parle est dyot (4).

Après cette rencontre faicte,
Les Engloys firent une retraite
Sur la mer bien quarante mil,
Deliberez mectre en exil
Toute Bretaigne et Normandie :
Dont je pry Dieu qu'il les mauldie.
Sont noz antiques ennemys,
Qui ont detruyt tous nos amys,
Il a passé quatre vingts ans :
Encore veullent les enfans
Destruire, avecque leur aliance,
Le noble royaulme de France,
Qui y a pourveu par conseil,
Que, de lune ou de soleil (5),

sur les Français, au moment où ceux-ci poursuivaient avec ardeur le reste de l'armée ennemie. L'armée française perdit beaucoup de monde par cette surprise, et néanmoins resta maîtresse du champ de bataille.

(1) Jules II. — Julien de la Rovère; de novembre 1503 à février 1513.

(2) *Chascun se happe* : Chacun se mêle.

(3) *Je me rapport* : Dont je m'abstiens.

(4) *Dyot* : Idiot.

(5) De jour ou de nuit.

Ilz en auront sur leur caboce (1).
Mais l'on dit qu'ilz meurent de boce
Sur la mer ou ilz sont ancrez.
Que jamais ne puissent entrer
En France sans cheoirs en la mer !
Perdre le sien est bien amer.

<small>Icy apport comment nostre evesque tint les ordres ou couvent des freres Prescheurs.</small>

Puys, la Penthecouste venue,
Nous eusmes joyeuse venue
Et notre evesque et féal,
Le bon Phillippe, cardinal (2),
Qui a voulu revisiter
Son evesché, et inciter
Son peuple à confirmation
Et en toute devotion.
Tenu de son peuple sainct homme (3),
Car lui lors retourne de Rome,
On a esté par longue espace.
Et luy en Laval, de sa grâce,
A voulu les ordres tenir,
Et aux prestres subvenir,
Ou couvents des freres Prescheurs,
Où avoit reverends docteurs.

<small>Icy apport comment le cymetiere Sainct Venerand fust dedié et beneist.</small>

Après le lundy, sans mentir,
Septiesme de juing, son partir
De Laval à soy retourner.
Mais luy party, sans sejourner,
Vint entrer en Saint Venerand,
Au bien matin, sans bruyt ne vent,

(1) *Caboce :* Tête dure.
(2) Phillippe de Luxembourg. (Voir la page 138, note 1.)
(3) Estimé saint homme par son peuple.

v. c. xij.

Accompaigne du noble conte
De Laval, pour faire mon compte,
Dedya le beau cymetiere
Qui est situé ou derriere
De l'eglise Sainct Venerand,
Qui est un lieu bien reverand,
Et donna le bon cardinal,
Presens pluseurs gens de Laval,
Et moy indigne my trouver,
Qu'il declara a haulte voix,
Qu'autant de fois faisoit le don
De quarante jours de pardon
Visitant le dict cymetiere,
Faisant pour trespassez priere,
Oultre cent jours certaines festes,
Comme appert par bulles honnestes
Qu'il a envoyé audict lieu.
Prions pour luy le Filz de Dieu.
Lequel cymetiere, pour vroy,
Ainsi que cognois et que sçay
De fevrier l'an quatre vingt neuf
Avec quatre cens, que tout est neuf,
Avoit donné Colas Hutin,
Bon marchant, notable, et afin
D'y esliger (1) sa sepulture.
Nais luy, non sachant l'adventure,
Mourut avant la dedicace,
Et si, avoit eu cette place
De la veufve Robin Eumond,
Pour soixante livres tous rond.

(1) *Esliger* : Choisir.

Pour verité, tel fut l'achat,
J'en passé entre eulx le contract.
Premier motif quant ad ce faire.
Mais depuis, pour mieulx a Dieu plaire,
Francoys Hutin, filz dudict feu
Donateur, fust de Dieu esmeu.
Bon marchant, notable et puyssant,
Et d'augmenter moult desirant,
A celle dedicacion
Faict faire, sans dilation,
De ses deniers, par telle maniere,
Que beneist est le cymetiere (1),
Ainsi que predit est devant.
En biens soit il toujours croissant,
Pour en faire largition
A sa tres bonne intention.

Comment l'enfant dudict Hutin et l'enfant de Jehan Boullain estrenerent ledict cymetiere.

Et le vingt septiesme du moys,
Dieu a son faict voulut pourvoys,
A un mardy, devers le tard,
Nostre seigneur print de sa part
L'enfant dudict Francoys Hutin
Qui encor ne scavoit latin,
Mais, soubz l'aage de troys moys,
Et fut estrené, à grant joye,
Le cymetiere de son cors,
Qui bien venoit à mon propos.
De Nycolas, portoit le nom
Comme son grant pere avoit nom.
Et, pour accompaigner l'enfant,
Auprès de luy fust my de son sang.

(1) Ce cimetière était au chevet de l'église ; il sert aujourd'hui de marché. Il a été construit une Salle d'asile dans une partie de son emplacement.

v. c. xij.

Le filz ainé de Jehan Boullain,
Prouche parent, n'en falloit rien,
Par un tems qu'estoit moult sobre
Dudict an vingtieme d'Octobre.

Et deux jours devant, ung matin,
Ung vent bruant comme ung lutin,
Tumba par terre le clocher
D'Ahullie (1), sans rien decocher (2),
Fors ung pouvre, a luys du vicaire,
Qu'il tua pres le presbytere.
Six vingts pieds avoit de hauteur,
A bien compasser sans la tour.
Cil année avoit esté fait
Et encores n'estoit parfaict.

Et de l'année et sa poursuyte
Elle sest joyeulsement conduite,
Car l'esté, l'aoust et la vendenge,
Nous en debvons chanter louenge

Quand aux Espaignolz et Engloys,
Ilz nous menassent de leurs roys.
Et Monsieur, tant bon et tant saige,
Nous a fait un moult grant passaige,
De nous garantie de gens d'armes,
Desquels n'avons eu nulz alarmes.
Charge de ble, pour estre absoulz,
Valoit alors trente cinq solz.
Le poisson faillit en ce pais,
Dont mal fusmes de lard exemptz·

(1) Ahuillé, à 10 kilomètres de Laval.
(2) *Décocher* : Blesser.

Comment l
clocher d'Ahuill
cheut avant qu'
fust parfaict.

De tous fruictz eumes a raison,
Tout l'an, chascun en sa saison.
De vins ne fust grant habondance
En tout ce pais ; mais alliance
Eusmes o *Gilles du Pommain* (1),
Qui aprochoit de vin Romain.
Il ne fust grand nombre de porcs,
Car partout pais ils étoient mors.
Les Lymousins et Normandie
Nous firent secours, quoiq'nul dye.
L'yver fust doulx juc en janvier,
Dont eusmes assez bon loyer,

Comment les caues furent hors des rives.
Sans gelée. Mais les caues grandes,
Dont pluseurs payerent les amendes;
Angers, à Sablé et au Mans,
Jamais caues ne furent si grants.
Car tous voyans en leurs rivaiges
Emmenoient maisons et villaiges.

Mort du Pape.
Après, fust nouvelle, pour vroy (2),
Du Pape contraire du Roy ;
Il estoit mort, dont joyeulx fust
Le peuple, qui pas n'en mescreut (3).

Le Caresme ne fust pas cher,
Chascun si le fist trebucher,
Comme il put, sans trop jeuner.
Poisson d'eaue doulce et de mer,

---

(1) *Gilles de Pommain :* Le cidre remplaça le vin.

(2) Le Pape Jules II, mort le 21 février 1513.

(3) Ne cessa pas de croire.

Beurre, figues, et telz suffraiges,
Ne nous firent maulvais passaiges.
Mais il fist de terribles vents,
Qui engendroient le mal des dents.

Mil v. c. xiij.

Puys, à Pasque que l'on disoit Pâques
le 27 mars
Mil cinq cent treze, il faisoit
Ung yver sec et fredureux,
Dont le peuple n'estoit joyeulx.
Dès janvier avoit commencé,
Où chascun fust mal avancé
Du froid et la grant secheresse
Qu'il faisoit. En si grant appresse (1),
Le corps sainct Tugal fust porté
Par la ville et contreporté
De la Vroye Croix pluseurs reliques,
Et en chappes moult magnificques.
Pleu n'avoit puys la my janvier,
Dont on sceust la terre arrouser,
Jusqu'au premier jour de may
Où le peuple fust en esmoy.
En après, fist par deux matins
Gelée qui brusla nos vins ;
Bled, arbres, tous aultres fruictiers,
Rien ne demoura es vergers.
Mais Dieu, pour nous recompenser,
Fist toutes choses avancer,
Qu'un brin de bled en rendit quatre.
Vignes, arbres, tout, sans debatre,

(1) *Appresse :* Calamité.

Regecterent (1) tout de nouveau ,
Que tout le peuple chantoit Nau.

Puys les marchants du Pont de Maïenne
Se partirent pour bailler le moyne
Aux usuriers de ceste ville ,
Où chascun d'eulx si fust abille ;
A Saumur et sur la levée ,
Orléans et aux ponts de Cée ,
Qu'en quinze jours tout fust replect ,
Que chascun en faisoit explect.

Quant à parler du faict de guerre ,
Les Angloys sont tenus en serre
Par le capitaine Prégent (2),
Qu'on dict en guerre bien scient.
Sur la mer , sans poinct de fredaine ,
Il a defourré la mitaine
A milort Havart admiral (3)
Des Engloys , et mys contreval.

De là les monts , ne scai qu'en dire ,
Je men tais et n'en veulx poinct rire ,
Jusques aux premieres nouvelles ;
Car à Myllan ne sont mye belles.

(1) *Regectèrent :* Poussèrent.

(2) Prégent de Bidoux, natif de Gascogne , chevalier de l'Ordre de Saint-Jean-de-Jérusalem , grand prieur de Saint-Gilles, général des galères de France , mort en 1528 à la suite de blessures reçues dans un combat contre une galiote turque qu'il amena à Nice. (*Père Anselme*, t. II , p. 994, édit. 1712.) — Pierre Jean, ou Préjean de Bidoux, fut chargé par Louis XII de conduire dans l'Océan toutes les galères qu'il commandait dans la Méditerranée.

(3) Lord Howard , amiral anglais, fait prisonnier dans la rade de Brest.

v. c. xiiij.

Les maulvais garczons, mal apprins,
Le Roy faict chercher par le pais
Pour estre mené en galée (1) :
Ce sera moult joyeuse allée.

Bled fust à compétant marché,
Car au loign il en fust serché.
Si fust le vin, qui n'est commun,
Touteffois en avoit chascun.
La char toujours est assez chère,
Car toujours est myse à l'enchère
Par gens forains de hors ce pais,
Qui est pour nous maulvais divis.

Puys en janvier, l'an dessus dict,   Le deces
Atropos prit, sans contredit,   Reigne.
La très noble Reigne de France (2)
Duchesse, par grant alliance,
Du pais et Duché de Bretaigne,
Dont eurent les Bretons leur fredaine (3).
Jamais ne furent si navrez,
Les ungs en sont bien recouvrez (4)
Et les aultres sont ruez jus (5) ;
A mal appetit fault vert jus.

Mil v. c. xiiij.

Puys à Pasques cinq cents quatorze,   Pâques
Je vous diray, si parler ouze,   le 16 avr

(1) *Galée, galéasse*, bâtiment de mer, galère, *mettre sur ses galères.*
(2) Mort d'Anne de Bretagne, femme de Louis XII.
(3) Dont se vantaient les Bretons.
(4) *Recouvrez :* Consolés.
(5) *Ruez jus :* Terrassés, renversés.

Que le temps fust bien convenable,
Et au peuple moult profitable,
Pour les arbres et flouraison
Qui parvinrent à leur saison.
Car, pour vérité, à vie d'homme,
Ne fust tant de poire et de pomme.
Bledz et vins, à grant habondance,
Semblablement d'aultre pitance.
Quant à la char toujours est chère,
Et boys à semblable manière.

De la guerre, nouse parler,
Chascun ne s'en faict que fabler.
Car nos ennemys sont loigntains ;
Trop en parler en vault le moins.
Mais les Engloys à malaffaire
Nous donne chascun jour affaire :
Combien qu'ilz ont ja pourchacé (1),
Qu'a esté par eulx bien chacé,

Du mariaige du Roy et de dame Marie d'Angleterre.

Car, bien registré, bien escript,
Pour eulx, ouvre le Sainct Esprit,
S'ilz ont, comme l'on dict, pour vroy,
Prins alliance avec le Roy
De France, et faict le mariaige
De luy, bien à leur advantaige,
Que Marie Reigne d'Angleterre (2),
L'ont faict dame de nostre terre,
Où cest faict sumptueuses choses,
Aux nopces et moult merveilleuses,

(1) Négocié.
(2) Après la mort d'Anne de Bretagne, arrivée le 9 janvier 1814, Louis XII épousa Marie d'Angleterre, sœur de Henri VIII, Roi d'Angleterre.

En jeux, tournoyz et virolayz,
Où fust Guyon le Lavallayz (1),
Qui acquis y a moult grant bruyt,
Car à toutes choses est duyt.
Il si est si bien acquité,
Que tout honneur a emporté ;
Demoure en grâce du Roy,
Le renom en est pour tout vroy.

Peu après les nopces passées,   *Le trépas du Roy.*
Est survenu de durs accées ;
A la fin du moys de decembre,
Ledict Roy, dont je me remembre,
Print fin (2) ainsi que les humains
Font chascun jour, ne plus ne moins.
En brief tems firent mariaige
Qui fust un grox cas et passaige.
Inhumé fust à Sainct Denys,
Comme au Roy est faict le divis.
Sans en faire grant bruy, ne mise,
Car peu eust valu l'entreprinse.

Et soudain, le noble Daulphin   *Le couronnement du Roy Francoys.*
D'Angoulesme, qui, de cueur fin
A toujours eu bonne alliance
A la vraye couronne de France,
Fust couronné, ne plus, ne moins,
En la grant Eglise de Raims (3).

(1) Guy XVI, ou un de ses fils.
(2) Louis XII mourut le 1er janvier 1515.
(3) François 1er, sacré et couronné à Reims le 25 janvier 1515.
L'année commençant à Pâques, le mois de janvier appartenait encore à 1514.

Francoys, si est nommé par nom,
Et le premier Roy de ce nom.
Dieu le préserve de tout mal.
Et le bon Guyon de Laval
A son faict a voulu pourveoirs
Afin que souvent l'aille veoirs,
De grosses sommes pour ses gaiges
Oultre le droict de grenetaiges
Du grenier à sel de Laval (1),
Dieu le préserve mont et val.
La grâce de Dieu et brief et court
Il est le bien venu en court.

L'yver fust doulx et aggreable,
Et au peuple très proffitable ;
Car nous n'eusmes de Dieu menaces
Pas trop geler, ne pas grans glaces,
Qui fust grant profit pour ce pais,
Pour le boys qui fust à hault pris.
Si n'estoient taillays et boccaiges
Nous aurions grant froid aux naiges.
Toute l'année, pour les grants pluyes,
Et aussi pour les grants derays,
Et grants vens à l'année presente,
Dont à paine je me contente.
Touchant le bled, à six blancs boësseau,
S'en estoit le pris communau.

(1) Des lettres de François 1er, du mois de mars 1514, confirment tous les privilèges que ses prédécesseurs avaient accordés aux seigneurs de Laval. *(Annuaire de la Mayenne,* année 1858, p. 22, un vol. in-8°, Laval, H. Godbert.)

𝔐il v. c. xv.

Puys à Pasques mil cinq cent quinze   Pâques
Je vous en diré la divise.   le 8 avril.
Le bled, autant veil que nouveau,
L'on vendoit six blancs le boësseau.   Seigle ij ^{s} vi ^{d}
Le vin n'estoit à moult grand pris,   boesseau.
On beuvoit à dix et à six.
Mais, toujours la char est si chère,
Chascun la mectoit à l'enchère.
Beufs, vaches, brebis et moutons,
Estoient conduits de là les monts,
Où la guerre avoit le cours.
Souvent on chace le rebours (1).
Francoys donnèrent grants assaulx
De là les monts et leurs vassaulx,
Où le Roy se porta vaillant,
Comme on dict, il fust bataillant,
Et de lance rompit l'armée,
Qui estoit puyssante et ferrée.

Et la Penthecouste venue,
Fust faict inhumaine venue
Contre nostre honnoré comte (2),
Duquel nous debvons tenir compte.

(1) *Rebours :* Pillard, voleur de grand chemin.

(2) Les habitants de Laval refusèrent à leur seigneur le titre de fondateur de leur Eglise, et ne voulurent pas qu'il y mit sa litre ni ses armes. Ils en vinrent au point de le forcer à quitter son château par une porte dérobée, donnant au bas de la Grand'Rue, devant la Porte-Peinte. Guy XVI se retira à Vitré et ne voulut revenir que lorsque les habitants vinrent faire leur soumission. (Voir ci-dessous, année 1518.)

Car, aulcuns de la Trinité,
Sans avoir entre eulx unité,
Si murmurent vilainement
Contre luy, pour le bastiement
Du grant autier qu'avoit donné,
Et de son bien abandonné.
Comme leur patron et fondeur
Dudict lieu qui n'est leur honneur.
Et pour sa litre et armoyrie
Pourquoy conçurent leur envie.
Et pour la vitre du Mercier,
Qui enfin leur cousta moult cher.

Comment Monsʳ envoya les Enfans en court.

Et le dix huytiesme jour
De juillet, sans faire sejour,
Le Roy et la Reigne, pour vroy
Voulurent avoir, car bien le croy,
Messieurs les Enfans de Laval (1),
Qui en eulx ne gist aulcun mal.
Francoys Monsieur, et ses deux sœurs (2)
Se partirent, non pas tous seulx,
Accoutrez en très bel arroy,
Et pour en court servir le Roy.

L'aoust ne fust de grant revenu,
Tout grain et fruict estoit mynu.

(1) La Reine Anne avait formé autour d'elle une cour, composée des filles des premières maisons de France ; on les nommait *les filles de la Reine*. Claude sa fille, femme de François Iᵉʳ, suivit l'exemple de sa mère, elle voulut avoir à sa cour les enfants du seigneur de Laval.

(2) François, Catherine et Anne. Catherine épousa Claude de Rieux, et Anne épousa François de la Trémoille.

Le vin fust moyen à raison,
Mais il n'en fust pas à fouëson.
La mort fust moult desordonnée
Angers où elle eut sa durée,
Au Mans et à Chasteaugontier,
Puys de là elle nous vint flatter
Entre la Toussaincts et Nouël,
Qui ne nous estoit cas nouvel.

L'yver ne fust froit, ne maulvais,
D'autant on epargnoit le boys,
Car il ne fist gelée, ne neges,
Qui nous faissent chauffer les naiges.
De poissons et aultres suffraiges (1)
Caresme nous fist ung passaige.
Tout est à compétant marché,
Tant chez les marchants qu'au marché;
Fors qu'ilz nous trompent en leur or
Qu'ilz changent et en font thresor,
Et y gaignent de bons deniers
Plus que ne font les thesoriers.

Item, aussi qu'en ceste année,
De Sainct Berthevin fust prouvée
La légende et saincte vie.
Et comme aulcuns eurent envie (2)
Contre luy, machinant tout mal (3),
Qui estoient au sieur de Laval.

En ce dict present an le jour et feste de la decollation de sainct Jehan Baptiste fust inhumé André de Quesnay sieur de la Merveille notable marchant.

(1) *Suffraige*, du verbe *suffrager*, aider, venir au secours.
(2) Furent envieux de lui.
(3) *Saint Berthevin.* — Suivant nos légendes, saint Berthevin, attaché à Bellaillé, seigneur de Laval, fut assassiné par les autres domestiques, jaloux de ses vertus. Nous rapportons ici une lé-

Quatre jours, dura le mistère,
A Sainct Berthevin bien austère.
René le Lamyer, serrurier,
Pour son plaisir le fist jouer,
Qui bien en vint à ses honneurs,
Avecque l'aide des seigneurs.

Mil v. c. xvi.

Pâques
le 23 mars.

Puys à Pasques mil cinq cent seze,
Le peuple ne fust à son aise,
Car nous eusmes divers passaige
De la mort qui nous fist oultraige
En la ville et es forsbourgs ;
Et, si tous n'eussent eu recours
Au champs, où chascun print volée,
Où firent longue demourée,
Car, puys Pasques juc à Nouel,
Se ne fust pas ung cas nouvel.
Charge de bled quarante solz,
Et pipe de vin à cent solz.

gende de ce saint, que nous trouvons dans une ancienne généalogie manuscrite de la maison de Laval.

Venit itaque Beatus Berthevinus, œtate juvenis gradulenta, ex Neustria in regionem adjacentem castello, cujus nomen est Vallis Guidonis, quæ Regio nunc censetur ejus sancti nomine, et adhæsit nobili viro loci illius, et totius prædicti Vallis Guidonis tractatus, domino cui nomen erat Bellatius, etc........ Passus est Berthevinus etc...... Paulò post infestationem trans marinorum prædonum etc....... Dùm Beatus Berthevinus esset in domo Bellatii, familiaris, singulis diebus ad castellum loci illius vicinum causa discendi litteras gradiebatur, etc.....

On montre à Saint-Berthevin, près Laval, sur les bords de la rivière du Vicoin, le lieu où ce bienheureux personnage perdit la vie.

v. c. xvi.

Char de porc si fust à hault pris,
En tous temps mouroient en ce pais.
Quant à l'yver, n'ouse parler,
Par luy nous sommes devalez
En pouvreté et en misère,
Qui nous est chose bien austère.
Car, depuys le commencement
Juc au moys de may, vroyment,
Nous n'avons eu goutte de pluye,
Dont au peuple moult fort ennuye.
Lins, chanvres, ne febves, ne poys
N'ont profité par nulle voyes.

Cestuy an, sans faire muance,
Avons eu ung Légat en France,
Qui est Monsieur le Cardinal (1),
Nostre Evesque et pastoral.

Ici appert comment Monser Evesque du Mans fust Légat.

Et oultre, pour juste raison,
Le Pape (2) et le Roy, se dit on,
Ont convenu, pour subvenir
Aux non créans, et parvenir,
Marchans sur les bons crestiens,
Savoir, le Turc et tous ses gens,
De nous eslargir la crouësade (3);
Ce qua esté, sans nulle fable,
Pour le temps de deux ans parfaiz,
En confessans tous ses maulx faiz.

Michel Teullier en son vivant pintier et marchant procureur de la fabrique Sainct Venerand fit construire la charpenterie de ladite Eglise, fust inhumé au Cymetiere de Sainct Venerand devant le Dieu de Pitié le jour de juign audict an v⁰ seze et Jeanne Boinet son epouse deuxiesme de juign v⁰ xxiiij.

(1) Philippe de Luxembourg, mort en 1819.
(2) Léon X (Jean de Médicis, de mars 1813 à décembre 1821).
(3) Les conquêtes du sultan Selim en Asie effrayèrent l'Europe.
Léon X publia une croisade, et accorda des indulgences à ceux
qui donneraient de l'argent pour subvenir aux frais.

Ung tablez (1), aux frères Prescheurs
Fust ordonné, par tous messieurs ;
Ou chascun mectoit ses deniers
Qu'on apportoit de tous quartiers,
Et la gagnoit lon le pardon
Qui estoit au peuple un beau don.

Paraillement, fust l'or monté (2),
Et chascune espece augmenté.
Escu soleil, quarante solz,
Et couronne trente neuf solz.
Et, afin que rien je ne blece,
Ainsi fust de chascune espece.

<small>Le deces de Dame Perette de Monbron prieure d'Avenières.</small>

Et le douziesme jour de décembre
Ou dict an, dont je me remembre,
Dame Perette de Monbron (3)
Perdict en ce monde son nom.
D'Avenieres prieure estoit :
Son ame devant Dieu si soit.

(1) *Tablex, tablier, tabellier :* Bureau pour recevoir les offrandes.
Le Doyen ne dit point quelle somme fut reçue. Plus loin il dit que les deniers de la Croisade furent volés par de là les monts.

(2) Les seules monnaies d'or qu'ait fait frapper François Ier, sont des *escus sols*, ou *escus au soleil*. Il les maintint d'abord, dans les premières années de son règne, à un titre très-élevé, de 28 carats; mais il les affaiblit ensuite, et, à sa mort, ils étaient moins purs de 1/8. *(Univ. Pitt. — Dict. de l'hist. de France,* art. François Ier.)

(3) Perette de Monbron, prieure d'Avesnières.
Le Prieuré d'Avesnières avait été détruit pendant les guerres des Anglais. Les religieuses qui l'habitaient s'étaient retirées à l'Abbaye du Ronceray, à Angers, d'où dépendait leur Prieuré. Guy XV voulut engager l'Abbesse du Ronceray à les faire revenir. Elle exposa au seigneur de Laval qu'elle était prête à satisfaire à sa

v. c. xvij.

> Ledict an, veritablement,
> Le roy et tout son parlement,
> Firent faire reformation
> Des nostres (1), confusion
> S'estoit partout le pais de France
> Ou il fust mys quelque ordonnance.
> Car en chascune des contéz,
> Chastellenies, villes, citéz,
> Furent reduicts à ung certain nombre.
> Pluseurs ne servoient que d'encombre.
> Et moy, fus le premier pourveu ;
> Monsieur m'avoit pour tel esleu.

Réformation des notaires.

Mil v. c. xvij.

> Puys à Pasques cinq cents dix sept,
> Qui ne fust vestu avoit froit ;
> Car encores duroit l'yver,
> Qui a tout le peuple dyver

Pâques le 12 avril.

demande, pourvu qu'il voulût bien remettre la maison en état de les recevoir. Cette réclamation fut présentée au sire de Laval par *Dame Perette de Monbron*. L'original était déposé au trésor du château de Laval ; il formait *un livre écrit sur parchemin, relié et couvert de velours rouge cramoisi, avec pourfilures de fil d'or* et signé *P. de Monbron*. On trouve, dans ce placet, l'histoire de la fondation du Prieuré d'Avesnières, avec les obligations des religieuses qui l'habitaient. On y voit: *Que mondit seigneur de Laval* (Guy IIe vers 1040) *fit faire l'église de Notre-Dame d'Avesnières, appert par la donaison et présentation qu'il en fit aux religieuses, dont y a lettres signées et scellées de son sceau, auxquels, selon la coutume ancienne du temps, laissa audit sceau poignée de ses cheveux et de sa barbe. On ne parle point d'autres figures sur le sceau de Laval à cette époque.* (*Ancienne Généalogie de la Maison de Laval*, manuscrite.)

(1) Voir *Recherches sur les Corporations d'arts et métiers du Comté de Laval*, 1 vol. in-8°, H. Godbert, 1855).

Fust et de maulvaise faczon.
Avril si fust maulvais garczon.
Si fust may, car tout y gela,
Vignes, arbres, tout ce vola.
Pour ce, grant mal en a esté.
En tout l'an n'avoit faict esté.
Charge froment quatre livres dix solz
Et le seigle à soixante dix solz.
Pippe de vin de Sainct Denys,
A douze livres c'est son pris.
Faulchaison fust près la Toussaincts,
Pour quoy fust de très maulvais foins.

L'entrée de Madame Anne à Laval.

Et le jeudy de juign quatriesme,
Ce fust ung jour de my Caresme,
Dame Anne de Montmorency (1)
Fist son entrée en ce pais cy
Comme contesse de Laval ;
Qui n'a esté pour nous nul mal.
L'entrée fust très magnificque,
Et bien pour la chose publicque.

Le pavé nouveau fait entre le Cymetiere Dieu et l'ancienne Croix de St Melaine.

En icelle année et devant
Fust faict chose bien advenant
Pour toute la chose publicque,
Et qui est chose autenticque.
Car, depuis le Cymetiere Dieu,
Vous n'eussiez trouvé aulcun lieu
Jusques par delà Sainct Melayne
Qu'homme n'y perdit son alayne,

(1) Anne de Montmorency, deuxième femme de Guy XVI, et sœur d'Anne de Montmorency, connétable de France.

v. c. xvij.

Ou fust de pied ou de cheval ;
C'estoit un pais trop esnormal.
Autrefois, avoit eu pavé,
Qui estoit du tout declavé :
Mais nous avions pour embusche
Seigneur Guyllemyn Bouterusche,
Qui tenoit à très bonne enchere
La terre de la Coconnière (1)
A ferme, qui avoit sablon (2)
Entierement à son bandon.
De luy fournit le pavement,
Ne scay sil en receut paiement.

(1) La Coconnière, un des anciens fiefs du Pont-de-Mayenne. — Suivant nos annalistes, ce fut la demeure de *Coco*, troisième fils de Guyon, seigneur de Laval vers le milieu du IX⁰ siècle, et de dame Ingonde sa femme. Il y avait fait bâtir un château, auquel il avait donné son nom. Les Ouvrouins furent, pendant plusieurs siècles, propriétaires de la Coconnière, qui passa ensuite aux de Feschal. Claude de Feschal la porta dans la maison de Brée ; puis elle appartint aux Montboucher, qui la vendirent à rente, le 29 septembre 1682, à Jean de la Porte, conseiller du Roi, receveur du taillon à Laval. Dame Hélène de la Porte la fit entrer dans la maison Rousseau de Monfrand, par son mariage, en 1722, avec M. Joseph Rousseau de Monfrand, président à l'Election de Laval.

Du temps de Bourjolly, le vieux château avait disparu.

Au commencement de notre siècle, on y établit une blanchisserie de toile, au moyen des eaux de la rivière de Barbé qui passe au bas de la prairie.

Par son testament du 1ᵉʳ février 1850, M. Ruffin fils légua la Coconnière aux hospices de Laval, qui y ont fondé une maison de *Petites Sœurs des Pauvres*. Un grand bâtiment remplaçait l'ancien château ; il sert aujourd'hui au logement des vieillards infirmes.

Nous renvoyons à une note insérée à la fin de ce volume la nomenclature des droits nombreux qui appartenaient au fief de la Coconnière.

(2) La sablonnière de la Coconnière n'a pas cessé d'être exploitée depuis Le Doyen, et a occasionné des excavations considérables.

Solliciteur fust de ce faire,
Et croy qu'il fust encore à faire,
S'il ny eust mis au vray la main.
Il entretenoit tout le train.

<small>Commissaires et provotz de par le Roy pour le grenier à sel.</small>

Ou moys de janvier l'an susdict,
Le Roy envoya par edict,
Commissaires sans grant esloigne (1);
Car en ce conté et en Bretaigne
Touchant les saulniers en effect (2),
Lesquelz ne feroient plus exploict
Quant au sel par nulle contrée ;
Mais convenoit, sans demourer,
En aller querir au grenier,
Où falloit porter maints deniers,
Banny sur payne de la hart
Et navoir sur nully esgart.
En prendre à quinze solz mynot,
Moderé pour le derrain mot,
De trente solz selon leur lectre
Comme ilz disoient faire apparestre.
Avec eulx estoient troys provoustz,
Pour ce faire, sans leurs suppoutz.
Ledict edit tint quelque tems,
Le peuple si n'estoit contens.
En moins d'ung an, comme devant,
Chascun fist comme auparavant.

(1) *Esloigne :* Délai.

(2) Ordonnance de François Ier, sur le fait des gabelles, donnée à Montreuil le dernier jour de juin, l'an de grâce 1517, publiée et registrée le 1er juillet 1517.

v. c. xviij.

Et d'icelluy an et instance
Fust tué, par inadvertance,
Ambouese (1), notre grenetier,
Que l'on aimoit de cueur entier.
Michel le Moueste estoit nommé,
Et de tous seigneurs reclamé.
Ne sait on qui fist la folie,
Neantmoins il perdit la vie.
Et en fevrier grant muance
Nasquit le beau Daulphin de France (2)
Ou fust faict moult grant appareil,
Tant que ce fust un cas nouvel.

Mil v. c. xviij.

A Pasques cinq cent dix huit
L'hyver en rien ne nous faillit,
Quant a grant vent et a grand pluye.
Ung temps fist qui beaucoup ennuye.
Char et poisson furent à hault pris.
Mais fust bon vin de Sainct Denys.
Fructaiges eurent la saison.
Bled assez cuilly de saison.
Charge fust a trente cinq solz,
Froment à soixante dix solz.

La mort nous vint revisiter.
Ainsi fist el en tout quartier.
Nul n'estoit espargné au champs,
N'en ville, soient petitz ou grans.

Comme Michel Moueste grenetier fust occis Amboueze.

La Nativité du Daulphin.

Pâques le 4 avril.

(1) Amboise.
(2) François, dauphin, mort en 1536.

Le deces de Dame Thomine de Villiers.

Dame Thomine de Villiers,
D'Autherives (2) qui, a milliers,
Avoit deniers et revenus ;
Tous pouvres par elle reçus,
Vingtiesme de may se partit,
D'avec elle son bon esprit.
Vingt cinq ans de sa maison
Jay esté sans nulle traïson.
Dieu luy fasse pardon à lame
Car elle estoit très noble dame.

Le deces de Monsieur de Marboué.

Puis, le sixiesme de juillet,
Atropos tourna le feillet
Au bon chevalier Marbouë (1),
Aussi seigneur de Poligné.
Pluseurs acquest fist en son temps ;
D'escus aussi avoit content,
Et avoit de moult grant vesselle.
Et si n'estoit pas sans querelle.
Son noble corps gist, de par Dieu,
Au cueur du cimetiere Dieu,
Son église collegiale,
Ou naguere, de cueur feal,
Avoit fondé pain de chappitre,
A charge, selon le registre,
D'une grant messe et vigille
Chascun jour selon l'Evangille.
Grant menaiger était pour vroy ;
L'ame en soit o Jhesu le Roy.

(1) Voir p. 81, note 1.
(2) Voir ci-dessus p. 72, note 2.

v. c. xix.

Item, cette présente année, — Le mariaig
De Laval fust la fille aisnée — de Katherine fil
Mariée au seigneur de Rieux (1), — aisnée de Lava
Qui tant noble est aussi tant preux.
Katherine est par nom nommée,
Qui bien digne est d'estre honorée.

Mil v. c. xix.

Puys, à Pasques cinq cents dix neuf, — Pâques
Ne fust grant yver, ne grant neuf. — le 24 avril.
Charge de bled trente cinq solz,
Froment près de soixante solz,
Char et poisson à moult hault pris
Et eust lon esté de Paris.
Toutes bestes estoient menées
De ce pais cy et charroyées
Par les marchants en pays loingtain,
Pourquoy nous en avons besoing.

En après avons mal souffert — Touchant l
Sans qu'ayons desservis l'effect — different de M
Pour le différent de Monsieur (2), — et de ceulx de
Auquel nous debvons tout honneur, — Trinité.
Et de ceulx de la Trinité,
Dont contre eulx si cest irrité,
Car il nous a abandonnéz,
Et du tout voulu ordonner

(1) Claude de Rieux, fils de Jean de Rieux. Ce mariage fut l'origine de la 4ᵉ branche des comtes de Laval, dite *de Rieux-Coligny*, héritière du comté en 1547, à la mort de Guy XVII, décédé sans enfant.

(2) Voir ci-dessus, page 155, note 2.

Luy, Madame et toute sa cour
A Vitré, chascun à luy court :
Pour quoy nous n'avons pas gaigné,
Mais y est chascun mehaigné (1),
Et n'est question de bien vivre,
Ne ne seut lon plus quelz gens suyvre.
Car, les bourgeoys et les marchants,
Se sont retirez sur les champs,
Où ilz ont faiz grox édifices,
Et maisons à eulx moult propices,
Où vivent de leurs revenus
Sans qu'à la ville soient tenus
Plus eulx tenir en nul saison,
Fors au sabmedy (2), pour raison
Du faict de leur grant toillerie
Et aussi, que je ne l'oublie,
Pour avoir du poisson de mer.
Chascun aussi est mestaier,
Et treuvent leurs lieux en leurs maincs :
Ilz n'ont garde d'avoir besoign.

Deces de Mgr du Mans.
Et le segond du moys de juign,
Atropos, par son art malign,
Osta la vie au bon pasteur (3),
Du Mans Evesque et protecteur,
Cardinal et Légat en France ;
Lequel vivoit sans arrogance
Amé de tout son populaire :
Saige, discret, de bon affaire,

(1) *Mehaigné :* Désolé.
(2) Usage venu jusqu'à nous et que l'on conserve encore.
(3) Philippe de Luxembourg, mort le 2 juin 1519.

C'est Phillippe de Lucembourg
Qui beaux droicts avoit en maints bourgs.
Quatre vingt dix ans il avoit,
Ou bien près, si peu en failloit;
Son ame de Dieu soit amée,
Et devant luy bien reclamée.

Pour tant que touche les deniers, *Comment les deniers de la Croëzade furent arrêtez et prins comme on dist.*
Amassez de tous les quartiers (1),
Pour le faict de la grant Croëzade,
Les conducteurs ont eu l'aubade.
Ilz furent guestez à ung matin
De là les monts, et au butin
Se trouvèrent pluseurs Allemants,
Lesquelz prindrent les conduysans,
Eulx, leurs mulletz et leurs deniers,
En rabattant sur leurs quartiers.
De leurs gaiges et pensions,
Aultrement n'en scay la faczon.
Pourtant chascun soit asseuré
Soy retirer vers son curé
Pour confesser et avoir don
De luy pour gaigner le pardon.

Le Roy aussi, semblablement, *Ordonnance pour le sel de gabelle et pour les tailles.*
Ceste année, veritablement,
A faict, par luy et son conseil,
Une ordonnance non pareil.
Car tous les archers de son corps
A envoyéz et aultre effors

(1) Voir ci-dessus, page 160, note 1, année 1516.

Pour empescher tout les passaiges (1)
De ports, de ponts, villes et villaiges,
Où passoient les pouvres marchants
Qui fournissoient de sel les champs,
De froment et bled, en tous temps,
Dont tout le peuple n'est contens.
Et davantaige, fait inscripre,
Que jamais homme noyt dire,
Es taux (2) et papiers de gabelle,
Une ordonnance moult rebelle.
Et dict on partout son Royaulme
Sur Gaultier, aussi sur Guillaume,
De quel mestier et quel mesnaige
Et tant en ville qu'en villaige,
Quelz revenus, le nom des lieux,
Et que valent de ferme iceulx,
Combien d'enfans et serviteurs,
Dont s'esbahissoient les gens vieulx :
Car jamais n'avoient vu en faire ;
Mais convint tout cela parfaire,

(1) Aulcuns, plus amoureux de leur proffit particulier que du bien de la chose publicque, du Roy impétrèrent contraindre toutes gens de quelques conditions qu'ilz feussent, prendre du sel au Grenier Royal à certain pris par eulx imposé........ A ceste cause, les Angevins et Manceaulx se voyant privés de leur liberté ancienne, par devers le Roy envoyerent gens doctes et lectrez, sçavoir est noble et discret maistre Jehan de Bayf........ pour déprier la Majesté Royalle que son bon plaisir feust leur liberté ancienne en ce cas laisser inviolée, alléguans plusieurs droictz et raisons admissibles. Ce néantmoins, en l'an 1519, furent pour ceste affaire et négoce envoyéz commissaires en Anjou, lesquelz sous umbre de ceste gabelle firent plusieurs maulx, oultrages et pilleries audict pays ..... (Bourdigné, *Hystoire agregatiue des Annalles et Cronicques d'Aniou*, ancienne édition, 3ᵉ partie, feuillet 196 ; idem, édition de Quatrebarbes, t. II, p. 325.)

(2) *Taux :* Taille. On dit encore aujourd'hui, en parlant d'impôts, *les taux*.

Et soy, retirer au grenier,
Pour avoir sel à cher denier.

L'yver en son premier fust sec, *Cherté de boys*
Et ne lessoit à faire froit. *et de charraitz.*
Ou sour plus (1) jusques en avril
L'eaue sourdoit que vin au dousil.
Les ruisseaux si estoient ripvieres.
Que toutes choses estoient cheres.
Gens, harnoys, chevaulx, ne jumens,
Ne savoient aller par nul temps ;
Paier falloit cinq solz par lieue
De harnoys sans nul repeue,
A charroyer ne vin, ne boys,
Il nest cherance quen harnoys.
Et pour parler du boys, la vente,
Ainsi que l'année precedente ;
Encores pas, car en Concise (2),
Ne tenoient ne pledz, ne assise.
La garde y estoit jour et nuyt,
Qui n'estoit sans y faire bruyt,
Car tous chevaulx y estoient prins
Et de jour en jour y sourprins,
Et mys en vente au plus offrans,
Et sans rescousse (3) tant ne quants.
De roust (4) plus ne faisoient bourgeoys,
Ne marchants, par faulte de boys.

(1) *Sour plus :* Plus que.
(2) Forêt de Concise, près Laval.
(3) *Rescousse :* Résistance.
(4) *De roust :* Rôt, rôtie.

Chartée, dix solz pour moindre pris,
Somme six blancs c'est le divis.
Monsgr a faict telle ordonnance,
Par son conseil, comme je pense,
Car tainturiers et lavandiers
Mectoient Concise en asteliers.
Si faisoient potiers et couvens
Qu'ilz eussent tous la rage ès dents.

Poisson, ne beurre ce Caresme,
Ne aussi du prescheur le thesme ;
Nont esté qu'a pris raisonnable.
Mais le vin qui est ung notable,
Estoit lors de pluseurs couleurs,
Blanc, rouge, vert ; puis les saveurs
Ne revenoient point bien aux dents.
Nous eusmes Monsieur d'Orléans
Que les marchants firent venir,
Quant chartiers purent sourvenir.
Douze francs on vendoit la pippe.
Pouvres gens lui faisoient la lippe.
Ceulz qui avoient argent en bourse,
En beuvoient, sans point de ressource.
Quant à l'aoust, au long de l'année,
Elle a esté continuée
En pluye et vent moult ennuyeux,
Terribles et impetueux,
Qu'arbres, maisons et cheminées
Estoient par terre déclinées ;
Et en tout l'on eut moys entiers
Qu'aoust ne fist chascun mestaier.

Mil v. c. xx.

Puis, à Pasques mil cinq cents vingt,   Pâques
La secheresse nous sourprint;   le 8 avril.
Après l'abondance des eaues,
Dont avons souffert pluseurs maulx.
Car charge (1) de bled, vous absoulx (2),
Ne coustoit que quarante solz.   Seigle v s le
Mais soixante, tantost après   boesseau.
Convenoit payer par expres.
Sy neussent esté les marchants
De Laval, qui furent marchants
Juc Orleans et païs d'empres,
Qu'ilz admenoient juc Angers,
Au pont de Sée et par sur l'aire (3)
Descendoient à noustre repaire.
Pourquoy marchants sont à priser,
Et ne doit lon les despriser.

Et puys le moys de may venu,   Touchant
Chascun si sestoit prevenu,   cherté de boys et
D'achapt de boys pour son chauffaige,   charrays.
En gros boys tallays et villaige,
Concise si n'avoit le cours,
Laval en estoit en decours (4).
Mais juc a l'aoust, sans point mentir,
De ce vous veil bien advertir,

    (1) La charge valait 12 boisseaux.
    (2) *Vous absoulx* : Je vous affirme.
    (3) Par voie de terre.
    (4) *En estoit en decours* : Commençait à manquer.

Que chascun fist sa pourveance (1)
Dudyt boys, par telle ordonnance,
Qu'il n'estoit de quatre ans besoign
En avoir en Laval nul soign.
Chartiers, tant de nuyt que de jour,
Nulle heure n'estoient à séjour.
Qui eut voulu aller par ville
Il eust esté moult fort habille
De cheminer parmy les rues
Que de bœufs ne eust ung arrues (2).

<small>Le mystere de Sainct Sebastien joué au pre de Bootz.</small>

Puys, la Penthecouste venue,
Et sans que mon propos je mue,
De Sebastien le mistere,
A Botz fust, sans nul vitupère (3),
Joué : et en fust l'entreprinse
Faicte, par tres bonne divise,
Par Loys le Gauffre et Lamyer
Qui employerent maint desniers
En chauffaulx (4) de grands edifices ;
Et si n'y eut nul malefice,
Que chascun ne fist son devoir,
Par sept jours sans mal esmouvoir.
Ledict Gauffre le sainct joua,
Ou apres chascun se voua.

<small>Declaration baillée aux commissaires du roy au Mans.</small>

Le Roy, cil an semblablement,
Par son conseil et parlement,

(1) *Pourveance* : Provision.
(2) *Ne eust ung arrues* : N'attrapât de coups de pied.
(3) L'abbé de la Rue dit que ce mystère fut représenté en 1520 à Caen. *(Essai hist. sur les bardes, les jongleurs et les trouvères Normands*, t. I, p. 165.)
(4) *Chauffaulx* : Echafauds.

Fust entreprins une ordonnance
De bailler sans nul retardance,
Par abbez, prieurs et curez,
Et sans de tout ce murmurer,
Par estat, declaration,
En bien ample narration,
Et par procureurs de fabriques,
Sans en ce faire nulz replicques,
Leurs cens, rentes, fiefz, seigneuries,
Par escript et en bon divis ;
En quel fié, de quel revenu,
Ou chascun fust mal prevenu (1).
Dont fust faict mise sans proffit,
De voir bien payé il suffist.
Au Mans estoient les commissaires,
Ou faillit (2) porter tous memoires.

L'yver ne fust que de bon poys,
Et ne fust grande cherté en boys.
De vins, sitres, grant habondance,
Mais de bled ne fust suffisance.
La char toujours à moult hault pris,
Si est le vin de Sainct Denys.
Le Caresme fust cher en beurre
Car il estoit plus cher que feurre (3).

(1) En cest an, aulcuns sous l'autorité royale, s'efforcerent contraindre les gens d'église bailler par déclaration les possessions et héritages qu'ilz tenoient de l'Eglise, et leur fust obey d'aulcuns, mais plusieurs en furent refusans. (Bourdigné, *Hystoire agregatiue des Annalles et Cronicques d'Aniou*, anc. édit. 3e partie, feuillet 196 ; idem, édit. de Quatrebarbes, t. II, p. 327.)

(2) *Faillit :* Fallut.

(3) *Feurre, feur :* Fixation de prix, valeur mise aux denrées.

Le Caresme que presche le frere Guy de Chartre.

Il fust presché par un beau Père
De Sainct Francois sans vitupere
Nommé frère Guy de Chartre,
Qui par luy fust bien decerne,
Et fust, pour son soulaigement,
La Passion, bien amplement,
En abregé, par parsonnaiges,
Ou furent gens de ville et villaiges,
Sur le pavé (1) joué guayement
Par parsonnaiges proprement,
Le jour du beau vendredi sainct,
Et le jour de Pasques non sainct.
Le dismanche Quasimodo,
Si vous demandé *quo modo*,
Recours aux sermons de Taunay (2),
Qui ainsi fist pour dire vroy.

Mil v. c. xxi.

Pâques le 31 mars.

Puys a Pasques, cinq cents ving et ung,
Pouvres et riches furent tout ung.
Car si marchants n'eussent fourny
L'on n'estoit pensé qua demy.
De bled firent venir à fouezon
Chascun en avoit par raison,
Selon le prix de leurs deniers.
Les detaillans et oubvrouers,
Comme on faict aultre marchandie,
Que nul n'avoit veu en sa vie.

(1) Sur la place devant le château (place du Palais).
(2) Voir ci-dessus, p. 125, année 1507.

Et pour parler du bled la vente,
Charge valoit des solz soixante ;
Si les marchants n'eussent prins peine
D'aller Orleans et Guyenne,
Ce pays cy estoit affollé (1),
Et le peuple tout desolé.
Si estoit ilz vers la Bretaigne
Et devers la forest de Maïenne.
Et, neant moins, les bons supports,
Charge de bled vingt à cent solz.   Seigle à viij ⁸
Juc à l'aoust marchans tindrent train,   le boesseau.
Tant que l'on eut du nouveau grain.
Lequel venu, peu s'en trouva,
Tant que tout bien fust contreva ;
Et si estoit piteux notable,
Qua l'aoust, pain défailloit sur table.
Et quant à parler de vendenges,
L'on en rendit à Dieu louenges.
Toutefois, fust peu vin cuilly,
Mais si fust il bien recuilly.
Quant a cher de porc el fust chere ;
Porc d'ung escu ne montoit guere ;
Non faisoit-il de quatre francs ;
Touteffois c'estoit porcs moult francs.
Et au commencement d'yver,
Il fust doulx et non pas dyver,
Commençzant à la Sainct Hylaire
Ou fust mys le boys à l'enchere.
Pour troys sepmaines gela fort,
Il n'y eut ne feible, ne fort,

(1) *Affollé :* Détruit, perdu, ruiné.

Qui n'endurast moult grant fredure ;
Et si fust si aspre et si dure
Que vignes, genestz, romarins,
Saulgers, Loriers prindrent leurs fins ;
Et si la nege n'eust couvert
La terre, tout perdu estoit.
Les eaues ne furent moult grands,
Et fust pesché force d'estangs
Sur le Caresme, tellement,
Que poissons eusmes largement,
Et à moult compétant marché.
Mais tout ce pais fust dépesché
De haren, figues et raisins,
Ne de pruneaux à nulle fin,
Nen estoit en ce pais mémoire :
Aussi n'estoit pomme ne poire.

En ce dict présent Caresme presche maistre Jehan le Meignan.
Ledict Caresme fust presché
D'ung docteur de cet Evesché,
Natif d'Avenieres pour vroy.
Le plus savant, comme je croy,
Et en dons de grâce parfaict
Qu'en luy il na rien imparfaict.
Archidiacre est de Passais (1),
Curé je vous dis toutes voyes
De la Trinité de Laval ;
Aussi chanoine capital
Du Mans, et aultres bénéfices,
Dignitéz à luy moult propices.
Son nom maistre Jehan le Meignen (2) :
Dieu luy doint paradis, Amen.

(1) Le Passais était un archidiaconé du diocèse du Mans.
(2) Jehan Le Meignan, cité par Du Boulay, *Historia Universi-*

Et en cesluy an proprement,
L'Eglise de Sainct Venerand
A esté moult fort avancée
Et o maint denier reparée.
Car, par vroy instigation,
Grands pourchatz (1) et monition (2)
De Michel Haireau, procureur,
Marchant, moult grant solliciteur,
Et miseur (3) de ladicte Eglise
Y fust faict moult belle entreprise.
Et pour le cas de vous entendre,
Et, aussi, pour mieulx le comprendre,
Sur la place d'icelle Eglise,
Etoit deu, quant bien je madvise,
Huyt livres et demye de rentes.
Et, pour venir à mon entente,
Quatre livres mortes estoient (4),
Quatre livres dix solz restoient
A ung gentilhomme du Mans.
Guillaume le Clerc, dont me vans,
Filz de Pierre le Clerc, marchant,
Non marié, mais obeissant

Admortisse-
ment de iiij ^{l} x ^{s}
de rente sur l'e-
glise Sainct Ve-
nerand.

talis Parisiensis, comme l'un des docteurs les plus remarquables de l'Université de Paris au commencement du XVIe siècle. (Note du R. P. dom Piolin, Bénédictin).

Jehan Le Meignan fut curé de la Trinité de Laval. Il n'est point nommé dans les *Recherches historiques sur la paroisse de la Trinité de Laval*: dans la liste des Curés, il y a une lacune de 1519 à 1555.

(1) *Pourchatz:* Efforts.
(2) *Monition:* Exhortations.
(3) *Miseur:* Procureur de la fabrique.
(4) *Mortes estoient:* Avaient été amorties.

A Dieu, et meu d'ung grant vouloir,
Il luy a pleu bien s'esmouvoir,
Que le proffit de ses deniers
Il a amployé voluntiers
A faire l'admortissement
D'icelle rente proprement :
En escu paya, pour tout vroy,
Sept vingts livres au merc du Roy.
Et depuys, pour tout mieulx goustir,
Ne c'est poinct voulu repentir :
Car, soudain, a faict sans dangers,
Venir, de la ville d'Angers,
La belle imaige de Pitié,
De Sainct Guillaume, pour vrité (1),
Des ymaiges la ressemblance.
Ses pères et mères sans muance (2),
Toust après, par bonne divise,
Ont faict bastir en celle Eglise,
Et leur filz par devocion,
Et par leur droicte intencion,
Faict voulter, vitrer et parfaire (3),

L'edifice de la chapelle Sainct Guillaume en ladicte eglise.

Chapelle, qui, moult nécessaire,
Avec tableau, *Radix Jesse*,
Qui est lyens bien annexé.

(1) *Vrité :* Vérité.

(2) *Muance :* Changement.

(3) On lit dans une *Histoire manuscrite de Laval*, par M. Le Clerc de Beaulieu, ancien représentant de la Mayenne, dédiée à ses enfants, vers l'année 1820 : « *Un de vos ancêtres, Guillaume Le Clerc, bâtit à ses frais la Chapelle Saint-Guillaume dans l'église Saint-Vénérand, et eut, comme bienfaiteur, pour lui et ses descendants à perpétuité, un banc avec le droit de sépultures dans cette Chapelle.* »

En 1752, la tombe de Guillaume Le Clerc gênait pour faire

v. c. xxi.

Oultre, avoit donné moult fort belle,
De Damas la belle chapelle ;
Figure qui est moult honneste,
Qui nous sert à chacune feste.
Dieu leur veille donner memoire
De le veoirs enfin en sa gloire.

Ce faict fust par ledict Haireau
Pourchacé (1) ung cas de nouveau
De dédier ladicte Eglise (2)
De Sainct Venerand dont m'advise.
Et le jour de Sainct Sebastien,
Fust faicte par le suffragan (3)
De Monsgr l'Evesque du Mans,
La dedicace dont me vans ;
Luy estant de Sainct Dominicque,
Religieux bien doctoricque,
Où il fust faict très beau mistère
Tant es aultiers qu'en cymetière.

La dédicace de l'Eglise Sainct Venerand.

l'ornementation du chœur que l'on agrandissait. M. le prieur de Saint-Melaine, curé de Saint-Vénérand, et M. Matagrin, alors procureur de la fabrique, obtinrent de MM. du Plessis Mongenard, mari de Jeanne Le Clerc de la Provoterie, Le Clerc des Gaudêches, Le Clerc de la Roussière, et Hardy de Levaré, représentants de Guillaume Le Clerc, le consentement d'enlever la tombe, en conservant toutefois à la famille son droit de sépulture dans le chœur, du côté de l'Epître, comme par le passé.

(1) *Pourchacer :* Solliciter, négocier, travailler avec ardeur, mettre tout en œuvre pour obtenir ce que l'on désire.

(2) L'église fut dédiée le 20 janvier 1521.

(3) *Suffragan :* Coadjuteur.
Louis de Bourbon, évêque du Mans de 1519 à 1555.
Guillaume de Hangest, vicaire général, administrait en l'absence de l'évêque. *(Hist. des Evêques du Mans, p. 321.)*

<small>Ledit Courbusson fut inhumé en ladicte chapelle audict an xxiie de febvrier. Et fust institué en sa place de segretain Messire André Triquerye.</small>

Et puys après la dedicace,
Fust estrenée icelle place
De maistre Robert Courbusson,
Qui, quarante ans, par sa faczon
Avoit servy, faisant l'office
De segrectain (1), sans maléfice :
Et pour ce, chascun y advise,
Qu'il estrenat ladicte Eglise,
En la Chapelle Sainct Guillaume :
Il soit à Dieu en son Royaulme.

Tout incontinent, Jehan Boullain,
Bon marchant, voyant le besoign
De l'édifice, s'exposa,
Et en luy soudain composa
Faire construire la grant vitre,
Qui fust, pour luy, très bel épistre,
Donnant clarté sur nostre Dame,
Dieu le garde de corps et d'âme.
Il la fist construire à Rouen (2);
Dieu luy doint paradis : Amen.

Pluseurs aultres marchants notables,
Donnerent rentes moult honorables
Audict édifice et place
En l'an d'icelle dédicace :
Et fust admortie mainte rente
Qu'elle debvoit à des solz soixante,
Au Cymetiere Dieu et ailleurs
Par le pourchatz (3) des procureurs.

(1) *Segrectain :* Secrétaire, procureur de fabrique.

(2) Rouen avait, à cette époque, de la célébrité pour ses ouvriers verriers.

(3) *Par le pourchatz :* Par les soins.

Semblablement, cognoës et scay
Que la veufve Jehan de Quesnay,
Que Dieu veille mectre en bon an,
A fondé en ce present an,
A sa loyalle intencion,
Jour de l'Annonciacion,
En l'Eglise Sainct Venerand,
Devant Nostre Dame vrayment,
Environ sept heures du soir,
Que Gabriel fist son debvoir,
La saluant, Dieu concebvant,
A l'heure qu'ay predit devant,
Luy declarant le bel *Ave*
Maria qui est *sine ve*.
Et pour ce faire et celebrer,
Son pré si a voullu donner
De Tarcon, sans l'avoir changé,
Sis en la paroisse de Changé.
J'en parle par vraye leczon,
Le contract est de ma faczon.
Ladicte veufve davaintaige,
Pour mieulx pourfaire son veaige,
Madame aussi de la Mervaille,
Qui souvent a bien sa paraille,
A donné et donne à l'Eglise,
Chascun jour, par bonne divise.
Les deux ont donné par tel poinct,
Que l'Eglise est venu à poinct ;
Car de la nef la couverture,
De l'Eglise la blandissure,
Et aussi tout le carrelaige,
Et de Sainct Anne bel imaige,

Fondation de l'Ave Maria qui se dit la vigille de la Marchaisse.

Vitre, lembrys de la chapelle,
En tout ont faict chose moult belle :
Dieu leur doint à toutes victoire
De le veoirs lassus (1) en sa gloire.

Le mariaige de Mad^{lle} Anne de Laval et du Sr de Tallemont.

Celluy an fust le mariaige
D'ung moult notable parsonnaige
Et de Anne fille de Laval (2)
Que Dieu la preserve de mal.
C'est du prince de Tallemont
Qui a honneur et bas et mont
Du sieur de la Tremollie issu
Et du sang royal bien tissu.
Dieu leur envoie prosperité
Et des Cieulx la felicité.

En cestuy an fut fondue Anne seconde cloche de Sainct Venerand.

Cestuy an, septiesme novembre,
De la cloche Anne me remembre,

(1) *La sus :* Là haut.

(2) Un contemporain a dit de cette jeune princesse : « *Et au regard de ma dicte dame, elle est accomplie de toutes les bonnes grâces qu'on pourroit en une parfaicte dame choisie. Il n'est rien de plus beau, plus humble, plus noble, plus mansuet, plus affable, plus gracieux, plus bening, plus saige, ne plus religieux : Laquelle, au désir dudict seigneur de la Tremoille, eust a la fin du premier an de ses épousailles, ung beau filz qui est le plus grand bien que l'ayeul et le père eussent pu en ce monde avoir.* (Panegyric de Loys de la Tremoille. — Panthéon litt., XVe siècle, Choix de Chroniques, p. 797.)

Par cette alliance, le Comté de Laval passa aux La Trémoille, à la mort de François de Coligny (Guy XX), tué en Hongrie en 1605. Cette maison fait la cinquième branche de Laval, qui finit au prince de Talmont, le dernier de nos seigneurs. Comme tous ses aïeux, il fut fidèle à son prince ; après avoir combattu dans la Vendée, sa tête tomba sur l'échafaud révolutionnaire, en 1793, en face de son château de Laval. Il se montra digne du sang de la Trémoille, en répondant à son juge : « *Fais ton métier, j'ai fait mon devoir.* »

Qui fust fondue en l'Eglise,
Portant le nom, à ma divise,
De Anne comtesse de Laval.
Son nom autant hault comme à val,
Appert en sa rotondité,
Lequel fust par moy bien dicté ;
Pesant celle, si jay bon sens,
De sept pour vroy juc à huyt cens.

Puys en après le jour de Nau, *Le deces de Madame Claude de Beauveau, prieure d'Avenieres.*
Décéda Claude de Beauvau (1),
Dame, prieure d'Avenieres,
Où je perdis mainte bonne chere.
Pour l'entretien de moy, des miens,
Par sa mort je perdys grands biens,
Car elle pretendait bien si vray,
Estre abbesse du Ronceray
D'Angers. Cela estoit notoire,
Mais elle y perdict son memoire.

Celuy an, sans rien denyer, *Le deces de maistre Hennier lieutenant.*
Mourut maistre Renné Hennier (2).
Et le saiziesme de decembre,
Tout ainsi que je me remembre,

De G. Quesnay.
De A. le Moueste.
De G de Montalambert.
De M. J Bonnet.
De M. Z Pivert.
De M. J. Bodart.
De G. Bouterusche.
De G. Rousseau.
De René Hubert.
De F. Malabry.

(1) On voit encore dans l'église d'Avesnières les armoiries de cette prieure, sur le bouclier de Saint-Georges, au bas du chœur, sur un pilier, du côté de l'Epître.
Madame de Beauveau portait : Au premier et quatrième, *D'argent à quatre lyons de gueules, cantonnés, armés, lampassés et couronnés d'or :* au deuxième et troisième, *Lozangé d'or et de gueules.*
Les émaux et les couleurs ont malheureusement disparu sous l'ignoble badigeon.

(2) René Hennier, juge de Laval. — Il fut en 1508, avec François de la Pommeraye (voir année 1527), député pour repré-

Guilleaume Quesnay fut pouse,
Et en la terre repouse.
Andre le Moueste fist son aoust
En ce moys sans y trouver goust,
La feste de Sainct Dominicque.
Et celui an, sans nul replicque,
Maistre Jehan Pivert et Bodart,
De Paradis prindrent leur part.
Pluseurs prebtres et bons marchants,
En cestuy an finirent leurs ans

Mil v. c. xxij.

Pâques le 20 avril.

Puis Pasques cinq cent vingt et deux,
Cuidant le peuple estre joyeux,
Et bled à competant marché.
Mais est pouvrement relasché,
Car, avant que l'aoust fust venu,
Chascun en fust mal prévenu.
Six francs en a valu la charge,
Et mieulx, je le prends à ma charge.
Autant en ay payé pour vroy
Pour nourrir mon mesnaige et moy.
Les marchants de ce Pont de Maïenne,
En fournissoient Foulgère et Maïenne;
En leurs oupvrouers detailloient
Lesdicts bled chascun bien à point.

senter M. le comte de Laval à l'assemblée de la province réunie au Mans pour la réformation de la Coutume du Maine. On leur fit le reproche de n'avoir pas assez débattu à cette assemblée les intérêts du comté, et d'avoir, malgré les droits les plus anciens et les mieux acquis, laissé admettre qu'il pouvait être divisé.

Mais l'aoust venu fust grand descharge,
Ne fust qu'a quarante solz charge.
Et en fust cuilly a raison,
Qui peut en garnir sa maison.

Durant lequel tems de cherance, *Reformation de francs archiers et francs taupins.*
Fust invencion faicte en France,
De reformer des francs archiers (1),
Arbalestriers ou francs picquiers,
Soubz la charge au sieur de Lucé,
Cappitaine ainsi denommé,
Qui accoutrez d'abillement,
Ou faillit trouver gros argent
Aux paroisses pour les fournir,
Lesquelz lon fist espanouyr
Par ce pais, ou firent grants maulx,
Baptisans asnes et veaux,
Dont les ungs eurent coupé la teste,
Et les aultres a pouvre feste.
Enfin ne servirent de rien,
Et despenserent beaucoup de bien.
Cent francs cousta en Sainct Melayne,
Pour en vestir deux de leur layne;

(1) .... furent toutes les paroisses champestres d'Anjou contrainctes à mectre sus hommes en armes, appeléz vulgairement francs archiers, qui leur fust grant grief, car chascune paroisse fournissoit d'ung homme, lequel il convenoit habiller de tocques, pleumes, pourpoint, collet de cuyr, chausses et soulliers, et de tel harnoys et baston que le cappitaine vouloit...... D'icelle cohorte et rustique assemblée, enlevée au pays du Mayne et Anjou, fust commys messire Charles de Cocsmes, seigneur de Lucé, cappitaine....... (Bourdigné, *Hystoire agregatiue des Annalles et Cronicques d'Aniou*, anc. édit., 3° partie, feuillet 197; idem, édit. de Quatrebarbes, t. II, p. 329.)

Les *francs taupins*, ou *francs archers*, vivaient isolés dans les paroisses, sans discipline ni esprit de corps, ni habitude de la guerre. (Cherruel, *Dict. hist. des institutions.*)

Pire que Engloys et Tartarins
Estoient tous iceulx *francs taupins.*

Le vendredy premier jour d'aoust fut inhumé en la dicte eglise messire Jehan Tripier prebtre, devant St Claude. Lequel y donna aul-tier et ymaige aveeque sa maison et jardin situés devant les maisons de Jehan Boullain sur la rue du Pont de Maïenne.

L'aoust fust de très bon revenu,
Car il n'y eut gros, ne mynu
Qui n'eut sa grange toute plaine.
Tant froment, saigle, comme avayne,
La peste y acheva son cours,
Qui avoit eu huyt ans le cours,
Et plus avec, sans relascher,
Dont pluseurs gens furent despechez.

Et quant au regard des vendenges,
Chanté avons pouvres louenges.
Sainct Denys douze frans la pippe,
Encor luy faisoit on la lippe.

Au regard des porcs, cet année,
Mengé ne fust grante porcée,
Ne lardons de rotisserie,
Ne fust faicte grant lescherie :
Car porc d'ung escu ne sembloit
Qua ung pourceau nourry de laict.

L'yver ne fust aspre ne froit,
Aussi estoit il toujours sec.
Quant au boys, il estoit marchant,
Qui pour moy fust mal advenant.

Le Caresme fut presché à .... fre Jehan Liger docteur et prieur de Sainct Dominicque.

Pour parler de nostre Caresme,
Du prescheur je scay bien le thesme.
Prieur de noz freres Prescheurs
Qui toujours sont vrays orateurs.
Multa flagella, je vous dis,
Toujours chantoit *Peccatoris.*

Pour poisson, Barbé (1) fust en vente.
Du haren perdismes la sente.
Et puis espices estoient cheres,
Car Engloys tenoient les frontieres
Sur la mer et la pescherie :
Que tous eussent perdu la vie.

Mil v. c. xxiij.

Puis a Pasques cinq cent vingt troys,   Pâques
La paix ne fust entre le Roys,   le 5 avril.
En Picardie ny en Espaigne,
Toujours il avoit quelque haigne
En ceulx qui doibvent gouverner.
C'est pitié que de mal resgner.
Tout l'esté fust fort pluvieux,
Et au peuple moult ennuyeux.
L'aoust venu ne fust pas grant bled
Dont pouvres furent ennuyez :

---

(1) L'*Etang de Barbé* ou Barbin, situé à environ deux kilomètres de Laval, sur la route du Mans, à la limite de la commune de Laval et de celle d'Avesnières. — Il existait dès 1407; il en est fait mention dans l'aveu que rend Guy XII, le onze du mois d'août de cette année, à Louis II, comte du Maine et duc d'Anjou.

Les seigneurs de Laval firent faire cet étang en retenant par une chaussée les eaux du ruisseau *du Quartier;* ils firent aussi construire les moulins. C'était leur *garenne* ou *réservoir* à poisson. La famille de La Tremoille les vendit en 1628.

Le *Ruisseau du Quartier*, en sortant de l'étang, prend le nom de *Rivière de Barbé*, et vient se jeter dans la Mayenne au lieu dit le *Petit Barbé* ou *Petit Bois*, auprès de la prairie du Congrier, ainsi appelée du filet de ce nom dont on se sert à l'embouchure des rivières.

La retenue des eaux, inondant les riverains, fut cause, dans le temps, de nombreux procès.

Seigle à l'An-gevine val iiij s vi d le boesseau.

Et, afin que je me descharge,
Valoit bled cinquante solz charge.
Pour vendenges, n'ouze railler,
Car il me fasche d'en parler.
Pouvre pais ; mais, vins d'Orléans,
Marchans nous pourvoient chacuns ans :
La char a compétant marché,
Chascun si estoit relasché,
Mais char de porc est à l'enchere,
Car toujours chascun an est chere.

De l'yver qui commencza la nuytée St Martyn.

De l'yver, a propos parler,
Pas n'est besoign s'en oblier,
Car il vint de saison sauvaige
Trop a coup, dont fict grant dommaige.
Excessif fust pour ung matin,
Quy fust la nuyctée Sainct Martin.
Pour cinq ou six jours si dura,
Dont le peuple si endura
Fredure si aspre et si forte,
Et fust de si maulvais sorte,
Que tout boys, tant vignes qu'alesne,
Par le maulvais vent de galesne (1),
Si gela par toute contrée,
Que chascun se garnyt de bled.

Le Caresme que prescha frere Mathurin Le Bret religieux de St Franczois.

Le prescheur nous fict tres bon temps,
Mais de nous ne fust trop contens,
Faulte seulement de le croire.
Frère Mineur, de bon memoire,

(1) *Vent de galesne :* Vent froid qui fait sécher les vignes. *(Dict. de Napoléon Landais.)*

v. c. xxiv.

Mathurin Le Bret est nommé (1).
Bon prescheur, lectré bien famé.
Son thesme estoit *Jherusalem*
Jherusalem, convertere, etc.
Et puys, quant me suys remembré,
Celluy an, à la Sainct André,
Mourut messire Jehan Moreau,
Qui vouloit sans merc, ne marreau (2),
Estre seigneur en tout lyen
Aulmousnier de Sainct Julien (3).

Mil v. c. xxiv.

Puys, Pasques cinq cent vingt quatre,   Pâques
De pluye en rien ne veil debattre,   le 27 mars.
Car, tant ou moys de may que juign,
Il n'a plu ne soir, ne matin.
Mais de manne a grant foezon,   L'année que
Durant ce temps, à grant raison,   cheut manne du
Est cheute de l'air sur la terre,   ciel.
Bonne et doulce claire que verre.
Disant que cinquante ans avoit
En ce pais cy cheute n'estoit.

(1) *Mathurin Le Bret*. — Il eut à peine achevé ses études qu'il fut nommé régent; il professa tour à tour la philosophie et la théologie dans diverses maisons de son ordre, et la théologie dans l'Université d'Angers; il publia plusieurs ouvrages. (Hauréau, *Hist. litt. du Maine*, t. II, p. 383.)

Je ne sais s'il appartenait à la famille Le Bret dont il est question ci-dessus, année 1510, page 136, note 2.

(2) *Mareau*, petite pièce de monnaie, espèce de jetons de présence donnés aux chanoines après chaque office.

(3) Aumônier de l'hospice Saint-Julien de Laval.

Mais, la feste Sainct Jehan escheue,
De pluye avons eu grant venue,
Et aussi force de tonnerre,
Qui nous a mene grosse guerre.
Et en l'an passé que present

Du deluge des grands eaues qu'on disoit estre et advenir dans ce pays.

L'on faisoit un gros parlement (1)
Du déluge qu'on estimoit
Par eaues venir icy en droict ;
Tellement, qu'en grosses maisons
Furent faictes grants provisions
De farines es lieux moult haults,
Et pour evicter les grants eaues.
L'aoust si fust moult bien prevenu,
Car, dès la Sainct Jehan venu,
Le temps sec la moult avancé,
Dont chascun si s'est avancé
Sayer (2) et baptre tout soudain,
Que chascun s'est garny de pain ;
Tellement, que soixante solz,

Seigle à l'Angev. val. v ˢ le boesseau.

Charge bled valoit, vous absoulz.
Chascun fist de boys pourveance,
Que nuyt et jour, sans retardance,
L'on charroyoit fagot ou boys,
Que ateliers il faisoit bon veoirs.

La cene jouée au cimitiere Sainct Venerand en ce present an.

Et la feste Sainct Venerand,
Et le lendemain Sainct Sacrement,
Fust jouée, sans prendre grant payne,
Par les enfans de Sainct Melayne,

---

(1) On parlait beaucoup.

(2) *Sayer :* Faire sa moisson.

v. c. xxiv. 193

De la Cene, le beau mistère,
Audict lieu, ou beau Cimitière ;
Dont fust faict par moy l'entreprinse,
Judas jouant par celle emprinse.

L'aoust passé, l'on cuida *brucher*
Le bled et le tenir moult cher.
Mais Brotaigne, là Dieu mercy,
Nous est venu veoir jusques cy,
A plaines chartes et chevaulx,
Qu'es carrefours et sur estaux,
Jour et nuyt on tenoit marché.
Bouësseau à cinq solz fust lasché,
Pour moins charge eust valu six francs,
Sy n'eust esté lesdicts marchants.
Car de Paris, Chartre et le Mans,
De Sillier (1), de *Miron* (2) je me vans,
Autant que Bretons admenoient,
Marchans de Beaulce l'emmenoient.
Mais, jour de vie, homme vivant
Venir de France, je me vant,
Venir pouvres du pays de Beaulce,
Qui bien mangeoient leur pain sans saulce.
Aultres malades de Sainct Men
En Laval n'avoit nul demain.
Tellement que à l'aumosnerie
Plus de troys cent rendirent la vie.

En vendenges, pouvre rapport,
De vin aussi pouvre support
En ce pais cy. Mais les marchans
En firent venir qui furent marchans

(1) *Sillier :* Sillé-le-Guillaume (Sarthe).
(2) *Miron*, ou Virzon, Vierzon?

Droict Orleans et Montrechard,
Tellement que de bonne part,
Que d'aultre part, toute l'année,
Avons eu ; mais chère est marée (1).

Quant aux porcs, ils furent à hault pris.
Si furent toutes char en ce pais.
L'yver ne fust trop chault ne froit,
Mais fust assez bon en effect.
Le Caresme semblablement
Fust compétant pour toute gent ;
Poisson d'eaue doulce bien merché (2),
Fust assez compétant marché.
Fors haren, figues et raysins,
Ne nous furent parents ne voysins.
Car de haren on n'eust masché,
Que cinq deniers n'eust avancé.

La prinse du Roy pres Pavie.

Je mesmement, de grant fortune,
Soit de soleil ou de la lune,
Par traison ou par fantaisie,
Vendicion ampres Pavye (3),
De là les monts se transporta,
Le Roy Francoys qui mal nota
Son partement et entreprinse.
Car sur luy il fust faict emprinse
De son corps par ses ennemys,
Que jamais ne furent des amys.

(1) Poisson de mer.
(2) *Merché :* Noté, marqué.
(3) La bataille de Pavie eut lieu le 24 février 1524. Plusieurs historiens la placent le même jour en 1525. L'année qui commençait à Pâques est cause de cette différence de date.

Luy, et des grants seigneurs de France,
Des plus nobles sans retardance,
Le jour Sainct Mathie, comme on dict,
Furent tous prins sans contredict,
Et conduyts par mer en Espaigne,
De paour que sur eulx on ataigne.
Dont pluseurs ont payé rançon,
De combien, ne scay la faczon.
Mays que (1) du tout soys informé,
Au vray mieulx seray affermé.
Plus n'en veulx dire pour ce coup,
Car ung bon taire vault beaucoup.
Dieu luy doint bonne délivrance,
Et à joye revenir en France.

Au regard du prescheur, le thesme
Que nous preschea ce beau Caresme
Venite, ascendamus ad montem Dni.
Toujours veilloit pour son amy,
Es troys ans si avoit presché
En bonté, beaulté et science,
En esprit, en voix, en loquence.
S'estoit maistre Jehan le Maignen,
Qui du Mans, vray cytoyen,
Chanoine, docteur autenticque,
De Passais archidiacre unique ;
Lequel mist tout en général,
En paix le peuple de Laval,
Par ses tant belles remontrances
Et délibéreez ordonnances.

Le derrenier Caresme que preschea Mons. Meignen et de son deces qui fut en may en suivant.

(1) *Mays que :* Lorsque.

Devant luy n'eust si grand péchour
Que ne mist de son faict asseur (1),
Faisant deue confession
Et vraye satisfacion.
Mais Atropos à son convay
L'invita, septiesme de may
En suyvant, par moult grand audace,
Et l'ousta de si noble place
Au Mans où estoit à repous,
Et luy fist perdre son propous.
Si fist il à Monsieur Boussart (2);
Tous deux docteurs print de sa part
En celluy moys, par infortune,
Eulx pourveu d'or et de peccune,
Les deux faisant leur preschement,
Crioient de faict publicquement,
Luther le méchant hérèticque
Lequel preschoit, à voix publicque,
Contre la loy de Jhesu Crist,
Plus que ne feroit Anthecrist,
Convertissant gens à sa loy
Ainsi que l'on presche pour vroy.
En paradis aient ilz repous,
Et aussi tous leurs vrays suppoust.

(1) *Asseur :* En sûreté.

(2) Geoffroy Boussard, né au Mans en 1439, mort, suivant la biographie en 1522, recteur, en 1487, de l'Université de Paris, et chancelier de l'Eglise de Paris. Dans un voyage d'Italie, il prêcha à Bologne, devant le pape Jules II. — Le cardinal de Luxembourg, évêque du Mans, le fit scholastique (théologien scholastique) de sa Cathédrale, et l'employa dans son diocèse. — Boussard mourut avec la réputation d'un des plus savants hommes de son temps. *(Biographie universelle*, de Michaud. On y trouve la liste de ses ouvrages.)

v. c. xxiv.

Item, ne me veil oublier
De nostre rue faict paver,
Paradis est piecza nommée,
Selon l'anticque renommée.
Jamais ny avoit eu pavé,
Quoy que chascun en eust bavé (1).
Puys le chemin Sainct Venerand,
De la venelle (2) proprement,
Tendant droict à la Croix Bidault.
Du surplus guère ne me chault,
Puys qu'il a passé ma maison ;
Le pavé n'est faict sans raison.

Touchant deux grants seigneurs de France,
Ils sont demourez en balance ;
C'est la Trimouille (3) et Alenczon (4).
De leur mort ne scay la faczon,
Combien quelle n'a esté par guerre.
Leurs ames soient cleres que verre.

Et le jour de Nativité,
Françoys de Launay fust cité
D'une flere mort sans propoux.
Il soit de ses péchés absoulx.

La rue de Paradis près le Manoir pavée de neuf.

Le deces de Monsieur d'Alenczon et de Monsieur de la Tremoille.

Le deces de bonn hommes Francoys de Launay et Tugal Barbin marchants.

(1) *En eust bavé :* S'en fût moqué.

(2) *Venelle :* Ruelle. — La ruelle *Boullain* conduit de la rue de Paradis à l'église Saint-Vénérand.

(3) Louis de la Trémoille fût tué à la bataille de Pavie ; son corps fut exposé dans l'église collégiale qu'il avait fondée au château de Thouars. On le nommait *le Chevalier sans reprouche*. (Voir ci-dessus p. 46, note 1.)

(4) Charles IV, duc d'Alençon, marié le 3 octobre 1509 avec Marguerite de Valois, sœur de François Ier, mort le Mardi-Saint, 11 avril 1525, de regret d'avoir fui à la bataille de Pavie où François Ier fut fait prisonnier.

Acquets il avoit faict à Mervaille,
Mesmes, le lieu de la Courteille.
Tout après, fust Tugal Barbin,
Renversé à ung beau matin.
En biens il estoit moult puyssant,
Et en l'aage de cinquante ans.

Le deces de Jehan Cormerye l'esné.
Et le bon homs de Cormerye,
Pour toujours alonger sa vie,
Et sa volunté bien eslite,
Donna Sainct Jehan l'Evangeliste,
Autier, vitre et le lambrys.
Dieu le gard, luy et ses amys.

Le dom de la veufve feu C° de Quesnay.
La veufve Guillaume Quesnay,
Pour oster son corps hors d'esmoy,
Donna l'autier de la Magdelaine ;
Dont Dieu le gard et Sainct Melaine.
Oultre, donna en bon propoux,
Imaige, vitre, lambruys, encloux.

Mil v. c. xxv.

Pâques le 16 avril.
Puys Pasques mil cinq cent vingt cinq,
En France, moult grant mal advint,
Pour la prinse de nostre Roy,
Dont son peuple est en mal arroy
En pluseurs façzons et manières.
Car, par le conté et frontieres,
Adventuriers, voleurs, brigands
Se tenoient et bussons et champs,
Y faisans maints maulx infinis.
Mais c'est à Dieu de les punir ;

Car France est sans pasteur et maistre,
Comme est religieux sans cloaistre.
Filles et femmes mariées,
Chascun jour sont deshonorées.
Riches, pouvres, baptus, occis :
Sans pasteur sont mal les brebis.

Au regard du bled, juc à l'aoust   Seigle à l'An-
Charge valut soixante solz.   gevine valoit ij
Combien toujours diminuoit   vi ᵈ le B.
Qu'à l'aoust six blancs ne valoit.

Et le vingt troisiesme jour   La dedicace de
De juillet et sans grant séjour,   la chapelle des
Monseigneur l'evesque de Rennes (1)   devotes de Pa-
Dedya, en bonnes etrennes,   tience.
La chapelle de Pacience (2)
Des devotes en ma présence.

(1) Yvo Mayeuc, évêque de Rennes *(Gallia. Christiana.)*

(2) Guy XV et Catherine d'Alençon sa femme furent en 1497 les premiers fondateurs du monastère de Patience, au faubourg Saint-Martin de Laval. Ils donnèrent les maisons, terres et jardins de Patience, ou Clos de Paradis, pour y construire un couvent de religieuses de Madame Sainte Claire, vulgairement appelées *Urbanistes*. On les appelait aussi *Clairettes*.

Patience était un *Prieuré conventuel*, dont la prieure prenait le titre d'*Abbesse*. Elle était élective, et nommée pour trois années. On y suivait la règle de Saint-François.

Guy XVI, successeur de Guy XV, acheva l'œuvre de son oncle. Marguerite de la Roë, dame de Thorigné, terre et seigneurie dans la commune de Méral, fut la première abbesse, et y fit des dons considérables, avec Anne de Cotteblanche, qui, à son tour, gouverna la maison.

Ce fut la dernière fondation de nos seigneurs. Lorsque, dans les siècles suivants, vinrent s'établir à Laval d'autres maisons religieuses, telles que les Ursulines, les Bénédictines et les Capucins, ils n'y prirent aucune part, les habitants seuls furent les bienfaiteurs et fondateurs de ces monastères.

Le deces de M⁰ Anne de Laval.

Et le lendemain, sans tarder,
Cil evesque, sans rien fraulder,
Inhuma et fist le service,
A Sainct Tugal moult bien propice,
De Madame Anne de Laval (1),
Que Atropos avoit contre val
Mise, le jour de Sainct Pierre, a fin.
De Montmoransy, de cueur fin,
Estoit issue noblement.
A *Comper* (2) print son finement.
Son corps à Sainct Francoys pousé,
Fust par une nuyt repousé,
Et apporté a Sainct Tugal,
Par honneur comme estat royal,
En grant deuil de seigneurs et dames,
De bourgeoises et mainte femmes.
Cent marchans illiec tous présens
D'ordre et cent torches portant.
En deuil vestu chascun reclame,
Priant Dieu pour la noble dame.

Le deces de Pierre Le Clerc.

Dès le segond jour dudict moys
De juillet, comme je disoys,
Pierre le Clerc, marchant notable,
Sy esleut son lieu honnorable
En la chapelle Sainct Guillaume
Qu'avoit faicte son filz Guillaume (3)

(1) Anne de Montmorency, deuxième femme de Guy XVI.

(2) Comper, château dans la commune de Concoret (département d'Ille-et-Villaine), jadis possédé par la maison de Gaël, et depuis par celles de Montfort et de Laval. Le maréchal d'Aumont y fut blessé à mort en 1595.

(3) Voir année 1521, p. 180; note 3.

En l'Eglise Sainct Venerand,
Où avoint faict moult beau présent.

Le saiziesme de may devant,
Honnorable homme et bon marchant,
Intimé fust à comparoistre
Devant Dieu nostre sire et maistre,
Michel le Mercier est son nom ;
Aulmounier et de bon renom ;
De Grasmenil estoit seigneur,
L'ame en soit o Dieu par honneur.
Incontinent, et peu après,
Robert Pinczonneau (1) eust l'accèes.
Luy et sa femme prindrent fin.
Il estoit saige homme et affin (2)
De Monsieur et de son conseil.
Honneste homme estoit à mervail.
Et mourut esleu de Laval,
Dieu garde leurs ames de mal.

Touchant nouvelles edifices,
On en faict qui sont moult propices
En l'Eglise Sainct Venerand.
Tabernacle premierement,

Le deces de honn homs Michel le Mercier, seigneur de Grasmenil.

Adenecte Servant, son espouse, fut inhumée à Sainct Francoys près sor dit espoux, l'huyt^{me} du moys d'aoust mil v. c. xxxiij.

Le deces de honn personnes Robert Pinczonneau esleu de Laval et sa femme.

Le don que faict en ce prnt an Fouquet Richer en l'eglise St Venerant.

---

(1) *Robert Pinczonneau*. Une famille de ce nom existait à Laval et y remplissait des charges dans la magistrature. En 1547, Robert Pinczonneau était élu en l'élection de Laval ; un autre fut lieutenant particulier en 1556.

Pierre Pinczonneau, sieur de la Brochardière, fils du lieutenant particulier, a laissé des poésies manuscrites *qui sont restées dans le cabinet de Madame de Polligné près Laval, surnommée de Beaumanoir, sœur de Madame de Lavardin, à laquelle il les avait dédiées. (La Croix du Mayne.)*

(2) *Affin :* Parent, allié.

Par Fouquet Richer, près après
A faict de son bien, par exprès,
Puys le Crucifix bien honneste,
Imaiges pour faire la feste ;
Puys après, devant Nostre Dame
A faict faire, comme reclame,
Pour merc (1), craiste (2) à deux piliers,
Qui portent cierges, chandelliers.
Dieu luy doint bien perséverer,
Et en biens le rémunerer.

Le don de defunct Francoys de Launay.

Semblablement, en cestuy an,
Enfans, que Dieu mecte en bon an,
De defunct Francoys de Launay,
Qui tant estoit loyal et vray,
Firent asseoir celle grant vitre
A leurs depends, et pour leur tiltres ;
Ainsi l'avoit predestiné
Ledict defunct et ordonné.
Devers les maisons Chevallier (3),
Son corps si gist près le pillier,

(1) *Merc :* Lieu où l'on dépose ?
(2) *Craiste :* Crédence ?
(3) Dans le passage qui conduisait de la rue du Pont-de-Mayenne à la rue Sainte-Anne, il existait une cour que l'on nommait *la Cour Chevalier*, où furent construites la sacristie et les chapelles de l'église Saint-Vénérand.
Cette cour relevait de la seigneurie d'Hauterives par le fief de Chanteloup. Les habitants s'engagèrent, pour droit d'indemnité envers le marquis d'Hautefort et de Pompadour, seigneur d'Hauterives, à faire graver dans les nouvelles chapelles ses armes en pierre de taille ou de tuffeaux, *et d'y faire à leurs dépends, au plus bel endroit, un banc de bois de quatre pieds et demie en quarré, au-devant duquel ses armes seront gravées ; lequel banc lui demeurera à perpétuité, et en outre, faire recommandation de lui*

v. c. xxv.

Devant l'autier de Saincte Barbe :
Dieu son ame poinct ne retarde.

Radix Jesse, quest l'aultre vitre,
Francoys Hutin (1) pour merc et tiltre
En a fait présent à l'Eglise :
Dieu luy doint bien à sa divise.
Et sans ce qu'en rien je defraulde (2),
C'est en la chapelle Sainct Claude,
Que fist feu messire Jehan Tripier,
Lequel, pour son bien employer,
Donna legs par testament,
Duquel je fis le passement,
Sa maison, jardrin à l'Eglise,
Au pont de Maïenne bien assise,
A la charge de Anniversaire,
Et messes, pour faire memoire
De luy et de tous ses amys,
Comme est inscript en son divis.
Ledict Hutin, semblablement,
Fist faire tout bastiement

Le dom que faict Francoy Hutin d'une vitr et de la croix d cimitiere.

Icy est fai memoire de fe messire Jeha Tripier qui don na sa maison e jardrin et deced le vendredy pre mier jour d moys d'aoust m v. c. xx ij.

et de ses successeurs aux quatre grandes fêtes de l'année. (Titres de Chanteloup.)
Les armes des d'Hautefort étaient : *D'or à 3 forces de sable.* Devise : *Alti et fortis.*

(1) *François Hutin* était blanchisseur de toiles. Son usine ou son pré avait son entrée dans la rue Creuse, et, à l'autre extrémité, était baigné par les eaux de la Mayenne, dont le lit, comblé de nos jours, a été changé en promenade. Cette prairie, qui avait conservé le nom de *Pré Hutin*, a été coupée par le nouveau canal de la Mayenne ; elle est aujourd'hui couverte d'habitations.
Il y avait aussi le *Pré Manjotin*, nom que nous voyons de même parmi les bienfaiteurs de l'église paroissiale de Saint-Vénérand.

(2) *Je defraulde* : Je trompe.

De la Croix du beau Cymetiere,
Et chaere (1) qui fust necessaire,
Pour faire predicacions
Et prieres et oraisons,
Pour ses deux femmes et espouses
Qui sont soubs cette Croix enclouses.

Icy est faict memoire du refretouaire et cuisine des Freres Prescheurs.

Au regard des Freres Prescheurs,
Ilz ont esté grants ramasseurs.
Car leur refretouer (2) et cuisine
Ont parfaiz, qui estoit en ruyne.
Mais par aulmones et par dons
Du peuple qui leur a faict dons,
Ont tout ce faict cloux (3) leur entrée
De leur cloaistre bien ordonnée.

Et quant au regard de vendenges,
A Dieu en debvons grands louenges;
Car de vin et sitre à foueson
On en a cuilly par raison.
Il n'estoit cherté qu'en tonneaux.
Aussi fust marché de pourceaux,
Mieulx qu'ilz n'estoient l'année passée.
Prier fault pour la bonne année.
L'yver a esté raisonnable
Pour espargner le boys brulable;
Car de jour en jour encherit.
Boys est un thresor qui reluyt.

(1) *Chaere :* Chaire. — Les prédications se faisaient assez souvent en plein air. Nous avons vu Taunay en faire devant l'église de Saint-Tugal.

(2) *Refretouer :* Réfectoire.

(3) *Cloux :* Clos.

Quant à poisson pour le Caresme,
Il nous a faict moult bon appresme.
Il est à competant marché,
Et puys, sur mer on a marché,
Pour avoir haren sor et blanc :
On en avoit deux pour ung blanc.

Au regard du prescheur, le thesme — Les sermons de Caresme faiz par M. Ny^{le} Anjubault.
Qui nous preschea ce beau Caresme,
Lequel n'estoit de ce bas Maine,
Mais est de Sainct Jehan sur Villaine (1),
Et nommé Nycolle Anjubault,
Qui en ses sermons est moult chault.
Bien lectré, docteur magnificque,
De l'ordre de Sainct Dominicque ;
Et en son thesme proposoit,
Ce qu'en aurez icy en droict,
SAPIENS COR ET INTELLIGIBILE ABSTINEBIT A PECCATIS.
« *Le parsonnaige qui est saige et prudent,*
« *Jamais son Créateur n'offensera nullement.* »
Cil prescheur, veritablement,
Blasmoit peché enormément,
Sans s'arrester sur l'Evangile :
En tous cas, bon clerc et habille.

A Pasques, les sermons finis,
Nouvelles furent espanouies,
Du Roy qui retournoit en France,
Qui d'Espaigne, sans retardance,
S'en revenoit en liberté,
Par quelque liberalité

(1) *Saint-Jean-sur-Villaine*, département d'Ille-et-Villaine, sur la route de Rennes à Vitré, à 8 lieues de Rennes et 3 de Vitré.

De mariaige commencé,
Ainsi qu'ilz avoient pourpensé,
De la seur, comme on proposoit,
Du Roy d'Espaigne qu'on disoit,
Et neantmoins celle union,
Fust faicte la retencion
Du Daulphin et Monsieur son frère (1),
Qui pour eulx est moult grant misère,
Et tiendroient pour leur père oultraige,
En actendant aultre passaige
A faire pour sa délivrance.
Et tout ce faict par alliance,
Le Roy retourne par decza,
Ses enfans demourez de la,
Avecque Evesques et seigneurs
De France et de dames pluseurs,
Du retour d'eulx n'en sauroys dire,
Tant que chascun chez soy retire.
Car de mentir j'auroye congé,
Ou que l'auroye contre songé.

Mil v. c. xxvi.

Pâques le 1er avril.

Puis Pasques mil cinq cent vingt six,
Le Roy en France fust rassis,
Et son peuple tres bien contens
De son retour sans nul contens.

Pour les Lucteriens.

Touteffois, pour venir au point,
Lucteriens furent mal à poinct,

(1) François Ier donna pour ôtages François, dauphin de France, qui mourut en 1536, et Henri de France, son deuxième fils, qui depuis régna sous le nom de Henri II.

v. c. xxvi.

Car le Pape, par gens lectrés,
Fist prescher et mal atiltrer,
Declairer mauldits, hérétiques,
Excommuniez et fantastiques,
Tous ceux qui croyoient en Lucter
Estoient tous au grant Lucifer
Donnez et bien recommandez,
Ne pour leur vie amendez.
Et qu'en Paris, villainement,
Estoient punis cruellement.
Mais notre Evesque cardinal,
Loys de Bourbon pastoral,
Nous envoya son bon vicaire,
Iherosme de Hangest (1), pour faire
Mectre Lucteriens en feu,
Lequel leur denoua le neu
De la science de Luther,
Qui deust la bouillir en enfer.
Il fist ès halles maints sermons
Et belles predications (2);
Car il est docteur autenticque,
Bien scavant et fort magnificque,
Autant que clerc decza les monts,
Comme chascun scest bas et monts.

(1) Hyerosme de Hangest, vicaire général du diocèse du Mans sous l'episcopat de Louis de Bourbon, mort en 1538. *(Hist. des Evêques du Mans, p. 321.)*

(2) Un clergé nombreux et d'une conduite irréprochable préserva notre ville de l'esprit d'erreur qui faisait alors de grands progrès en France. Malgré l'exemple de leurs seigneurs qui embrassèrent le parti de la Réforme, et celui d'une grande partie de la noblesse qui, comme son suzerain, donna dans l'hérésie, les habitants de Laval, toujours fidèles à la religion de leurs pères, se félicitèrent de n'avoir jamais eu de prêche dans leurs murs.

L'esté fust bel et amoureux,
Mais ne fust pas trop fructueux
En fruicts d'arbres, pommes et poires.
Non fust en vin et aultre boire.

Seigle à l'Angevine valoit iij ˢ iiij ᵈ le B.

De grain fust competamment
Comme seigle, orge, froment.
L'avaine fust fort estimée,
Car à troys solz fust hault montée.
Autant valut boesseau de seigle
En ce pais s'en estoit la règle;
Le froment à celle raison
Il avoit eu bonne saison.

Et puis qu'il faut qu'au vin je grippe,
Cent solz si en valut la pippe,
De ce pais et de Fromentières (1).
Mais le vin des aultres frontières,
Orléans et de Montrechard,
Marchant chevaulcherent toust et tard.
Huyt et neuf francs c'estoit le pris,
On en vendoit à dix, à six,
A douze, le plus cher estoit
Et à seize quant il passoit.

Il n'est poinct de si grant cherté
Qu'en porcs; je vous dis, en verité,
Qu'ung porc d'ung escu ne montoit
Amplus qu'ung beau pourceau de lect.

L'yver nous fust assez passable.
Le pain ne defailloit sur table;

---

(1) Fromentières, commune située à 5 kilomètres de Château-Gontier (départ. de la Mayenne).

Mais, en boys, n'avoit nul raison,
Car en aoust et toute saison
En esté et en aultre temps
Deniers falloit bailler contant.
Chartée, douze solz tornoys,
Fagots, quinze solz, pour derrain moys

Et, affin que bien me remembre, La bienvenue de dame Anthoinette du Lude.
Le vingt et uniesme de septembre,
Feste Sainct Macé pour tout vray,
Tout Laval fust joyeulx et gay
De la venue de leur dame (1),
Anthoinette. Mais, sur mon âme,
Il pluyvoit et ventoit si fort,
Que nul ne se donnoit confort (2).
Sy fust il faict esbatemens
En tous lieux, pour passer le temps,
En beuvant vins clairetz et vins blancs,
Tant ceulx de ville que des champs.
Les rues plaines de mont et val
De gens tant de pied que cheval,
Tous, louant Dieu de sa venue,
Car bien sera entretenue
De Monsgr et de ses vassaulx :
Dieu les preserve de tous maulx.

Au regard de nostre Caresme,
Il s'est trouvé en grant fantesme,

(1) Antoinette de Daillon, fille de Jacques de Daillon, baron du Lude et de Jeanne d'Illiers, troisième femme de Guy XVI, dont il eut trois enfants.

(2) *Ne se donnoit confort :* Ne pouvait se réjouir.

Car tout poisson d'eaue doulce et de mer
Il nous a esté trop amer.
Poisson sec a eu moult le cours,
Mais le haren est en decours (1),
Et ne valoit, ne sor, ne blanc,
Si coustoit il les deux ung blanc.
D'espices, on avoit a preu,
Mais de figues estoit bien peu.

<small>Le Caresme preschea frere de la Lande.</small> Touchant nostre prédicateur,
Il s'est trouvé grant orateur,
Bien exposant, selon la lectre,
L'Evangile, dont s'entremectre
S'est voulu, et par toute voye.
Et est de l'ordre Sainct Francoys
Nommé frère Jehan de la Lande.
Et si avoit en sa commande
Thesme *Peccavi Domino*
Selon *Capitulo nono*.

Au regard du faict de la guerre,
Bourbon (2) nous tient toujours en serre.
De la les monts, dont me veil taire.
Chascun en parle en auditoire (3) :
Si ferois bien, sans alentir,
Mais j'auroye peur de mentir.

(1) *Decours :* Diminution.

(2) *Charles de Bourbon.* Il avait reçu l'épée de connétable de François Ier, qui, effrayé de sa puissance, la lui ôta. Bourbon se tourna contre la France, et fut cause d'une grande partie de nos pertes en Italie. Il mourut le 6 mai 1527, au siège de Rome.

(3) *L'auditoire : Le Parlouèr (parloir) aux bourgeoys.*
Les habitants de Laval, *congrégez et assemblés* au son de *la cloche de Luane* et des tambours, traitaient, dans l'*auditoire*,

𝔐il v. c. xxvij.

Puis, a Pasque cinq cent vingt sept,
Le temps fust amoureux et sec.
Charge blé cinquante cinq solz,
Payant au pris, on est absolz.
Toute l'année fust a vil pris ;
Car il estoit tiré du pais
Par les Bretons et les Mainnoys (1),
A chevaulx jumens et harnoys (*).

Pâques le 21 avril.

Seigle à Langevine valoit iiij^s vj^d.

des affaires de la cité. On y devisait aussi des nouvelles du temps. L'assemblée des habitants était présidée par M. le juge du comté, faisant les fonctions de maire.

Luane était la cloche communale destinée à réunir les assemblées de l'Hôtel-de-Ville. L'origine de son nom est inconnue. Elle était placée dans le clocher de l'église du chapitre de Saint-Tugal. L'inscription qu'elle porte, dit qu'elle a été fondue en l'année 1493 pour appeler les chanoines et *por appellacion* ou réunion des habitants.

Luane est aujourd'hui dans la tour de la cathédrale ; une souscription des paroissiens de la Trinité l'a conservée en 1841.

Au temps où les seigneurs de Laval faisaient leur résidence habituelle au château de Laval, le lieu de réunion, ou *l'auditoire*, était sur la place du Palais, dans le bâtiment que *l'École mutuelle* a remplacé. Lorsque les seigneurs eurent abandonné la ville, les réunions municipales se tinrent au château. En l'année 1757, M. Hardy de Levaré, alors maire électif, acheta l'hôtel de Pontfarcy, sur la place de la Chiffolière. La première séance de l'assemblée de ville y fut tenue le 30 décembre de cette année. Cet hôtel servit de mairie jusqu'à l'année 1830, où le nouvel hôtel fut construit, et l'ancien démoli pour l'agrandissement de la place.

(1) *Mainnoys, Mainois, Maigniaux :* Gens de Mayenne. On dit encore les *Mainiaux* en parlant des habitants de la ville de Mayenne.

(*) Ici, verso du folio 70, la versification est suspendue par l'insertion des pièces en prose qui suivent :

1° *La prinse et assault de Romme avec la mort de Mgr Charles de Bourbon.* Imprimée (1527) ;

2° *Arrêt du procès criminel faict à l'encontre de Mr Jacques de Beaulne Samblancay*, etc. *1527 ;*

3° *L'exemple d'une femme de Bordeaux que le diable a ravie et emportée advenu depuis 2 mois (1527) ;*

4° *La Journée miraculeuse et digne de grande admiration de*

Le deces de defunct Francoys de la Pomeraye, greffier de Laval et seigneur du Verger en Montigné.

Dès le quatriesme de juillet,
Audict an, cinq cent vingt et sept,
Monseigneur Francoys Pommeraye (1),
Que Dieu, son âme si convoye,
Se comparut au jugement
De Dieu, pour avoir son paiement.
Selon ses faiz aura loyer.
Il estoit seigneur du Verger,

la desconfiture des cueurs par la vertue et puissance de la Saincte Croix........ par le Roy de Hongrie (1527).

« Après ces pièces, qui sont là comme contemporaines, la ver-
« sification que l'on a cru ne pas devoir interrompre continue
« l'année 1527 au recto du folio 75 du manuscrit. »

(1) François de la Pommeraye, écuyer, sieur du Verger, dans la paroisse de Montigné, près Laval, était contrôleur des finances de Guy XVI. Il eut pour femme Guillemine Courte, fille de Guy Courte et de Guillemine Le Bigot.

François comparut au Mans, au procès-verbal de réformation de la Coutume du Maine, le 7 octobre 1508, avec René Hennier, juge de Laval, tous deux en qualité de procureurs de Monseigneur le Comte de Laval. (Voir p. 185, n. 2.)

La famille de la Pommeraye était de Bretagne. La branche venue dans le Maine s'éteignit au commencement du XVIIe siècle, dans la personne de Jehanne de la Pommeraye, seule héritière de la maison, dame de la châtellenie d'Entramnes, du Verger, etc..., mariée à François de Byragues. (Voir la *Notice sur Entramnes*, in-8º, H. Godbert, 1855.)

Les successeurs de François de la Pommeraye occupèrent des postes élevés. Sous François Ier, Gilles fut chargé de missions particulières auprès du roi d'Angleterre Henri VIII et prépara l'entrevue d'Ardres, dite pour sa magnificence le *Camp du Drap d'or*. (*Mém. de Du Bellay*, collect. Petitot, 1re série, t. XVIII, p. 131).

Le château du Verger, en Montigné, construction du XVe siècle, a été détruit de nos jours et remplacé par un château moderne, sur la ferme de l'Ardriller. Il consistait en un corps de bâtiment, avec deux tours à toit aigu, placées aux deux angles de la façade ; ces deux tours seules sont restées. Il avait un beau parc clos de murs qui existe encore.

Les de la Pommeraye portaient : *De gueule à trois grenades d'or. (Nobiliaire de Bretagne*, par Pol de Courcy).

Les Courte portent : *D'azur à 3 besans d'or, 2 et 1, en cœur une face d'or, en chef, un lambel de 3 pièces.*

v. c. xxvij.

Bien herité, en Montigné,
Greffier de Laval. Assigné
Estoit de mil livres de rentes (1).
De cela très bien je me vante.
Dieu face à son ame pardon,
Et il luy donnera beau don.

Celluy temps pluyvoit sans cesser
Juc au temps qu'il convint sayer (2),
Qui fust juc à la Madelaine,
Dont pluseurs furent en grant payne.
Car la grant riviere de Laire (3), *Desrays d'eaue*
Ainsi qu'en ce livre desclaire,
Fust hors les rives, si très grant,
Que maisons, et gens, et enfant,
En emmanoit à grant troupeaux,
Dont il advint beaucoup de maulx.
Car la levée de Saumur
Rompit, dont on ne fust asseur :
Tellement que bledz et poraiges
Furent perdus, dont vint grant dommaiges
En Orleans ; en tout ce pais
Il y eust terrible desrays,
Que pouvres gens, à grands alaynes,
Descendoient icy à centaines,
Pour eulx nourrir et leurs enfants,
Qui de pain souffroient grant ahans,
Combien qu'en aoust, valoit boësseau
De bled, autant veil que nouveau.

(1) Ce revenu vaudrait aujourd'hui environ 30,000 fr.
(2) *Sayer :* Couper le blé.
(3) Rivière *de Loire.*

La Passion jouée à Vautorte.

Et afin que poinct ne me torte,
En juillet, je fuz à Vautorte (1),
Où ilz jouoient la Passion,
Dont il fust faict grant mencion.
Chaufauldez estoient bien à poinct,
Et les joueurs rien ne si fainct.
Selon le pais, selon les gens,
Pluseurs y passerent le temps :
Et, à bien parler et bien dire,
D'eulx en rien je ne veulx médire.

Les sept rolles joués à la Morignière.

Après eulx, à la Morignière (2),
Qui est amprès la Coconière,
Ou moys de septembre en suyvant,
Par quatre jours, temps advenant,
Fust par nous joué les *Sept Rolles*,
Et fust durant les quatuolles (3) :
Tant si trouva saiges que sotz,
Autant comme il en fezoit à Botz (4).
Je joué l'homme, à mon possible,
Combien qu'à moy ne fust duysible (5).

Le deces de Marguerite Le Mercier.

Et le vingt troysiesme d'aoust,
Marguerite le Mercier son goust

---

(1) *Vautorte*, commune de l'arrondissement de Mayenne, à 5 myriamètres de Laval.

(2) *La Morignière*, ferme dans la rue de Bâclerie, près de la Coconnière et de Saint-Nicolas.

(3) *Les Quatuolles* : Les Quatre-Temps qui se trouvent dans le mois de septembre.

(4) Voir année 1403, p. 74.

(5) Quoique le rôle ne me convint pas.

Perdit par son définement (1).
Mariée estoit noblement
Au bon seigneur de Vaucené (2),
Qui après s'estoit ordonné
A elle par amour, qu'est vroy,
Du decès Guillaume Quesnay.
Inhumée fust, sans que replicque,
En l'Eglise Sainct Dominicque,
Devant l'autier de Nostre Dame,
Dieu luy face pardon à l'ame.

Au regard de provision,
Tant à la char que en poisson,
Tout fust à hault pris pour vroy dire,
Et haren eusmes à suffire.
Andoullies n'eurent pas le cours,
Fors chez les marchants et grants cours ;
Mourue, à foueson le Caresme,
Nous firent assez bon appresme.

(1) *Son définement :* Sa mort.
(2) *Vaucené*, ancienne famille que l'on voit attachée aux seigneurs de Laval dès le XV⁰ siècle, tirait son nom de la terre de Vaucené, paroisse d'Argentré, près Laval.
Guy XIV donne en 1470 procuration à François de Vaucené écuyer, pour faire la foy et hommage qu'il doit au seigneur de la Chapelle-Rainsouin, à raison de ses moulins du Gravier, sur la Mayenne, paroisse d'Avesnières, et en confesse devoir 10 s. de taille. En 1498, François de Vaucené était segrayer du comté (chargé de faire acquitter les droits des bois vendus par les vassaux.)
L'hôtel de Vaucené était situé à Laval dans l'impasse de la rue des Curés, adossé aux murs d'enceinte de la ville. A la fin du dernier siècle, les vieux murs ont été abattus et le fossé comblé ; on a construit sur l'emplacement de l'ancien un nouvel hôtel, donnant d'un côté sur la rue des Fossés, et d'un autre côté dans l'impasse.
Vaucené portait : *D'azur au lion d'or, langué et onglé de gueules. (Armorial du Maine.)*

Jehan Maillard est allé de vie à trespas le jour et feste de la Marchaise.

L'yver ne fust pas trop grevable,
Cherance estoit en boys bruslable,
Chartée en coustoit quinze solz,
Et cent de fagots seize solz.
Potiers, lavandiers, teinturiers,
Font tenir les boys ainsi chers.
La touche (1) de Marboué (2),
Qui à peu si est advoué,
Mise elle a esté à l'enchere;
Chose trop enviée est chere.

Jehan Cormerye, sieur du Plat d'Etaim, recessit ab humanis, ce dimanche de Pasques flories 8ᵉ d'avril.

Quant aux vendenges cest année,
Il n'en faut tenir grant parlée,
Car peu de vin si a esté,
C'estoit bon boire pour esté.
Vin blanc de Marche et Rablay,
Marchans y furent de cueur gay,
Qui bien la ville en ont garny;
En oultre, ont le païs fourny,
De Bretaigne et païs de Laval;
Dieu gard les marchans de tout mal.

Frere Jehan Liger docteur prieur de Sainct Dominicque a presché ce Caresme, lequel avoit presché semblablement le Caresme vᵒ xxij.

Et afin que toujours m'apresme,
Frere Jehan Liger, le Caresme,
Propostz tint sur noustre Laval (3)
Qu'il declara de mont à val;
« *Quia malicia in vale* } *Johelis tertio.*
« *Dies Domini in vale.* }

(1) *Touche de bois :* Petit bois de haute futaie près la maison d'un fief.

(2) *Marboué.* Terre et seigneurie dans la paroisse de Louvigné, près Laval. Elle appartenait aux Feschal.

(3) *Propostz :* Discours.

Prieur est de Sainct Dominicque,
Qui faict faire œuvre authenticque,
Audict lieu le Predicatoire,
Qui donnera bon auditoire.

Mil v. c. xxviij.

Puys Pasques, mil cinq cent vingt huyt,   Pâques
Il ne fist esbat ne deduyt.   le 12 avril.
Car ou moys d'avril et de may
Le peuple ne fust qu'en esmoy
Des grants pluyes qui furent celluy temps,
On n'en estoit de rien contens.
Charge de bled cinquante solz
Payant tant on estoit absolz.
Boësseau à l'oust cinq solz valut,   Seigle à l'A
Qui estoit charge ung bon *salut*,   gevine valoit v
Et mieulx avec, car il valit   viij^d le boessea
A Pasque mieulx six solz et huyt.
Et tant haussa et mont et vau
Qu'il valut autant le boësseau
Avant que l'aoust fust ja venu.
Mais Bretaigne y a prevenu
Qui tout le pais si fournissoit,
Car du pais grant grain en issoit.

Et pour parler des edifices
De Laval, sans nul maléfices,
Pourtant que d'iceulx me remembre,
Le segond du moys de septembre,
Par commandement de Monsieur,
Qui tant noble est en corps et cueur,

Desirant Laval augmenter,
Et tous pouvres alicmenter,
A faict exprès commandement,
Sans faire en ce nul tardement
A Monsieur de Doul (1), son nepveu,
Aulmonsnier de la Maison Dieu
De Sainct Julian de Laval,
Que trouvast, à mont et à val,
Charpentiers, maczons et manœuvres,
Gens besongnans en toutes eupvres,

(1) François de Laval, fils naturel de Guy XVI et d'Anne d'Espinay fille du trésorier de la Magdeleine de Vitré, abbé de Paimpont et du Tronchet, prieur commandataire du prieuré de Sainte-Catherine de Laval, fut, en 1528, nommé par François Ier à l'évêché de Dol. Le chapitre fut blessé de sa nomination ; en 1530 François n'était pas encore sacré. Les chanoines lui refusèrent l'entrée du chœur de sa cathédrale. François de Laval se retira dans la chapelle de Saint-Sébastien, la fit orner et embellir, et y célébra l'office divin ; les chanoines lui répondaient de leurs stalles. Il continua ainsi toute sa vie et refusa constamment de mettre les pieds dans le chœur, malgré les prières et supplications des chanoines, qui allaient le chercher avec la croix et la bannière.

On voyait dans la cathédrale de Dol, dans la chapelle de Saint-Sébastien, sur une colonne en pierre, une statue représen'ant François de Laval, à genoux, en adoration devant le Très-Saint-Sacrement. La statue a été brisée, la colonne existe encore ; elle porte le millésime de 1557. *(Journal de Rennes* du 22 février 1851 et suiv.)

Guy XVII, frère de François, lui donna Beauregard, ancienne *Oysellerie* des seigneurs de Laval.

C'est à François de Laval, évêque de Dol, que l'on doit la découverte du marbre de nos pays. Le premier, il l'employa, ayant fait faire un bénitier du marbre de Saint-Berthevin, pour son prieuré de Sainte-Catherine. (Bourjolly).

François de Laval avait été légitimé en 1539 ; il mourut dans son prieuré de Sainte-Catherine le 2 juillet 1556, et fut enterré à Dol, dans le milieu du chœur de sa cathédrale. On mit sur son tombeau : « *Messire François de Laval, évêque de Dol, abbé de Paimpont et du Tronchet, qui fonda céans 12 obits, décédé le 2 juillet 1556, dort ici. Requiescat in pace.* » (Dom Morice, *Hist. de Bretayne*, t. II, p. lxv.)

Pour faire et bastir de nouveau
Un logeys aux pouvres sur l'eau (1),
Pour les loger à sa divise,
Et ouster leurs licts de l'Eglise.
Ce qu'il a faict sans grant narré.
S'est traict à Messre Jehan Carré,
Qui est receveur de lyens,
Que trouve à puissance gens,
Pour besongner en l'edifice,
Et qu'il fust faict, par artifice,
Sur piliers à bons fondements,
Et qu'aux oupvriers feist bon depens.
Ledict recepveur, tout soudain,
A faict destremper grant levain
De mortier et syement ensemble,
Qu'il ny a oupvrier qui ne tremble.
Ce voyant Guillaume le Cerf,
Et Jehan Cosson, qui n'est mye serf,
Tous deux maczons et charpentiers,
Chascun maistre en son mestier,

(1) L'Hospice Saint-Julien, avant sa translation en 1648 dans son emplacement actuel, était situé où se trouvent aujourd'hui le *Bazar Saint-Julien* et le *Grand-Port*. L'Hôpital devenait trop petit pour recevoir les malades, on plaçait des lits dans la chapelle, dont un beau portail décorait la rue du Pont-de-Mayenne. Mgr le comte de Laval fit construire, le long du mur de l'église, de nouvelles salles, supportées, au-dessus de la rivière, sur des piliers en maçonnerie. Ce travail fut considéré comme très hardi à cette époque, à cause du courant rapide des eaux dans cet endroit.

La construction du Bazar Saint-Julien a fait disparaître en 1836 les derniers restes de l'église Saint-Julien et les constructions de Guy XVI. On voit encore au fond de la rivière les premières assises des anciens piliers, avec le travail de maçonnerie qui les supportait.

Ont besongné si naifvement,
Que l'edifice proprement
S'est parfaict en moins de my an.
Ou ledict Carré, grant ahan
A eu de tirer à la bource.
Mais, en brief, a esté resource
Du bien d'icelle aumonsnerie.
Pourquoy pouvres, sans fantaisie,
Sont à present à moult grant aise,
Bien logez, traictez sans mal aise;
Et l'Eglise au nect demourée
Qui plus n'estoit en rien hantée
De gens d'Eglise, ne marchans,
Ne de gens de ville, ne champs.
Mais estoit tout le revenu
De lyens quasi tout perdu,
Si n'eust esté ledict Carré,
Qui si est moult fort embarré,
A recouvrer maints bledz de rente
Et deniers qu'on perdoit la sente.
Et néantmoins cil edifice,
L'ausmonsne, par voye propice,
Faisoit, par trois jours la sepmaine,
A tous pouvres à moult grant paine.

En celuy an, peu paravant,
Monsieur, pour son plaisir gardant,
Fist percer la tour Maulvaisin (1)

(1) La *Tour Maulvaisin*, au bout de la *rue des Chevaux*, faisait l'angle des murs de la ville du côté du midi. On disait aussi *le Tertre Mauvoisin*. Le château avait une sortie qui descendait au bas de la Grand'Rue, à la *Porte Peinte*, pour se rendre aux fortifications qui couronnaient les hauteurs des Eperons. La ruelle qui

Pour aller juc à Mont Martin (1),
On fist faire un pont de nouveau (2)
Pour evicter et mont et vau.

L'yver ne fust en ce moment
Pas trop long, mais il fist grant vent.
Toujours viande à cher deniers,
Et poisson à pris coutumier.
De porcs il fust legerement,
Et si valoient beaucoup d'argent.
Assez fust vin, dont grant louenges
Fust donné à Dieu en vendenges.
Mais nulz fruicts ne fust en ce pais,
Dont jeunes enfans furent masriz.

conduisait aux murs avait le nom de *Montée pour aller aux Remparts*, ou de *Roquet de Mauvoisin*.

Le passage que fit faire le seigneur de Laval, existait encore en 1843 avant l'ouverture de la rue qui communique aujourd'hui de la rue des Chevaux à la place de Hercé ou du Champ-de-Foire. Il y avait là une porte, semblable à la *Porte Beucheresse*; l'ouverture de la rue l'a fait disparaître. Après la prise de Laval par les Anglais, cette porte avait été murée et on avait construit un bastion audevant.

Cette porte avait le nom de *Belot-Oysel*; il en dépendait un fief s'étendant le long de la *rue Gaudin*, sur le Champ-de-Foire. Il appartenait aux seigneurs de la Coconnière.

(1) Mont-Martin. — C'est le terrain où se trouve aujourd'hui la place de Hercé (le Champ-de-Foire). Les Bénédictines y eurent un monastère. Le 10 août 1621, Robert Chevalier et Lezine Beloce sa femme, demeurant en leur maison de Mont-Martin, donnent ladite *maison, étables, pourpris et enclos nommés Mont-Martin, situés près les fossés de la ville, pour être propre à l'avenir à être censés prieuré conventuel et membre dépendant du monastère de la Sainte-Trinité de Poitiers, où les dames et révérendes mères font profession de l'ordre réformé de Saint-Benoît.*

(2) Lorsque le passage fut ouvert dans le mur, on fit faire un pont sur le fossé, pour faciliter le passage.

Au regard de Sainct Dominicque,
Toujours font œuvre magnificque.
Liger, le notable prieur,
Docteur et moult grant orateur,
A faict tailler de beaux piliers,
Et cloaistres à moult gran deniers,
Pour faire leur prédicatoire
Qui donna moult bon auditoire.
Ce fust à luy moult beau divis,
Puys s'en alla devers Paris.
Le Caresme, sans rien sercher,
Poisson ne fust mye trop cher.
Le haren fust à deux deniers,
Car au temps passé estoit chers.
Mais figues ne furent à raison,
Car il n'en fust nulle saison.

Et pour mon année abréger,
Le bon frère Jehan Bellanger,
Religieux de Sainct Francoys,
Exposoit latin et francoys,
Car il preschea ce beau Caresme,
Et si alleguoit en son thesme :
Ignoscens (1) *manibus et mundo corde*, etc.

Mil v. c. xxix.

Pâques
le 28 mars.

Puys, à Pasque cinq cent vingt neuf,
Riens ne veulx alleguer de neuf,
Le temps a esté agréable
Pour les fruicts et moult convenable,

(1) *Ignoscens* pour *innocens*.

Et aussi l'esté moult joyeulx,
Et sain pour jeunes et pour vieux.
Fors le bled, en actendant l'aoust,
Qui n'a esté trouvé de goust.
Douze solz paie du boësseau,
Qui estoit maulvais renouveau.
Mes voysins achetoient autant
Pour nourrir eulx et leurs enfants.
Bretaigne nous en fist secours,
Sans eulx estions en decours ;
Mais, l'aoust venu, vint à cinq solz,
En les baillant on est absoulz.
L'on en cuillyt juc à raison,
Assez bon selon la saison.
Puys vendenges vindrent après,
Dont souffrimes moult dur accèes.
Car en Anjou, ne aultre pais,
Vins nous furent de maulvais divis.
Mais sitres et fruicts à puissance
En fut, par si bonne ordonnance,
Si bon, si doux, et sitres fors!,
Qu'ilz faisoient au vin bon effors ;
Et ont fourny toute l'année,
Dont l'aultre n'a esté blasmée.
Au regard de viandes et porcs,
Sans nul faulte suys records,
Que toujours a esté moult chère,
Et, oultre, mise à grant enchère.
Hyver nous fust courtois et doux,
Bien trompeur et moult pluvyoulx :
Car, de vie d'homme, la rivière,
Ne fust si grant, ne si austère,

Qu'elle fust le jour Sainct Julian,
Où maint homme perdit son lyen.
Et fust par naige, pluye, ou vent,
Elle fust près de Sainct Venerand,
Où elle se tynt, tant nuyt que jour,
Jusques au devant du grant four (1)
De Sainct Julian, pour tout vroy,
Qui ne fust pas sans grant effroy
Donner au peuple là present.
Pluseurs si donnoient de l'argent,
Qui avoit à faire par ville ;
Car il n'y avoit si abille,
Qui eust sçeu passer sans cheval,
Les thallons s'en alloient à val.
Le carrefour de la Serine (2)
Estoit tombé en moult grant ruyne.
Si estoint les maisons d'amprès,
Plaines d'eaues et mal asserées (3),

(1) Le four banal de l'Hospice était dans la rue du Pont-de-Mayenne où se trouvent aujourd'hui les Nos 68 et 70.

(2) Carrefour de la Syrène (on dit *la Seraine*), au bas de la rampe du Vieux-Pont Saint-Julien, du côté du faubourg du Pont-de-Mayenne. Une hôtellerie où pendait une syrène pour enseigne, lui donnait son nom. A cette époque, ce faubourg était encore peu garni de maisons. La Mayenne, dont le lit n'était point resserré comme aujourd'hui, le couvrait souvent de ses eaux. La crainte des inondations fréquentes avait empêché les habitants de choisir l'emplacement de cette maison pour y construire leur église paroissiale de Saint-Vénérand.
L'hôtellerie de la Syrène appartenait en 1514 à Laurent Pochon ; elle était située vers lieu où a été ouverte la *rue Ambroise Paré*, auprès d'une cour qui prenait son nom d'un receveur du grenier à sel, ou *grenetier* qui y logeait : la *Cour du Grenetier*, et vulgairement, la *Cour du Grenotier*, enlevée par la rue.

(3) *Asserées :* Assurées.

Ou *veaige* Sainct Julien (1),
Ny fust reçou que peu de bien,
Qui ne fust pas leur advantaige,
Car l'eaue leur fist un grant dommaige.

L'yver ne fust ne froit, ne chault,
Mais bois nous donnoit dur assault.
Chartiers et boys si estoient chers,
Ou failloit paier grands deniers.

Poisson, le Caresme, fust cher,
Si le fisme nous trebucher,
Cahin, caha, n'en failloit ren,
Sans avoir figues, ne harem,
Nous eusmes un très bon prescheur,
Jacobin, lequel est docteur,
Nommé Estienne Barillier,
Venu de Tours en ce quartier,
Que son thesme chantoit en bas.

Mil v. c. xxx.

Puys, à Pasques mil cinq cent trente,	Pâques
Bourgeoys n'ont mys leur blez en vente.	le 17 avril.
Toujours valut cinq solz et plus,	Seigle à l'An-
En toute l'année, au sourplus,	gevine valoit vi ^{s}
	viij ^{d} le boesseau.
Les Bretons nous faisoient secours,	xxxi vij ^{s} vi ^{d}.
Ou nous fussions cheuz en decours.	xxxij vi ^{s} vi ^{d}.

(1) *Au veaige Sainct Julien* : L'église de l'hospice Saint-Julien était en vénération parmi les habitants de la ville et de la campagne. On y venait, en pélérinage, d'une assez grande distance, faire célébrer des messes en l'honneur de Saint-Julien.

De pouvres estoit si grant nombre,
Que au peuple faisoit grant encombre.
Principalement de Sainct Main,
Ilz n'attendoient huy, ne demain.
Puys la peste y eut le cours,
Qui nous cuida mectre en decours.
Chascun se retira ès champs,
Et demourasmes mandicans.
Ilz consumaient tout au villaiges,
Poulets, œufs, beurres et fromaiges.

L'esté fust assez gracieulx,
Dont le peuple fust très joyeulx.

Messeigneurs les enfants de France
Furent par leur père, à grant finance (1),
Delivrez d'Espaigne, pour vroy,
Tenant prison pour notre Roy.
Car depuis la prinse de luy
Furent en Espaigne à grant ennuy.

Monsieur avoit esté, pour vroy,
Mandé pour aller au tournoy
A Paris, venue de la Reigne (2),
Ou faillit farine et avayne,
Qui fust triumphante besongne,
Qu'on ne saurait estimer comme,
Des tournoys, jeux, esbattemens,
Virelais, aultres passe-temps.

(1) On donna pour le rachat des enfants de France deux millions d'écus d'or.

(2) François Ier épousa en deuxièmes noces, le 4 juillet 1530, Eléonore d'Autriche, sœur de Charles-Quint, et veuve d'Emmanuel roi de Portugal.

Monsr y acquit tout honneur.
Tant du Roy que chascun seigneur.
Toujours tenoit maison ouverte,
Sans y regarder à nul perte.

Pour oster de mon cueur malheur,
En cestuy tems, fust à Montseurs,
Joué, moult honorablement,
La Passion bien proprement (1)
Par les compaignons dudict lieu,
Qui avoient esleu très bon Dieu,
Et abilez selon le pais :
Je n'en veil faire aultre divis.
Aussi, que ne soys trop broullié,
Les paines d'enfer Andoullié,
Ou avoit moult grant diablerie
Qui firent moult grant ullerye.

Le bled, à l'Aoust, six solz et huyt,
Qui n'estoit pas trop beau deduyt.
Si n'en fust cuilly à raison,
Qui ny eut faict grand deraison.

Puys, vendenges vindrent après,
Ou le vin fust bon par exprès.
En tous lieux il en fust cuilly.
Mais Sainct Denys fust recuilly.
Car il estoit doulx et moult fort,
Et aux beuvans donnoit confort.
Tant que Orléans, ne d'aultre pais,
Ne fust nouvelle, ne du pris.

La Passion jouée à Montseurs.

Et les paynes d'enfer à Andouillié.

(1) Voir ci-dessus, p. 124, note 3.

La char toujours a esté chère,
Et toujours tenue a l'enchere (1).

Le xi de fe-
vrier jour de
sabmedy audict
an a esté inhu-
mé René Le Bret
receveur des tail-
les en l'eglise
d'Avenieres.

L'yver moult long et pluvieux
Et très fort, si fust ennuyeux :
Sans grant gelée, ne grant glaces,
Mais ne fust guere de becaces.

Poisson d'eaue doulce le Caresme
Ne nous fit pas moult grant apresme.
Ainsi estoit celuy de mer,
Balayne (2), alouse (3), tout est cher.

Au regard de nos edifices,
Qui sont à la ville propices,
Fouquet Ric...er, de son avoir,
S'est voulu très bien esmouvoir,
Comme procureur, gayement
De l'église de Sainct Venerand,
A faict ce que contient la taille,
Au pignon, sans ce que m'en traille.

(1) *Tenue à l'enchere* : Ce mot qui s'est trouvé fréquemment dans le cours de la chronique, ne veut pas dire que la viande était vendue aux enchères, mais qu'elle se tenait constamment à un prix élevé.

(2) Nos pères servaient *de la Baleine* sur leurs tables. Rabelais compte la baleine au nombre des mets que les *Gastrolâtres sacrifient à leur Dieu Ventripotent*.
La langue de Baleine se vendait par tranches dans les marchés publics, et sa chair s'accommodait avec des pois, ou se servait rôtie ; elle était estimée *fort délicieuse et tendre*.
En Carême la principale nourriture des pauvres était la graisse et la chair de Baleine. (*Le Grand d'Aussy*, vol. 2, p. 85, édit. 1815.)

(3) *Alouse* : Alose.

Au regard de Sainct Dominique,
Pour eulx, en rien je ne m'applicque,
Leur grange fust incendiée,
Mais en brief temps l'ont reparée.

Quant au Caresme, le prescheur,
Sestoit un frère myneur,
Ou l'on devoit avoir regart
Nommé frère Jacques Regnard.
Homme sçavant, provincial,
Et de l'ordre grant général.
Son thesme est, quant l'auré trouvé,
Redde rationem vilicationis tuæ (*).

Mil v. c. xxxi (1).

A Pasques, cinq cent trente et ung,   Pâques
Après l'aultre an j'ay passé l'ung.   le 9 avril.
Mais me trouve en fort lyen (2),
En issant (3) de Sainct Julien (4).

(*) Interruption des vers au recto du folio 79 du manuscrit par deux pièces en prose qui sont :
1° *Relation sommaire de la Reception faicte à Bayonne, le 1er juillet 1530, de la nouvelle Reyne de France, Eleonor ; et des Enfants du Roy, ôtages de sa Majesté ;*
2° *Les grands signes et ténèbres advenus à Rome et les Processions qui en ont été faites à Paris et à Rome avec le sermon.* Fin de 1530.
Le 29 mars éclipse du soleil visible en Europe et en Afrique.

(1) Fol. 81 du manuscrit, verso.

(2) *Lyen, liement :* Avec plaisir, joyeusement.

(3) *Issant :* Sortant.

(4) Le Doyen paraît avoir été commis à quelque emploi à l'hospice Saint-Julien où il avait été forcé de se tenir renfermé.

Seze moys qu'y fuz en prison,
Où l'on m'a faiz tout que raison.
J'y ai cuidé laissé la peau,
Et a ma femme son couteau.
Monsieur m'avoit baillé la charge,
Mais, à joye, je m'en décharge,
Jamais n'y eut jour de deduyt (1),
Ne sancté, s'est pour tout respit,
Et, pour en passer l'achaison (2)
M'en retourne à ma maison.

Le temps de Pasque pluvieux,
Fust long et très fort ennuyeux,
Car avril, may, le moy de juign,
Toujours la pluye, soir et matin,
Qui nous donna tant grans herbiers,
Qu'ilz succomberent (3) tretous nos bledz,
En ce pais icy et ailleurs,
Ainsi qu'on dict les rapporteurs.

Boësseau bled, avant l'aoust venu,
A unze solz il fust tenu ;
Et durant l'aoust huyt et neuf solz
Fust vendu, je m'en tiens absolz.
C'est pour vray, ung pouvre notable,
Qu'à l'aoust pain defailloit sur table.
Ce qu'en fust cuilly, à certain,
C'est un bled portant petit grain,
Lequel faisoit maulvais ouvraige,
Où tout le peuple avoit dommaige.

(1) *Deduyt :* Plaisir, distraction.
(2) *Achaison :* Cause, occasion, raison.
(3) *Succombèrent :* Étouffèrent.

La pompeuse funéraille de Guy, comte de Laval, seyziesme de ce nom [1].

Las ! Comment pourray déclairer,
Las ! Comment pourray proférer,
Comme me tiendray de plourer,
Comment ouseray m'adventurer
A déclairer si piteux cas
Qui est advenu, las ! hélas !
Hélas ! En plus fort m'esbahis,
Comment Dieu a tel faict permis,
Qu'ung tel seigneur, ung si bon comte,
Dont tout son peuple tenoit compte,

---

[1] Guy XVI mourut des suites d'un coup de pied de cheval qu'il reçut à la chasse dans la forêt de la Gravelle. Il eut pour héritier, au Comté de Laval, son fils Claude, qu'il avait eu d'Anne de Montmorency et qui prit le nom de Guy XVII.

Claude n'avait que dix ans lorsque son père mourut. François Ier lui donna pour curateurs le seigneur de Châteaubriand, cousin germain de son père, et Anne de Montmorency, frère de sa mère.

Claude épousa Claude de Foix et n'eut point d'enfants.

L'*Art de vérifier les dates* fait mention d'un écrit du temps ayant pour titre : *L'ordre funèbre et pompe pitoyable tenue à l'enterrement de Monsieur le comte de Laval, amiral de Bretaigne et lieutenant du Roi*, etc.; imprimé à Angers, chez Beaudouin, en 1531. La Bibliothèque de Laval possède quelques fragments de cet imprimé. C'est l'œuvre de Le Doyen insérée dans sa Chronique.

Voire jusques de là les monts,
Comment a il esté semons (1)
Sitout aller au jugement.
Quel grief, quel inconvénient,
Luy estre arrivé si soubdain,
En moins que de lever la main,
Par la ruade d'un cheval,
Estre advenu cas enormal,
Et, le vingtiesme jour de may,
Un sabmedy, en grant esmoy,
A la Gravelle, fist sa fin,
Devers le soir, non du matin.
Cela voyant, la noble dame
A l'heure en jecta mainte larme.
Dieu sçait l'amour qui est entre eulx
Est bien tournée en divers deulx.
Je ne sauroye penser, ne dire
Le pensement, le grief martyre
Quel peut souffrir et souffrira
Quant du Seigneur luy sourviendra
D'avoir si peu de temps ensemble
Vescu, en honneur, qu'il me semble
Que jamais ne devoit mourir,
Ny à telle dame faillir.
Dieu luy doint patience avoir,
Et paradis à son vouloir.
De bon des bons, tant noble et tant puyssant,
Puyssant en corps, en biens et en richesses;
Riche à l'onneur et en armes vaillant;
Vaillant estoys en toutes les proësses,
Prompt et hardy en tous les faictz tenu,

(1) *Semons :* Appelé.

Tenu estoys très vertueulx et fort,
Fort tu estoys en tous biens prevenu
Pour aux pouvres donner ayde et support (1).
Support donnoys à tous les desolez,
Les consoloys de tes biens et paroles ;
Car saige estoys, sans poinct en arguer,
Comme seroit ung bon maistre d'école.
O mort terrible, qui toutes gens désole,
Pourquoy as tu frappé de dart tel homme,
Que ne appeloys un foul ou quelque folle,
Sans luy faire encore païer tel somme.
Son corps aux vers, l'ame à Dieu je la donne,
Quil luy plaise, par son benoist plaisir,
Luy pardonner, ainsi que je l'ordonne,
Car, en tout, c'est mon vouloir et desir.

(1) *Support* : Consolation.

S'ensuyt cy après aultre Epitaphe dudict regraicté seigneur comte, composée à Angers par maistre Daniel Al Myton (1).

L'ordre funeste triumphante en pompe pitoyable tenue à l'enterraige de feu de bonne mémoire très hault, très puissant, magnanime seigneur Monseigneur le comte de Laval, de Montfort Quintin, sire de Victry (Vitré), vicomte de Rennes, sire de la Roche Bernard, grand gouverneur et admiral de Bretaigne, ensemble lieutenant du Roy, le très plainct et très regraicté père de justice, le très grant zelateur de paix, l'excellent ministre de charité, vroy port du peuple.

Le tout, contenu en une Epistre envoyée à très hault et magnificque seigneur Gilles de Laval (2), seigneur de Louë, de la Haye en Touragne, etc.

Je ne fais doubte, ô très puissant sei-
    [gneur,
Que tu nayes eu trop meilleur ensei-
    [gneur
Que je ne suys de l'obsèque notable
Du très hault comte en tous lieux regraictable.

(1) *Al Myton* n'est point le nom d'un *auteur angevin*, comme on veut bien le dire dans un ouvrage récemment publié. C'est un pseudonyme que prend Le Doyen, notre chroniqueur, auteur de cette relation, imprimée à Angers en 1831, telle qu'on la trouve dans son Manuscrit original de la Bibliothèque impériale.

(2) Gilles de Laval.

Car ton bon frère, ainsi bien que le scay,
Estoit présent le seigneur de Lezay (1).
Il dict trop mieux que faire ne pourroye :
Ce néantmoins, voluntiers essayroye,
Pour recréer ton gent et noble esprit,
T'en rediger mon povoir par escrit,
Tant seullement en ung petit chapitre
Que tu liras en manière d'espitre,
Priant Jhesu, le hault triumphateur,
Tenir des siens le defunct zélateur
De toutes paix en plaisance infinie.
A toy long jours, joaye en sancté unye ;
Très hault seigneur, saiches que je ne puys
Parler en plus que du profond d'un puys,
Mon estomac a grant peine se ingère
Lascher le cueur et plus rien ne dygère.
Si je dictz mal, donc, excuse moy,
Veu que je suys saisy de toust esmoy,
Et non sans cause ay le triste cueur matte,
Qui est navré de tant perplex stigmate.
Perdant celluy, las ! qui m'avoit nourry
Es jeunes ans, faut-il qu'il soit pourry
Et mys en terre, ung si très saige comte!
Helas ! la mort en faict bien peu de compte.
Veu qu'il estoit riche en biens et en meurs (2),
De grands regrects, je languis et je meurs.

(1) Guy de Laval, seigneur de Lezay, second fils de Pierre de Laval, seigneur de Loué, et de Philippe de Beaumont. Il avait pour frère aîné Gilles de Laval, seigneur de Loué, auquel Le Doyen dédiait son dithyrambe.

(2) *Meurs :* Mœurs.

v. c. xxxi.

Cestoit le bon des bons que je cogneusse,
Et l'infortune à l'œil, si à coup n'eusse,
Sans l'avoir veu ce beau lundy matin
Dedans l'eglise et moustier Sainct Martin (1),
C'est ès fors bourgs, au-dessus de l'eglise
Des Cordeliers, où sa fierté fust mise.
Dès le jeudy, octaves plainement,
Du corps de Dieu précieux sacrement,
Qu'on le receut, par solennité belle,
Estant conduyt du lieu de la Gravelle.

Le corps estant au monastère mys,
Fust bien veillé par hault mystère admys;
Car, jour et nuyt, estoit faict son service.
De pluseurs gens faisant bien leur office.
De Sainct Benoist sont les moines séans,
Après venoient en rang les mandians (2),
L'un suyvant l'aultre, ainsi rien ne décline (3)
Religieux de Saincte Katherine (4),
Estant la près, sont chanoines réglés,
Y assisterent, non comme desreglez,
Mais en ayant devotion fervente.
Sur le corps noble ung chascun se présente.
Ceulx du colliége avoient leur cours esgal,
Ce sont Messieurs du Benoist Sainct Tugal,

(1) Le prieuré de Saint Martin de Laval, au faubourg de ce nom, ancienne fondation des seigneurs de Laval, dépendant de Marmoutiers, ordre de St-Benoist. (Voir *Notice sur le prieuré de Saint-Martin*, in-8°, 1857.)

(2) *Les Cordeliers*, ordre mendiant.

(3) *Ainsi rien ne décline* : N'oublie, ne néglige.

(4) Voir la note 2, année 1508, p. 127.

Jadis fondez en l'onneur de la Vierge
Par les seigneurs dont leur cueur est concierge (1),
Car audict cueur, soubz la voute en raval,
Sont, sur landiers, les comtes de Laval,
Vrays fondateurs de ce noble collége,
Fort enrichi de mainct hault privilége.
Et d'autre part, si très bien augmenté,
De riches dons et tant ornementé
D'orfaverie et plaisant reliquaire,
Que cela semble estre venu du Caire.

Les bons seigneurs ont eu dévotion
A ce sainct lieu, faisans oblation,
Pour Dieu servir et l'ont doté de rentes,
Puys y ont mys relicques aparentes,
Pluseurs joyaux d'infinie valeur.
Chascun cognoist qu'en quelque tems va l'heur
Et quant il va qui ne vouldra mesprendre
Si se saisisse : en son temps le fault prendre.
Je cognoes bien qu'il ne va pas toujours
Ou bien il faict ailleurs trop long séjour.

Or a esté Laval si très heureuse,
Pour bien longtems qu'elle en est planteureuse.
C'est ung grant bien qu'ung notable seigneur
Qui par justice au subjectz enseigne eur (2)
Ainsi que a faict Guy de Laval seiziesme.
Il a porté son sceptre et diadesme
Si noblement devant tous les vivans,
Qu'il en sera memoire à cinq cents ans.

(1) Les chanoines du chapitre Saint-Tugal. Les seigneurs de Laval avaient leur sépulture dans leur église.

(2) Fait le bonheur de ses sujets.

Son corps est mys à reposer en byere
Mais le regnom de luy n'est en orbière (1).

Très hault seigneur, saches que le lundy
De Sainct Gervais, vray comme je le dy,
Puys le jeudy (2), servy en tel divise,
Ce noble corps fust saisy en l'Eglise
Environ les sept heures du matin,
La messe dicte au temple Sainct Martin
Par le colliége ainsi que de coutume.
Ce temps pendant luminaire s'allume
De tous coustéz, si très habondamment,
Que ce semble estre ung eblouissement.
Toute la ville entreprint si bel ordre
Qu'il n'y eust onc ung seul poinct de désordre.
Car les bourgeoys, manans et habitans,
Tretous, en noir, noblement se acquitans,
Puys Sainct Martin jusques audict colliége
Se tindrent coy sans partir de leur siège.
Des deux costés tenant torches par rang,
L'un près de l'aultre en ordre equiparens,
Chascun sa torche allumée armoyée (3),
Dont à les veoirs ressembloit une armée.
Chascune torche avoit deux ecussons
Dont, pour te dire en deux mots les faczons,
De l'un costé les armes du bon prince
Apparoissoint, il convint que l'apprinsse
Pour tout entendre ainsi que *desgousse* (4) :
Il y avoit aussi, d'aultre costé,

(1) *En orbière :* En oubli.
(2) *Puys le jeudy :* Depuis le jeudi.
(3) *Armoyée :* Armoriée.
(4) *Ainsi que desgousse, desgoise :* Ainsi que je raconte.

Ung ecusson des armes de la ville.
La pompe estoit très piteuse et civille.
Puys Sainct Martin jusques à Sainct Tugal
Sont trois gects d'arcs mys en pas coëqual (1).
Puissant seigneur, advise quante (2) torches,
Des deux costés estoient mises au porches ;
Ceste ordre ici, jamais ne demarcha,
Et par entreulx onc homme ne marcha.
Car ilz faisoient des deux costés barrière,
Tant que on ne alloit ne avant, ne arrière.
Debout, toujours tindrent leur place et lieu,
Faisant passer l'ordre par le mellieu.

Noble seigneur pour déclairer les armes
D'icelle ville, entends que les alarmes
De Julius Cesar (3), tant renommé,
Fust Empereur premier, Cesar nommé.
Laval estoit alors dicte *Dunelles*,
Lequel la print, par armes solemnelles.
Mais ce ne fust sans estre combattu.
Après qu'il eust par ung mois debattu,
Il les vainquit en cruelle bataille,
Et au conflit il reçeut mainte taille
Dont il tomba, tant lui que son cheval,
Lors mua mon Dunelles en Laval.

(1) *Coëqual :* Semblable.

(2) *Quante :* Quarante.

(3) On appréciera à sa juste valeur l'opinion de notre chroniqueur sur l'origine de Laval.
Elle nous fait voir cependant combien dans les temps anciens le nom de *César* était répandu, et comment l'on attribuait à ce conquérant tout ce que l'on voulait relever par une origine illustre. (Voir p. 6, à la marge où déjà Le Doyen a donné cette histoire.)

Et oultre plus, pour leur grant valliantise,
Leur myst blason de sa propre divise,
Qu'encore ont, c'est un lyon passant (1)
D'antiquité maint autre surpassant.

Pour retourner de l'ordre devant dicte,
Tous les bourgeoys, en notable conduicte,
Tenoient leur torche avecque double escu,
En regrectant cil qui a peu vescu
Pour le pais, las! Sa mort trop nous touche!
Je le te mectz, car tu ez de la souche,
Toy et les tiens, avec aultres pluseurs,
Nobles, vaillans et très puissans seigneurs.
Eulx se tenant en ceste gente guise :
Premierement, par ordre de l'Eglise,
Pouvres en deuil, vont sortir deux à deux.
Nombre infiniz jamais ne viz telz d'œulx (2) :
Car les premiers jà estoient au colliege
De Sainct Tugal, là où ardoit maint cierge,
Que les derniers d'iceulx pouvres nommés
Sortoient encore, de leurs torches arméz.
Noble seigneur, après ce je t'avise,
Vindrent par ordre infiniz gens d'église.
Premierement, les Mendians (3) marchans,
C'est la coutume à la ville et au chams.
Il y avoit des croix quatorze ou quinze ;
Puis le colliege (4), en son ordre maintise,

(1) Les armes de Laval sont un *Léopard d'or sur un fond de gueules.*
Le Léopard est un lion qui montre les deux yeux, au lieu que le lion proprement dit se montre toujours de profil. (Le P. Menestrier, *Nouvelle Méthode de Blason.* Lyon 1770, p. 600.)

(2) Je n'en vis en si grand nombre.

(3) Les Cordeliers.

(4) Chapitre Saint-Tugal.

Venoit, chantant les vigilles des morts,
Non sans donner pluseurs divers remorts
Aux regardans cette grand compaignée
De tant de gens de bien accompaignée.
Après marchoient Messeigneurs les prelats,
En croce et mitre, en triumphant hélas.
Chascun faisoit prieres souveraines.
Le vray pasteur et bon prelat de Rennes (1)
Officioit par grant solennité.
Autres prelats estoient de son costé.
De Sainct Malo (2) le venerable evesque,
Y assistoit et ung consors avecque,
C'est le pasteur de Roanne nommé (3) ;
Docteur très hault, entre tous renommé.
Là voyoit-on des abbés honnorables
Dont les vertus seroient inenarrables.
O bon Seigneur ! ce n'estoient etrangers,
Tu eusses vu de Sainct Aulbin d'Angers
Le bon pasteur, enrichi de tels titres,
Qui est la perle en office et en mitre,
La jeunesse est oingte de tel liqueur
Que pouvre et riche en ont l'immortel cueur.
Autres aussi marchoient d'allure franche,
Les bons abbez Clermont et Belle Branche,

(1) Ivo Mayeuc, évêque de Rennes. *(Gallia Christiana.)*

(2) Dionisius Briçonnet, évêque de Saint-Malo. *(Gallia Christiana.)*

(3) *C'est le Pasteur de Roanne :* Dom Lobineau *(Hist. de Bretagne*, 3e vol des *Preuves*, colonne 1509) parle d'une requête adressée à M. le duc d'Etampes par un évêque *de Roanne*. Cet évêque était suffragant (codajuteur) et grand vicaire en l'évêché de Nantes, et doyen de Notre-Dame de Lamballe. Il le nomme *Messire Gilles de Gauds*. Il cite encore de lui une quittance datée de Lamballe.
Bourdigné parle aussi d'un évêque de Roanne, suffragant de Mgr l'évêque d'Angers. (P. 344-347, t. II, édit. de Quatrebarbes).

Belle Fontaine, en si noble appareil,
Que je n'ay veu le triumphant pareil.
Le bon defunct royal et puissant comte
En son vivant avoit tenu grant compte
De gens de bien, glose (1) bien ce remort,
Cognois aussi qu'au temple de demort
Dieu a voulu lui bailler gens de mesme :
Vivant disoit : *je congnoes bien que me aisme ;*
Non par orgueil, car, par ma vérité,
S'estoit le chef de grosse auctorité,
Que je vis onc en humilité vraye.
O bon seigneur, pour nyent je diroye
En mon espitre aucun cas que je scaye
Secrettement. Le seigneur de Lesay
Entierement te l'a seu tant bien dire
Que je ne faiz en cecy que redire.
Ce neant-moins, puis que j'ay commencé,
Tu congnoestras au long ce que j'en scay.

Par ordre donc marchoient les prelats dignes,
De près venoient du seigneur les insignes ;
C'est a savoir : le guydon (2), le premier,
L'enseigne (3) après, en estat coustumier.
Chacun savoit de marcher la manière ;
En rang aussi avoit une bannière (4) :

---

(1) *Glose bien ce remort :* Remarque bien ce souvenir.

(2) *Le Guydon :* Drapeau des anciennes compagnies de cavalerie ; il était large dans la partie supérieure et se terminait en pointe. (Cherruel, *Dict. des institutions de la France.)*

(3) *L'Enseigne :* Drapeau d'infanterie et de cavalerie ; signe militaire sous lequel se rangeaient les soldats, suivant les différents corps auxquels ils appartenaient.

(4) *La Bannière* était armoriée, et servait à faire reconnaître

Ung escuyer par la bride mesnoit
Ung grand courcier, et bien luy advenoit.
Le dict cheval, tout couvert, fors la veue,
De velour noir, lors fut pitié esmeu
Es assistans en voyant ce cheval,
Des yeux sortoient les larmes en aval.
Non, à aucuns de ville et de villaige,
Ung seul n'estoit sans la larme au visaige.
Ung gentilhomme en deuil, comme dirons,
Marchoit après, portant les esperons.
Les ganteletz ung aultre gentilhomme
Après portait, et puys ung aultre, en somme,
Avoit l'armect, l'aultre l'espée aussi,
L'aultre l'escu. Pour entendre cecy
C'estoit pitié de veoir telle ordonnance.
Ung aultre après, ainsi comme en potence,
Alloit portant la cotte d'arme, près,
Ung capitaine alloit lors, par exprès,
Le lieutenant, seul de la compaignie
Dudict seigneur, et pour toute mesgnye (1),
De près suivant, deux trompettes avoit,
Des parements des couleurs que portoit
Le dict seigneur en guerre et aux alarmes.
Après, marchoit le noble heraut d'armes
Du Roy régnant, de sa cotte vestu ;
Signifiant du defunct la vertu.

le seigneur au milieu de la foule des guerriers couverts d'armures.
Le seigneur banneret était celui qui avait droit de porter bannière. (Cherruel, *ibid.*)
La bannière des seigneurs de Laval était de *taffetas simple, mi partie de blanc et de rouge. (Mém. de l'ordre suivi aux funérailles de Guy XVII, 12 novembre 1548.)*

(1) *Mesgnie :* Suite.

v. c. xxxi.

Ung gentilhomme après luy portoit l'ordre
Du noble Roy, sans qu'il y eut désordre.
Hélas ! faut-il que je soye recors,
Comment, après, estoit porté le cors
Du très illustre et magnificque comte.
Hélas ! faut-il que la pitié raconte
Et le spectacle admirable à chascun.

O bon seigneur ! tu trouveras quelqun
Qui te dira du mistère l'affaire,
Comme je croy, tu l'as sceu par ton frère,
Helas ! je vis, en piteux appareil,
Porter le cors du prince non pareil,
Par les brancquards, les nobles gentilz hommes
De la maison : il ne faut que les nommes,
N'aultres aussi assistans à l'onneur
Du très illustre et regrecté seigneur,
Cause pourquoy se seroit une guerre ;
Car les auquns vouldroient et faire enquerre
L'antiquité de leurs nobles maisons,
Je ne suis pas pour mectre aultre raison.
Mais eulx estant de Bretaigne et des Gaulles (1),
Avoient le corps chargé sur leurs epaules
Par les brancquards ainsi comme j'ay dict.
Alors le peuple estoit tout interdict :
De grants douleurs, chascun faisoit prières.
Aux deux costéz assistoient deux bannières
Dont la pitié renouvelloit alors ;
Cela joignoit des deux costéz du cors,
Tant bien couvert que c'estoit grosse pompe.
Ne pense pas, seigneur, que je te trompe,

(1) Du duché de Bretagne et de France.

Car, des présens, il n'y avoit ung seul
Qui ne fust tout couvert et mys en deuil ;
Tout estoit noir, teste enchaperonnée,
Jamais ne fust chose mieulx ordo......
Le cors estoit couvert d'ung velour noir
Traisnant en terre, o le piteux manoir (1).
Ce n'est pas tout ; faisons quelque ouverture :
Il y avoit une autre couverture
Sur le velour : c'estoit drap d'or frizé,
Et refrizé, le plus riche prisé
Qui pourroit estre estimé en ce monde.
Quatre bourgeoys, en quadrature ronde,
Ung riche poisle avoint sur ledict corps
De velour noir, frizé dessus les bords,
Très gentement de la plus fine soye.
O bon seigneur ! las, si je te disoye,
La grant douleur des tristes regardans,
Les lamentans tenans flambeaux ardens,
Je te promects, en saine foy de prebtre,
Que je ferois les larmes apparoistre
De tes deux yeux et des oyans aussi :
Car ce regard rendoit chascun transi.
En oultre plus, quatre grands personnaiges,
Aux quatre coings, decorans les veufvaiges,
Portaient, du drap, la corniere chascun.
Noble seigneur, n'en desplaise à aulcun,
Et les premiers estoient de haulte forme ;
Les deux derniers ne faisoient pas difforme.
Je n'ose pas declairer et nommer
Leurs très haultx noms en tous lieux renommez,

---

(1) *O le piteux manoir* : Le triste cortège.

Craignant faillir aux dignités consonnes (1)
De leurs maisons et notables personnes.
Savoir le doibtz par ceulx qui y estoient,
Si bien que moy, et par tout assistoient.
J'ay proposé, et de ce me dispense,
Ne rien nommer, craignant y faire offence ;
Car les ungs ont sur les aultres esmoy,
Disant ung tel est moins noble que moy.
Discret ne suys pour savoir tel mistère,
Ung cas doubteux en tous lieux se doit taire.

Après le corps, comme est expedient,
Le très puissant seigneur Chasteaubriand (2),
Portant le deuil à la mode royale,
Marchoit après, en pompe funerale.
Sa queue avoit troys aunes de longueur,
Que deux gentilzhommes, de grant valeur,
Alloient portant, vestuz en deuil honneste,
Les chaperons rebrassez en leur teste (3).
L'aultre grant deuil gentement ordonné
Portoit très hault et puissant Guymenée (4).
Sa queue avoit deux aunes et demie,
Et la portoient, en telle compaignie,
Sa maison gentilzhommes en deuil
Les chaperons rebrassez à tous deux.

(1) *Consonnes :* Egaux en dignités.

(2) François de Laval, seigneur de Châteaubriand. Il était cousin germain de Guy XVI ; François Ier le nomma tuteur de Claude, fils de Guy, avec Anne de Montmorency, frère de la mère de ce jeune seigneur.

(3) La tête couverte de leur chaperon.

(4) *Louis de Rohan*, seigneur de Guémenée, de Montbazon et de Montauban, mari de Marguerite de Laval, fille de Guy XVI et de sa deuxième femme Anne de Montmorency, mariés le 28 février 1520.

Après marchoient, en triumphe piteuse,
Messieurs du sang de la maison eureuse :
Nommer les puys, car en escript les ay :
Sont Messeigneurs Marcilly (1) et Lezay (2)
Et Bois Daulphin (3), chascun en deuil très grave :
Après marchoient en bel ordre et pas grave
Aultres seigneurs : Monseigneur du Boysvilliers
De Vauberger (4) et nobles familliers
Du bon defunct, dont les noms je delaisse,
Car je craindrois offenser leur noblesse,
Faillant escrire en port de gravité
Leurs titres haultx en leurs antiquité.
Grant nombre estoient, aultrement ne les nommes.
Après ceux là, marchoient les gentilzhommes,
Maistre d'ostelz et nobles escuyers
De la maison, et puys les officiers,
Chascun en ordre et appareil notable,
Dont le regard estoit fort lamentable.

(1) *Marcilly.* — Pierre de Laval, fils de Guy de Laval, IIe du nom, seigneur de Loué, et de Charlotte de Sainte-Maure, mari de Philippe de Beaumont, père de Guy de Laval, seigneur de Lezay, porta le nom de Marcilly jusqu'à la mort de son père. (*Hist. de la Maison de Montmorency*, par André Duchesne, p. 608.)

(2) *Lezay.* — Voir ci-dessus p. 236, note 1.

(3) *Bois Daulphin.* — La branche *Laval-Bois-Dauphin* avait pour tige celle de *Laval-Loué.*

(4) *Vauberger*, terre dans la paroisse de Saint-Denis-du-Maine, ayant eu fief. En 1389, Guillaume de Grazay est seigneur de Vauberger. Guillemette d'Arquenay, veuve de Guillaume de Grazay, est nommée garde-noble de ses enfants. Plus tard, cette terre appartenait à François de la Hune, seigneur de la Hune en Bazougers. Vauberger fut vendu dans le XVIIe siècle à M. Le Clerc de la Galorière. M. de Croixmare, alors seigneur de Saint-Denis-du-Maine, retira, par puissance de fief, tous les droits de fiefs qui en dépendaient.

Je ne scay pas combien ilz sont nombréz,
Ce ne seroit que papier encombréz.
Chascun cognoit que maison si très haulte
Ne gist de gens qu'en aulcune defaulte (1) :
Ils estoient tous, en leur ordre et en dœuil,
Non sans jecter soupir et larme à œil.
Après marchoit le sénéchal de Rennes,
Non allié de nation forayne (2),
Mais des gentilzhommes, nobles de nom,
Et de proesse ayant partout regnom,
Sans nombre estoient du Duché de Bretaigne,
D'Anjou, du Maine, et ne faut que j'actaigne
A les nommer, impossible seroit ;
Sans l'avoir vu, à peine on le croyroit,
La grand noblesse et triumphe assemblée
En ordre mise et sans estre troublée.

Il me faut faire ung petit incident
Pour reciter l'effray d'ung accident
Qui arriva. Je ne suys pas prophète,
Mais il ne fust jamais si belle feste,
Qu'il n'y eust quelque cas deplaisant.
Brief trois galliers (3) vont faire le plaisant,
Très bien vestu, mectant l'ordre en la presse,
Et conduisoient gentilzhommes *d'apresse* (4).
Chascun pensoit que ce fussent bedeaux (5),
Instituez ainsi, braves et beaux,

(1) *Defaulte* : Imperfection.
(2) *Forayne* : Étrangère.
(3) *Galliers* : Gaillards.
(4) *D'apresse* : Garantissaient de la foule.
(5) *Bedeaux* : Valets de ville.

Très mieulx peignez que varlets aux dymanches ;
Ces troys galliers scavoient fouiller es manches
D'ung gentilhomme en feignant d'agencer
La compaignée et les faire passer :
Mais en faisant d'une chère très belle
Subtillement, du tranchant d'une almelle (1)
Emruchetée (2), et n'avoit d'aultre outilz ;
Mais ilz coupoient la bource au plus subtilz,
Dedans leur manche en cachette incisée.
Or fust enfin leur finesse advisée
Coupant la bource au seigneur de Bourgon (3).
Quelqun cognut du gallier le fourgon,
Qui la couspa et se haste, à la cource
Il laissa cheoir le cousteau et la bource.
Les compaignons estoient duictz (4) à serrer
Le petit cas. Or faut-il declairer
Que le galant fust coffré à cet heure.
Les compaignons doubtèrent la demeure,
Eulx le voyant, ainsi que Dieu vouloit,
Estre empoigné et saisi au collet,
Vont tout soudain en leur hostellerie.
Chascun eust dict quilz venoient de fairie,

(1) *Almelle*, *armelle* : Lame d'épée, de couteau. (Dom Morice, *Preuves*, t. I, col. 1223.) Le mot *armelle* est encore employé vulgairement pour désigner une lame de couteau.

(2) *Emruchetée* : Emmanchée. — On trouve *embrunchetée* (Rabelais), affublé, revêtu, etc.

(3) La terre de Bourgon appartenait alors à la maison de Montécler. Elle la posséda depuis 1406 que Jean de Montécler en fit l'acquisition, jusqu'au mariage de Magdeleine de Montécler, fille de René, qui la porta dans la maison de Laval-Bois-Dauphin de Bourgon, en épousant Urbain de Laval.

(4) *Duictz* : Expérimenté, habile.

Et plaisantoient en menaces de gueux.
Mais, toute fois, ils montèrent tous deux,
Disant aller en toute diligence
A Orléans, dont estoit la naissance
Du cault larron saisy et mys captif,
Et vers le Mans s'en vont à pas hatif.
On les suyvoit, car ils avoient la bource :
Mais on ne sceut si bien faire les cources
Quils peussent être en fuyant attrapez.
Souvent suyvans sont par argent frappez,
Ainsi qu'on dict, et pour bailler de l'oaye,
Si les fuyans sont chargez de monnoye
Ilz savent bien secouer (1) les douzains
Par les chemins ; il s'en est sauvé mains
En cas pareil. Car les suyvants se amusent
Serrer l'argent, et les aultres se rusent,
Ce temps pendant ; c'est la subtilité
Fort pratiquée en la necessité.
Les corrompuz s'en esbattent et rient,
Larrons en foire occultement se trient,
Et a grant payne est oy un mot d'eulx,
Il est assez de telz bons mangeurs d'œufs.
Je ne dis pas que ceux ci ainsi fissent,
Et néant moins que les fuyans ne prinsent
Leur compaignon captif. Par beau licol,
Eut attaché le moyne par le col
Le lendemain, ce ne fust pas sur l'heure,
Mais il l'eut eu, sans y faire demeure,
Fors que le maître embacleur des colletz (2),
Etoit sur champ a gousser des poulletz.

(1) *Secouer* : Laisser tomber.
(2) *Embacleur de colletz* : Exécuteur des hautes œuvres.

Les ungs disoient parmy cette cohorte,
Monsieur est mort, justice n'est pas morte,
Il a laissé de loyaulx officiers,
Saiges, prudens et très bons justiciers.
Incontinent luy firent sa depesche,
Attaché fust, comme un gougeon qu'on pesche
A tout la ligne, et trespassa en l'air.
Dieu lui pardoint par son benoist vouloir.

Or, retournons à nostre premier ordre :
Très hault seigneur, ne te semble désordre
De l'incident cousché en cet endroict.
Le gallier prins, marcha chacun adroict,
Sans s'esmouvoir pour ses cas tant diformes.
Tu eusses veu les nobles gentilz hommes
Sans deul porter, deux à deux assister,
Je n'en saurois le nombre reciter,
Mais je n'en viz mon vivant, ce me semble,
Tant d'assemblez pour une court ensemble.
Après iceulx marchoient les officiers,
Puissans bourgeoys, avocats, justiciers
D'icelle ville, en ordre non pareille,
Car de bien faire ung chascun s'apareille.
O bon seigneur! maintenant me recors
Que quant ce vint que le très noble cors
En l'ordre dicte approcha près la porte
Dicte Rennoise (1), une très grant cohorte
De pouvre peuple arrivé de sur champs
Va s'escrier en si très piteux chantz,
Que plus de huict mille en jecterent les larmes.
Les pouvres gens voyant les noires armes

(1) La *Porte Renaise*, au bas de la rue de ce nom, dite dans nos vieux titres *Porta Redonensis*.

Et le cheval dessus mencionné,
Firent ung cry dont je fuz etonné.

« *Las! disoint ilz, vez la nostre bon sire*
« *Qui nous gardoit, sans nous laisser destruire*
« *Au maltoustiers* (1). *Hélas, nous le perdons,*
« *Le bon seigneur qui faisoit les grants dons*
« *Aux conducteurs de toutes gens de guerre*
« *Pour nous garder liberté en sa terre.*
« *Las, il est mort, hélas, que ferons nous!* »

Ces pouvres gens se mectoient à genoulx,
Des deux costez, crians misericorde.
Je te promects que quant je me recorde
De leur parler et de leur piteux criz,
Le cueur me fend et faillent les espritz.
Je ne sauroye t'en faire la devise.
En tel estat fust conduyt à l'Eglise;
C'estoit pitié d'entendre et escouter
Les pouvres gens crier de tous costéz.
Les ungs disoient : *nous perdons nostre père*,
En luy donnant mainte bonne prière.
Aultres disoient: *las nous sommes destruitz,*
Seurs estions et les jours et les nuictz,
En nos maisons, sans maulvais garczons craindre.
Brief, j'aperçeu tous les estats se plaindre.
Impossible est faire narrations
Amples de leurs vociferations.

Or estoit l'ordre en tous lieux si bien mise
Par les bourgeoys et aultres, que, en l'Eglise,

(1) *Maltoustiers*, celui qui levait et poursuivait les impôts et les autres taxes.

N'entra que ceulx qui debvoient assister,
Et y avoit gens pour bien resister
A la grant foule, ainsi que tout arrive.
Le noble corps, puisqu'il faut que l'escripve,
Fust la receu es très piteux hélas
Des dessous dicts vénérables prelatz,
Et du colliege, en ordonnance exquise.
Une chapelle ardente, en ceste Eglise,
A cinq clochers, fust mise sur le corps
Du bon defunct, tandis que, par accords
Armonieux, les chantres de musicque,
Respondoient là le service autenticque (1),
Où présidoit de Rennes le pasteur.
Bon faisoit veoir le triumphe du cueur (2),
Et les prelatz, aians croces et mitres,
On fist oster les bas panneaux des vitres
Pour la chaleur du luminaire ardant
Diminuer, dont y en avoit tant
De tous costez, que le nombrer ou dire
Est difficile. Il y avoit prou (3) cire,
Car les cierges, par dedans et dehors,
D'en attacher avoient faiz leurs effors,
Tout à l'entour de l'Eglise avoit *litte* (4)
De luminaire à double rang conduite,
Et par dedans la grand litte d'onneur,
De velour noir aux armes du seigneur,
Tout à l'entour la nef aussi comprinse.

(1) *Autenticque :* Magnifique.

(2) *Cueur :* Chœur de l'église de Saint-Tugal.

(3) *Prou :* Abondamment.

(4) *Litte :* Litre.

v. c. xxxi.

A ceste messe, y eust belle divise,
Au baise main, en triumphant arroy.
Premier marchant l'herault d'armes du Roy,
Chasteaubriand, fust conduict à l'offerte ;
Laquelle fust présentée et offerte
Dudict l'herault ; aussi, suis je records,
Ledict seigneur, passant devant le corps
Du bon defunct, luy fict grand reverence,
Tant de l'aller que du venir. En ce
Ne differa le seigneur Guymené,
En cas pareil dudict herault mené.
Et presenta l'offerte ung gentilhomme,
Portant le deuil, la reverence comme
J'ay dict, devant d'aller et de venir,
Faisant au corps, bien l'ay sceu retenir.

Après la messe, un docteur *Jacobite* (1)
Fist le sermon, et après, tout de suyte,
L'enterrement, en grant solennité,
Fust accomply, et la humanité
Du bon defunct fust à reposer mise,
En actendant la grant heure promise
De Jhesu Christ, qu'il ressuscitera
En corps et ame, ung chascun le voyera.
Le doux Jhesus telle grace nous face,
Que le voyons en gloire face à face,
Et nous doint force à faire tant de biens
Qu'avecque luy nous soyons tous des siens.

C'est grand pitié que par une infortune
Ainsi soit mort ; car en forme commune,

(1) *Jacobite :* Dominicain.

Il eust esté assez remedié.
A Dieu soit l'ame, il est expedié
Au grant regretz de toutes gens famez :
Car à jamais, sa bonne renommée
Demourera entre tous les vivans.
Et si j'estois le Roy des escrivans,
Un Jean Bouchet (1) ou le bon abbé d'Angle,
Je requerrois une langue triangle,
A Jupiter pour narrer en ce temps
Ses grants vertus comme je les entends.
Car ce seroit une œuvre d'excellence,
Un myrouer de grande relucence,
A tous seigneurs qui ont peuple soubz eulx,
Suivre ses mœurs, sans croire aux envieulx,
Ne aux flatteurs, nuysans au populaire.
Las ! Il est là, le seigneur debonnaire,
En une fousse, actendant Jhesu Christ,
Pour tout juger, ainsi qu'il est escript.

Noble seigneur, voicy la pitié grosse :
Après qu'on l'ut descendu dans la fosse
Le bon defunct, fust un terrible effroy ;
Car, haultement, l'heraut d'arme du Roy
Vint appeler ceux qui portoient les armes
Du feu seigneur, chacun rendoit les larmes.
Il appela enseignes et guydons ;
Et les nomma par leurs noms et sournoms,

---

(1) Jean Bouchet, natif de Poitiers, poète du XVIe siècle, surnommé en plusieurs de ses ouvrages *L'esclave fortuné, Le traverseur des voies pértlleuses.* Il fut poète, historien et orateur. On a de lui, entr'autres : *Les Annales d'Aquitaine, La vie de Louis de la Trémouille*, etc. *(Dict. de Moreri.)*

Disant ainsi : vous messire Christophle (1),
On ne le print pour bourde (2) ne pour moufle (3),
De Tremereuc qui portez le guydon
Venez ici. Lors vint comme au pardon,
Plain de doleur, faisant grant révérence
Au defunct corps touchant sans difference,
Ledict guydon, après qu'il l'eust baisé.
Encor ne fust herault de ce appaisé,
Il dict : venez, vous qui portez l'enseigne,
Messire Christophle, en surnom de Champaigne,
Rendez ici l'enseigne du seigneur.
Lors s'approcha, la baisant par honneur
Et reverence, et puis la couscha là,
Si très transi qu'un seul mot ne parla.
Ledict herault crie après la bannière ;
Lequel y vint, en piteuse manière,
Reveremment la couchant et baisant.
Encore estoit ledict herault huchant (4) :
Les esperons, lesquelz ung gentilhomme
Vint rendre, la ayant de deuil grant somme,
Il appela après les ganteletz,
L'armect aussi, ce n'estoient poinct varletz.
De tous gentilz fust la pompe occupée.
Incontinent il appela l'espée :
Après, par ordre, il appela l'escu.

(1) *Christophle de Tremereuc*, sieur de Pontbrient, est présent à l'assemblée de la noblesse Bretonne, réunie sous la présidence du comte de Laval, pour aviser au moyen de la faire contribuer à payer la rançon des enfants de François I*er*, 22 mars 1529. (Dom Morice, *Preuves de l'Hist. de Bretagne*, t. III, col. 988.)

(2) *Bourde :* Plaisanterie, raillerie.
(3) *Moufle :* Futilité, niaiserie, baliverne.
(4) *Huchant :* Appelant.

Le monde estoit de larmes convaincu,
Voyant porter, mise sur cette fosse,
L'enseignement de sa puissance grosse.
En révérence, ils baisoient en couschant
Ce qu'ilz portaient. Tantoust en piteux chans
Ledict herault nomma la cotte d'arme
Qui fust couchée après les autres armes
Dessus le corps. C'estoit grande pitié,
Il n'y avoit homme, tant fust haytié (1),
Duquel le cueur ne se print à remordre (2).
Ledict herault après appela l'ordre (3),
Qu'un gentilhomme apporta en plourant :
Il ecria après au demourant :
Ung chacun face icy ce qu'il doit faire,
Pour declarer la fin de cette affaire.

Après telz criz vindrent maistres d'hostels (4),
A bastons noirs, remplis de remords telz
Qu'oncques l'ung d'eulx ne sceut ouvrir la bouche.
Chacun baisant son baston la le cousche ;
C'estoit l'adieu au corps tant regraicté.
Or ne fust point en cet appeau traicté
Du lieutenant, seul de sa compaignie ;
Cette ordre fust en pitié tant unie
Qu'il y avoit de pleurs communité.
Ceci complect en granct solemnité,
L'on va diner ; prelatz et gentilzhommes
Furent servis, à si tres grandes sommes,

(1) *Haytié :* Joyeux, gaillard.
(2) *Remordre :* Se plaindre.
(3) Guy XVI était chevalier de l'ordre de Saint-Michel, créé par Louis XI en 1469.
(4) Les maîtres d'hôtel présidaient au service de la table.

De mects hautains (1) ès salles de chasteau,
Qu'on espargnoit le vin amplus que l'eau.
Chascun seigneur, selon sa seigneurie,
Estoit servy. Puis l'aumonsne florye (2)
En divers lieu estoit donnée alors;
On n'espargna de léans les thresors,
A qui mieulx mieulx, chascun commys s'acquite.
Le bon defunct lessa sa maison quicte :
C'est ung grand bien, veu le train qu'il avoit,
Et le maintien duquel on le servoit.
Toujours en court tenoit maison ouverte :
Tu sçaiz que c'est au gentilzhommes perte;
Car eulx, ayant mangé housse et cheval,
Avoit recueil du seigneur de Laval.
Car sa maison ne fust jamais delivre,
Chascun avoit à repaistre et à vivre
Honnestement et selon son estat.
Toujours estoit aux pouvres le *restat* (3).
Vez la comment fust sa maison reglée,
Et n'y avoit manière dereglée
En tout son cas. Car ung blasphemateur
Qui eust juré le sang du Redempteur,
Pour le premier, devant l'heure passée,
Beuvoit de l'eaue une grande tassée;
Au second coup, pour sa grant mesprison,
Une heure avoit le cep ou la prison,
Fust la dignée, ou fust à la soupée.
La tierce foix, selon sa dignité,
Estoit servy à grant solemnité,

(1) *Hautains :* Recherchés.
(2) *Aumonsne florye :* L'aumône qui se faisait à la suite des funérailles des grands personnages.
(3) *Restat :* Restant.

En la cuysine, et Dieu scait de quelle serte (1)
De neuf ou dix avoit charge et de serte.
Dessus le dos, qu'il n'avoit le loisir
Se prendre à rire, on y prenoit plaisir.
Le bon seigneur avoit le train du monde
Le mieulx uny et au plus je me fonde.
Il amoit gens scavans et vertueux,
Et desprisoit bragars (2) présumptueux,
Déchicquetez, qui aux regards s'estallent,
Toujours disoit : *Telz glorieux peu valent*.
Leurs cours estoit quant envers luy perscript ;
Il desiroit avoir les gens d'esprit,
Et estimoit une chose bien faicte.
En luy avoit charité très parfaicte,
Auctorité, pleine d'humilité,
Et aimoit ceulx qui disoient verité.
Quant on parloit à luy de quelque chose,
Toujours vouloit la verité desclose.
L'on se plaignoit aussi de quelque cas,
Soubdainement avoit ses advocats,
Gens de justice auquel commandoit faire
L'expedient sans retarder l'affaire.
C'est ung grand bien en ung prince ou seigneur
D'amer justice et luy porter honneur.
Toujours disoit : *C'est ung très vilain vice*
A ung seigneur qui n'a droicte justice.
Car justice est ung don de paradis
Qu'on doit avoir autant en faiz qu'en dictz.
Disoit en oultre . *Ung seigneur ou ung prince*
Qui ne soustient justice en sa province ,

(1) *Serte :* Le service d'un valet.
(2) *Bragars, braguards :* Beau-fils, mignon, pimpant, ajusté.

v. c. xxxi.

A juste droict est delaissé de Dieu,
Demourant hors de tout divin appieu (1).
Par quoy le diable en peché le succombe
Si tres infect, que bien souvent il tombe
En si enorme et scandaleux peché,
Que non luy seul en est bien empesché.
Souvente fois, les provinces s'en sentent,
Et à la fin tous ceulx qui s'y consentent.
Car injustice est peché si très grant
Qu'il est vengeance au très grand requerant,
Et de lui vient la griefve punaisie (2)
Aux cretiens de puante heresie
Enracinée au cueur de meschans gens
Oultre cuidez de scavoir indigens,
Et voulant vivre en tout sensuel acte.
O bon seigneur ! je te dis et relate
Que quelque jours a Vitry (3) m'appela,
Entr'aultres cas en secret me parla
De certains point touschant la conscience,
Et louoit Dieu n'avoir la sapience
De grant lectré, et disoit avoir veu
Maint grant docteur de bonté despourveu.
Oultre disoit que les grants clercs du monde (4)
Ont enfanté cette heresie immonde.
Et disoit vray, car on voit les grants clercs
Mollement vivre, en villains faiz expers.
Le plus souvent ilz disputent des livres
Mais de bien vivre ilz ont le sens delivre.

(1) *Appieu :* Appui.
(2) *Punaisie :* Puanteur, mauvaise odeur.
(3) *Vitré.*
(4) *Grants clercs :* Lettrés, savants.

Non pas tretous, il est de savans gens,
De bonne vie et en mœurs diligens ;
Fort craignant Dieu et donnant bon exemple,
Mais de ceux la on en voit peu au temple.
Bien colloquez ils sont *a remotis*,
En pluseurs lieux et vont vivant *gratis*.
On le cognoist par vroye experience,
Les bien vivans qui ont de la science,
N'ont pas les biens en l'Eglise de Dieu.

Le bon defunct appetoit (1) en tous lieux
Les plus scavans, et n'en avoit envie,
S'ilz ne vivoient aussi de bonne vie.
Pouvres avoit en grant compassion
Et ne vouloit qu'on fist oppreission
En auscun lieu, dont ung chascun le prise.
Il haissoit persecuteurs d'eglise ;
Sur toutes choses aussi les medisans.
Je n'auroys dict ses vertus en dix ans ;
Il faut ailleurs les mettre en ung beau livre,
Que je feray si Dieu me donne vivre
Encore ung an, et plus toust si je puys.
Je cognoes bien qu'expert en ce ne suys,
Comme d'aucuns qui ne font aultre chose,
Quant j'auré faict le tout, je presupose
Qu'il y aura quelque subtil esprit
Lequel lira le tant barbare escript
Que j'auray faict, et prendra le couraige
De s'employer faire plus riche ouvraige.
Ainsi toujours se augmentera l'onneur
Et le regnom du regraicté seigneur.

(1) *Appetoit :* Recherchait.

v c. xxxi.

Las ! il est mort et est encore en vie,
Car Jhesu Crist a son âme ravie
Qui vit au ciel de celestes esbats.
Il est en vie aussi bien icy bas :
J'entends vivant, par bonne renommée,
Plaine de gloire, en triumphe nommée,
Mort seulement et ses fataux recors
A separé l'ame d'avec le corps,
Au grant regreet de la bonne contesse,
Sa noble espouse. Hélas, quelle tristesse
Porte son cueur de suspirs tout transi,
Quelle rigueur celuy est estre ainsi,
Après avoir, par espace si briefve,
Esté conjoincte, o bon Dieu, qu'il lui griefve,
Et non sans cause a le cueur esperdu,
Car elle est seure avoir par mort perdu
Des bons seigneurs l'election et la perle.
Et me manda ung jour à la Gravelle,
Ce fust le jour d'après l'enterrement,
Où elle me fist exprès commandement
Mectre cecy le mieulx que je pourroye.
O bon seigneur, à peine tu croiroye,
Les piteux cris qu'elle envoya par l'air,
Davant quelle sceut ung tout seul mot parler
Avecque moy. La très notable dame
Estoit navrée et penetrée en l'ame.
Et la voyant en si grief desconfort
Perdiz l'esprit à luy donner confort (1).
Car la douleur dont elle estoit saisie
Me faisoit perdre et sens et fantaisie,
Et le regrect que je porte de luy

(1) *A luy donner confort* : A lui donner consolation.

Me faict avoir maint excessif ennuy.
Dieu, par sa grâce, obtienne de son compte,
L'ame du bon deffunct et royal comte,
Et à la dame envoye tel soulas (1)
Qu'il est requis à son cueur triste et las.
A toy, seigneur puissant et debonnaire,
Joye et sancté, eur prospère ordinaire,
Et à la fin les celestes plaisirs,
Pour sacyer (2) et clorre tes desirs.

Prends mon povoir et à ton veil (3) l'engaige,
Sans prendre garde à mon rude langaige.

Mitis sum.

(1) *Soulas :* Consolation.
(2) *Sacyer :* Contenter.
(3) *Ton veil :* Ta volonté.

S'ensuyt l'Epitaphe du très puissant et regraicté seigneur, en rithme alexandrine.

vous, hommes mortels, peregrinans
[en voye,
Vous serez par mort telz que moy,
[c'est chose vroye ;
N'a pas long jours que estoys ung
[comte renommé
Qui le peuple portoys. Orcs (1) suys inhumé.
Guy de Laval nommé, de ce nom le seiziesme,
Aux armes sublime du temps Charles huytiesme,
Durant Loys douziesme, à Genes fust semons,
Je me monstré de mesme armé de là les monts.
Sans craindre les canons montay sur la muraille.
Les hardis compaignons me tindrent de leur taille.
J'ay esté en bataille abatu, non vaincu,
Rompu lance, fustaille, enlevé maint escu.
L'on scait que j'ay vescu en seigneur magnificque.
Mon corps est convaincu par mortifère picque.

(1) *Orcs* : Maintenant.

En Bretaigne Armorique, ay, sous le Roy Francoys,
Acquis bruyt autenticque. En régence eus le choys.
Je chassé les Angloys par deux foys de Bretaigne :
Bretons et Lavallois estoient de mon enseigne.
Poinct ne faut qu'on s'en plaigne, on me trouva loyal
Contre tous ceulx d'Espaigne et fuz victorial.
Je fuz faict admiral et gouverneur propice,
Régent et général des Bretons sans obice (1).
J'ay faict au Roy service en conseil et faict vroy.
Priez Dieu que mon vice ayt de pardon l'octroy,
Mort me osta tout esmoy, mil cinq cent ung et trente,
Vingtiesme jour de may. Paradis soys ma tente.

Et sic est finis.
Amen finis salutis (2).

(1) *Obice :* Opposition, obstacle.
(2) Nous trouvons à la fin de *L'Ordre funèbre et pompe pitoyable tenue à l'enterrement de Monsieur le comte de Laval, amiral de Bretaigne et lieutenant du Roy*, imprimé à Angers en 1531, les vers suivants qui ne sont point dans le manuscrit :

« *Richard, pour q'lque vent q'vous oyez venter,*
« *Soiez hardy tousjours faire imprimer*
« *Livres nouveaulx vitement les fault faire*
« *Ou aultrement seray votre contraire*
« *Car je me vieulx de ce faire vanter.....*

Les fragments que nous possédons s'arrêtent à ce vers qui ne finit point le sens.

L'ESTÉ fust moult beau, sans mentir,
Et ne m'en sauroys repentir.
Mais la peste fort nous maloit (1),
Pourquoy chascun aux champs alloit,
Pour evicter le grand danger
De nos vies ainsi abregez.
Et oultre pouvres de Sainct Main
Passant que n'avoit nul demain,
Et se mouroint en moult grant nombre
En ville, au solail et en l'ombre.
L'aoust si fust assez agréable,
Mais souvent pain failloit sur table
Es maisons des pouvres et riches.
Bourgeoys ne donnoient pas leurs miches.
Toujours bled si avoit son cours,
Autant en l'esté comme en l'aoust.
Vendenges furent de bon rapport ;
Car Sainct Denys nous fist support,
Si fist Sainct Supplice (2) et Houssay,
Mais Fromentieres fist l'essay,

Le xxv juillet
en ce present an
honneste homme
Robert Manjotin
recessit ab humanis et fust inhumé en l'eglise
St Venerand.

(1) *Maloit :* Faisait du mal.
(2) Saint-Sulpice, à 9 kil. de Laval, arr. de Château-Gontier.

Et nous passames d'Orléans.
Car les marchans ne aultres gens,
N'y emplierent aulcuns deniers.
Car il n'est marchant, mais est cher.
Toujours la char si est moult chere,
Et toujours vendue à l'enchère.
L'erbaige, ne glan, n'eurent temps
Dont le peuple ne fust contens.

L'yver fust doulx et gracieulx,
Et ne fust point trop ennuyeux.
Pour estre de lart bien absoulx (1)
Un porc moyen valoit cent solz.
Bon seigle et froment nouveau
Valoit douze solz le boesseau.
Il n'en failloit faire fredayne;
Et si n'eust esté la Bretaigne,
Et Normandie, qui firent secours,
Nous etions cheuz en decours.
Bourgeois, ne marchans de Laval,
N'en vendoient boesseau mout ne val.
D'aucuns par renom bien famée
Faisoient par sepmaine donnée.
Car pouvres, en si très grant nombre,
Se trouvoit en moult grant encombre.
André Hubert (2) n'y failloit pas,
Ne sa mère aussi par compas,

(1) *Bien absoulx :* Bien garni.

(2) André Hubert.— Sa veuve, Louise Le Liepvre, donne 6 livres de rente sur le lieu de la Ryverie pour l'entretien de la lampe devant le grand autel. *(Inventaire de pièces du trésor de Saint-Vénérand.)*

Car deux jours, chascune sepmaine,
Nul pouvre n'y perdoit sa peine.
Dieu leur doint paradis avoir,
Car bien y ont faict leur devoir.

Au regard de Sainct Venerand,
Foucques Richer a mis au vent
Beaucoup de son bien et avoir.
Dez piecza (1) a faict son debvoir
En troys ans qu'il est procureur
De fabricque et entremecteur,
A faict monter, hausser de taille (2)
Le pignon devant, et muraille.
De liberé et de cueur gay,
Que s'il peut, a ce moys de may,
Parfera la charpenterie
De l'eglise sans menterie,
Et parachevera, vrayment,
S'il peut fournir or et argent.
Combien qu'il a peu avancer
Beaucoup de bien et debourcer
Sans les dons que chascun y faict
Dieu luy doint venir au parfaict.

Et, pour le Caresme sercher,
Poisson ne fust du tout trop cher,

(1) *Dez piecza* : Déjà.
(2) Il est ici question du portail de Saint-Vénérand.
Dans sa Chronique en prose, Le Doyen dit que les veuves de Jehan de Quesnay et d'André de Quesnay son fils y donnèrent chacune la somme de 100 livres.
Le pignon s'avança d'*un arc*, c'est-à-dire que la nef fut allongée d'une arcade pour avancer le portail sur le bord de la rue.
Les maçons y travaillaient en 1522. Il ne fut terminé que dans l'année 1532. (Voir la Chronique en prose, *Mémorial de la Mayenne*, t IV, p. 346, H. Godbert, 1843.)

Mais haren, alouze, et lamproye,
Balayne, marsouins (1), hal frays (2),
Coustoient beaucoup en leur vesture (3),
Qui nous estoit mise (4) moult dure,
Pour la depense des chevaulx
Car l'avayne estoit à grant taulx.

Quant aux sermons de ce Caresme,
Le prescheur allégua beau thesme :
Si errant, tu edoces me,
Se dict Job, le très bien famé.
Lequel Prescheur, sans que replicque,
Portoit l'habit Sainct Dominicque.
Jeune, bien lectré, beau prescheur,
Remonstrant la vie du pescheur ;
Savoir comme il est appelé,
L'on le nommoit : *Jacques Tolle.*

Et pour parler du Roy Françoys,
En ses parties il nous vint veoirs (5)
A Vitré, et Chasteaubriend,
Où il s'est tenu longuement.

(1) *Marsouin, chien de mer :* Poisson de mer, fort gras, confondu souvent avec le Dauphin. Belon, naturaliste, né dans le Maine, au XVIe siècle, dit du marsouin, *Celui que nous avons en délice ès jours maigres.* On le servait sur les meilleures tables dans l'intérieur des terres ; sur les côtes, le peuple n'en voulait pas. (*Le Grand d'Aussy*, t. II, p. 82, à la note.)

(2) *Hal frays, hart :* Le congre, anguille de mer, se vend sur notre marché au poisson, sous le nom de *hart*.

(3) *Vesture :* Voiture, transport.

(4) *Mise :* Dépense.

(5) Bourjolly raconte, d'après le Registre de Saint-Vénérand, que François Ier vint à Laval et qu'il y passa trois jours. Il est surprenant que notre chroniqueur ait passé sous silence le séjour du Roi

v. c. xxxij.

Le Daulphin et la compaignie
Qui leur doint à tous longue vie,
L'on veult dire, dont le tiens saige,
Qu'il veult apprendre le langaige
De France, en la Basse Bretaigne,
Aussi muer (1) que n'est fredayne,
Leur monnoyrie à nostre usaige
Comme à Paris et au villaige.

Mil v. c. xxxij.

Pasques, mil cinq cent trente et deux
Le peuple eust été moult joyeulx
Si n'eust esté la grant cherance
Des bledz, on n'avoit ordonnance
Par justice, ne aultrement.
Tout viaticque proprement

Pâques le 31 mars.

Le lundy xi mai, passa par ceste ville, l Roy (2) et l Reigne de Navarre, pour aller devers le Roy qu est à Chasteau briant.

Et le lendemain fust inhumé honneste homm maistre Jeha Berault procureur de Laval(3)

dans notre ville, fait assez remarquable cependant pour qu'il l'eût mentionné.

Ogée *(Dictionnaire hist. de Bretagne,)* parle d'une ordonnance de ce prince, datée d'Argentré, au mois de mai 1531?
Au mois d'août 1532, Jean de Châteaubriand reçoit François Ier à Nantes; il était accompagné de la Reine et du Dauphin qui fut reconnu duc de Bretagne à Rennes.

(1) *Muer :* Changer.

(2) Henri II, roi de Navarre, mari de Marguerite de Valois, veuve de Charles, duc d'Alençon, sœur de François Ier.

(3) *Jean Berault*, fils de Simon Berault, riche commerçant, seigneur des Essards, la Vignole, la Popelinière, etc..... Jean Berault était procureur fiscal du Comté. Il fut inhumé dans l'église des Cordeliers de Laval, où on voyait son épitaphe qui finissait ainsi :

Actor ego fisci, nunc reus ante Deum. (Lepaige, t. I, p. 480.)

Ce fut Jean Berault qui forma l'opposition de Guy XVI, contre Jacques Tahureau, juge du Maine, venu à Laval en 1516 pour faire la réduction du nombre des notaires dans tout le Comté. (Voir p. 161.)

Servant à nostre pouvre vie,
Char, poisson, œufs et pararye (1),
Tout est vendu au cher denier.
Boys, beurre, sain, suif, tout est cher.
De monnoye, il n'en estoit plus :
Plus chère estoit que les escuz,
Qui n'estoient pas mis à l'enchère.

<small>Aujourd'huy xxvi de may a esté inhumé Pierre Bondy marchant en l'eglise Sainct Venerand près sa feue femme juste les fonts qu'ils avoient donné et faict faire (2).</small>

Les marchants par leur faict treffère
Tout or bailloit à leur plaisir,
Dont aulcuns avoient déplaisir.
Pour quarante les recevoient
Et à quarante cinq les bailloient
Et des plus belles pieces d'or
En faisoient ainsi leur thresor.

<small>Aujourd'huy xi de juillet maistre Jehan le Gay doyen de Laval, et chanoine ancien du Cymetiere Dieu et curé de Ruillé le Gravelais, *recessit ab humanis* audit an.</small>

Depuis Pasques jusques à l'aoust,
Le temps si fust de moult bon goust.
Fors une nuyt que gelée,
En juign nous fist malle brouée
Aux vignes fruictiers grant dommaige,
Où mon sens perdit son usaige.

Le bled toujours valoit, Boësseau,
Dix ou huyt solz, veil et nouveau.
Et à l'Angevine ensuyvant,
Valoit six solz, j'en suys sçavant.

(1) Pararye ?

(2) Le Registre de Saint-Vénérand commence ainsi au 16 septembre 1522 : « Baptême de Pierre, fils de Jacques Bougler, hostellier du Marteau, et de....... Janvier. Parrain, Pierre Bondy, marraine, la mère de la femme dudit Bougler. Ce fut, dit le Registre, le premier enfant baptisé sur les fonts de Saint-Vénérand. »

Et quant au regard des vendenges,
A Dieu en fust rendu louenges.
Vin d'Orléans et Sainct Denys
Nous eusmes par moult beau divis.
Vins de Houssay et Fromentieres
Ne faillirent en nos frontieres.
Mais les porcs furent à hault pris,
Qui n'estoit pas moult beau divis
Pour pouvres gens, c'est la raison
Peu en estoit en la saison.

L'hyver ne fust trop fort, ne frait,
Present moueste (2), tantost moult sec.
Mais l'on s'eschauffoit o le vin,
Qui estoit l'année assez fin.

Et quand au regard de Caresme,
Il nous fust assez bon appresme,
Tant pour poisson de la grant mer,
Qui ne nous fust pas à trop cher.

Aujourd'h[ui]
jeudi tiers jou[r]
d'octobre en [ce]
present an fu[s]
inhumée Jehann[e]
le Breil veufve [de]
feu André [de]
Quesnay Dame [de]
la Mervaille e[n]
l'Eglise Sain[ct]
Venerand deva[nt]
l'autier Nostr[e]
Dame (1).

En ce prése[nt]
an, ou moys [de]
septembre, fu[t]
joué en la vil[le]
de la Morignie[r]
le mystère [de]
l'Ermite meur[-]
drier qui du[ra]
neuf jours et fu[t]
joué l'Ermit[e]
par Michel Tro[s-]
son, et en fu[t]
motif Me Gui[l-]
laume Ravau[lt]
prebtre et proth[o]
colliyre (3).

(1) *Jehanne Le Breil*, veuve de André de Quesnay, seigneur de la Merveille, en la paroisse de Saint-Jean-sur-Mayenne. Cette dame fit, le 7 septembre 1527, devant Le Doyen, notaire royal, un testament par lequel elle donna, à perpétuité, à la fabrique de l'église paroissiale de Saint-Vénérand, une rente de huit livres tournoys, qu'elle hypothéqua sur sa maison, jardin et appartenances, sise rue du Pont-de-Mayenne (aujourd'hui N° 13). Cette rente devait servir à la dotation et fondation de deux anniversaires de quarante messes pour le repos de son âme, et aussi de celle de son mari. « Il sera payé au curé et aux vicaires 7 s 6 d pour les messes à notes, vigiles et recommandations ; et pour les messes qui seront dites par les chapelains, à la même intention, il sera donné seulement 3 solz tournoys. » Cette rente a été remboursée, de nos jours, vers 1830, par la mère de l'auteur de ces notes.

(2) *Moueste :* Humide.

(3) *Protho colliyre* (du mot protocole), chargé des registres. — Archiviste ?

Alouzes , lamprays , marsouins ,
On en avoit soir et matin.
Aussi haren sor , haren blanc ,
De deux payois ung petit blanc.

Il y avoit moult bon prescheur ,
De Sainct Françoys grant orateur ,
Nommé frère Estienne Pichard ,
Qui de bien prescher savoit l'art.
Et en son thesme si disoit ,
Telz motz que bien il proposoit.

Prepara contra Babylonem et debellate cam. Jheremie q^u quan° quarto.

Et pour parler de l'edifice
De Sainct Vénérand moult propice ,
Foucquet Richer , le procureur ,
De ladicte eglise miseur (1) ,
Y a employé maint denier
De son bien qu'il a avancé
Pour besongner sur le portal ,
Pignons et chapelle d'aval ,
Charpenterie et couverture.
Ce voyant, chascun luy procure ,
Luy aider à faire sa mise ,
Car il avoit grant entreprinse ,
Et d'avoir son bien avancé.
Et puis par luy fust pourpensé
Faire les deux petits piliers ,
Sur le portal à grants deniers ,
En tuffeau et eupvre autenticque (2),
Qui est besongne magnificque.

(1) *Miseur :* Trésorier.

(2) *Autenticque :* Magnifique , éclatant.

Après tout le bas de l'Eglise
A faict paver à sa divise.
Pour quoy luy sont dus grants deniers,
Selon ses comptes derrenniers ;
Dieu luy doit accroistre son bien,
Car il y a beaucoup du sien.
Et puys, avoit, l'année devant,
Nicholas Bondy, gros marchant,
Faict construire une chapelle,
Devers ledict Richer moult belle,
Où est Sainct Nycholas prié,
Sainct Pierre aussi moult bien paré.
Ses père et mère, pour mots ronds,
Avoient faict ampres les beaux fonds,
Où ilz sont inhumez tous deux.
Leurs ames soient o Dieu es Cieulx.

Mil v. c. xxxiij.

Pasques mil cinq cent trente troys, Pâques
le 13 avril.
L'on disoit la paix entre Roys,
Et le peuple avoit patience,
Dont devons à Dieu reverence.

Et maintenant, seigle valoit
Six solz et huyt, rien n'en failloit. Seigle à l'A.
gevine v ·
boesseau.
Mais à l'aoust et à l'Angevine,
Cinq solz valloit, je vous affine (1).

Toute l'année fust poursuyvante
En secheresse (2), je me vante,

(1) *Affine* : Assure.
(2) Sécheresse continuelle.

Tout grain fust moult sec et moult nect,
Et de moult grant proffit avec.
Le bestail souffrit grande paynes,
Car les eaues et puytz et fontaines
Furent defaillans, pour tout vroy,
Dont le peuple fust en esmoy.

L'aoust fust beau, si furent vendanges,
Dont devions à Dieu louenges.
Vin de Sainct Denys douze deniers,
Orléans seze ; bons vins clers.

L'yver fust moult long, aussi froys,
Et n'estoit cherance qu'en boys.
Porcs, beurrée, suif, à cher deniers,
Et vendoit lon œuf à deniers.
Tout ce qu'appartenoit à vie
Ne fust si cher, n'en doubtez mye.

Le Caresme fust presché par ung souveraing et expert docteur tant en science geste que paroles. Prieur des frères prescheurs natif de Troye en Champagne nommé maistre Estienne le Parye.

Le thesme dudict Prescheur estoit :
Vide vias tuas in convalle et scito quid feceris.

Caresme fust faict trebucher
En poisson : mais beurre est trop cher,
Il coustoit douze deniers livre,
En pot, mais ainsi failloit vivre.
Et balayne, raye, parayrie,
Haren, Breme, et capayrie (1),
Estoient à compétant marché
Dont aulcun ne fust reprouché.

Et le premier jour de fevrier,
Ce fust le grant jour derrenier,
Du bon maistre René Houllière (2),
En son temps lieutenant en chaere

(1) *Capayrie.* — Est-ce de : *Gammarus, capparus* : Homard, crabe ?

(2) René Houllière fut juge des Exempts du Comté et ensuite lieutenant-général au siége de Laval.

De Laval, de moult grant sçavoir,
Comme chascun a pu ce voir.
Pourveu de grants biens et science,
Son ame o Dieu soit en présence.

Madame Claude de Silly (1) dame de Poligné ce dict temps et an *recessit ab humanis.*

Et Monsr. de Fouilloux environ la feste de la Magdeleine (2).

(1) *Claude de Silly*, fille de Jacques, seigneur de Lonray, bailli et gouverneur de Caen, chambellan du Roy et capitaine des archers de la garde française de Louis XI, et de Anne Desprez, était femme de Jehan de Feschal, fils aîné du premier mariage de René de Feschal avec Jehanne de Villiers. Cette dame était fille de Jehan de Villiers, seigneur du Hommet, et de Guillemette de Vallée.

Jehan de Feschal était chevalier, baron de Poligné et du Gripon, etc.... Il rendit au Comté de Laval la sénéchaussée de Meslay que son père avait prise à rente.

De Silly portait : *D'hermine, à la face vivrée de gueules et 3 tourteaux de gueules en chef.*

De Villiers du Hommet : *Burrelé d'argent et d'azur de 10 pièces.*

De Vallée : *D'or à 3 faces d'azur.*

Feschal. (Voir p. 72, note 2.)

(2) *Monsieur de Fouilloux.* — Gilles de Brée, seigneur de Fouilloux, terre et seigneurie dans la paroisse de Saint-Germain-le-Fouilloux, département de la Mayenne, érigée en châtellenie avec les terres de Saint-Denis-du-Maine et Montchevrier en la paroisse de Nuillé-sur-Vicoin, par Guy XIV, en 1429, lors de l'érection de la Baronnie de Laval en Comté. Guy XVII en fit (1542), une châtellenie séparée de Saint-Denis-du-Maine et Montchevrier, érigeant ces trois terres en trois châtellenies distinctes.

Gilles de Brée, écuyer, seigneur de Fouilloux, Montchevrier, Saint-Denis-du-Maine, Saint-Loup, la Pichonnière, Poillé, des Vignes en Quelaines, et de Levaré-Ouvrouin, etc...., était fils de Guyon de Brée et de Louise de Laval, fille de Thibault, seigneur de Bois-Dauphin, et de Anne de Maimbier. Il épousa, en 1499, Claude de Feschal, fille de René de Feschal et de Jehanne de Châteaubriand.

La famille de Brée était ancienne ; Hubert de Brée prit la croix en 1158, avec Geoffroy de Mayenne, dans l'église de Notre-Dame de Mayenne. Cette famille s'éteignit en 1600, par la mort de Lancelot de Brée, décédé sans postérité dans son château de Montchevrier, et inhumé dans l'église des Cordeliers de Laval (aujourd'hui église paroissiale de Notre-Dame), où l'on voyait sa statue sur un tombeau de marbre, *avec l'écu de ses armes.* Lancelot avait eu plusieurs commissions du roi Charles IX pour s'opposer aux entreprises de ceux de la religion réformée qui s'organisaient dans

En ce dict présent an fust faict le mariage de Monsieur d'Orléans et de la niepce du Pape (1).

Et d'octobre sixiesme jour
Fust faict ung notable séjour
De nouvelle communion,
Ainsi qu'à Pasque si faict on.
Car le Sainct Esprit en orta
Le Pape, qui tres bien nota,
Son peuple acquérir pardon,
Donnant plaine remission,
Confessant soy et promectant
Faire aulmosne, en ce faisant
Pour toute penitence avoir
Et dire à tout son povoir

La Saincte Hostie (2) a esté jouée devant le Cimetiere Dieu le jour de la feste Dieu et le jour St Gervais.

Cinq fois *Pater*, aussi *Ave*,
Et que tout ce fust *sine ve*.

nos provinces. Il eut pour héritières deux nièces, Catherine, mariée à Jean de Froullay, et Olive, mariée à François de Quatrebarbes, premier du nom, écuyer, seigneur de la Volue.

L'hôtel de Brée se voit encore à Laval, rue du Jeu-de-Paume, N° 21, ancienne rue du *Bourg-Chevreau*. Il en dépendait un petit fief, à la porte Renaise, sur le bord de l'étang, au lieu où est aujourd'hui l'hôtel du Dauphin.

De Brée portait : *D'argent à 2 faces de sable, au sautoir de gueules brochant sur le tout.* (Le Paige, t II, p. 209.)

De Brée, seigneur de Fouilloux, portait : *Facé d'azur et d'argent de six pièces, au lyon brochant, armé, lampassé et couronné d'or. (Roy d'armes).*

Bois-Dauphin : *D'or à la croix de gueules, chargée de cinq coquilles d'argent, cantonnée de 16 alérions d'azur, à une bordure de sable, chargée de 5 lyonceaux d'argent, les pieds tournés vers l'écu.*

Châteaubriand : *De gueules, semé de fleurs de lys d'or.*

De Quatrebarbes : *De sable à la bande d'argent, accostée de deux cotices de même.*

De Froullay : *D'argent au sautoir de gueules engrêlé de sable.*

De Maimbier : *D'azur à trois poignards d'argent mis en bande.*

(1) Le pape Clément VII (Jules de Médicis) eut, au mois d'octobre, une entrevue avec François 1er, à Marseille. Le mariage de Catherine, nièce du Pape, y fut célébré.

(2) Le *Mystère de la Sainte-Hostie* est anonyme; il a été im-

𝕸𝖎𝖑 𝖛. 𝖈. 𝖝𝖝𝖝𝖎𝖎𝖎𝖏.

Pasques mil cinq cent trente quatre, Pâques
Du tems je ne me veil debatre, le 5 avril.
Chascun parle, je vous affie (1),
Du Roy; et par grant fantaisie,
Au vroy parler, pour le plus court,
Où est le Roy, si est la court.
Mais puisqu'en France est patience,
A luy debvons obeyssance,
Et servir Dieu d'ung bon vouloir,
Chascun y face son debvoir.
Preservez nous avons esté
Tant en yver, comme en esté,
De peste, de guerre et famyne,
Que rien n'est demeuré en ruyne.

L'aoust a esté de grant rapport;
De bledz avons eu grant support,
Moult bon et cuilli de saison
Chascun en a eu raison.
De fruictz n'a esté revenu
Le temps y est mal advenu.

Au regard du temps des vendenges,
Nous en debvons à Dieu louenges.
Marchants, pour eviter dangers,
Ont chargé la quincte (2) d'Angers.

primé en lettres gothiques, do format in-octavo, en 1817, chez Poutier, imprimeur à Aix, tiré seulement à 62 exemplaires. (Note de Dom Piolin.)

(1) *Affie* : Assure.
(2) *Quincte, quinte* : Banlieue, dépendance d'une juridiction.

Bons vins blancs et pays d'envyron
Desquelz chascun jour nous beuvons.
Sainct Denys si n'a eu le cours,
Leur année est cheue en decours.
Fromentières et les voysins
Si ont chargé très bon raysins,
Tellement que, toute l'année,
Ont fourny de bonne vinée.

Quant à la char toujours est chère
Chascun an est mise à l'enchère.
Soit bœuf, mouton, veau, chappon,
Plus ne sçay comme en eschappon.

Quant au lart, je crains en parler,
Et ne m'en veil pas trop railler.
Car pour vroy ung porc de cent solz
J'ay eu piecza pour trente solz,
Par les forets qui ont brouy,
Dont chascun n'estoit resjoy.

Le mystere Sainct Venerant joué à Barbé 1534.

Cestuy an, entour la my aoust,
Fust commencé de moult bon goust,
Le Mistère Sainct Venerand,
De Maxime semblablement,
Dont le papier sans nul défault,
Fust composé par G. Ravault,
Sur la légende desdicts Saincts,
Contenant des miracles maints.
A Barbé fust le mystère,
Joué ou pré du presbytère (1),

---

(1) Au pré du Presbytère de Saint-Melaine, près Barbé.

Vénérand, par Michel Transon,
Qui moult bien sçavoit sa leczon.
De Sainct Melayne le vicaire,
Et Maxime, pour brief le faire,
Joué par maistre Jehan Sagect,
Lequel si acquita de hayet (1).
Le mystère, par unze jours,
Dura sans y faire recours.
Moy portant le second papier,
Pour aider à l'entremetier (2).

Du tems, triumphoit devant tous,
Monsieur nostre comte (3) en sa court.
Duquel Monseigneur le grant maistre (4)
Du Roy le faisoit comparoistre,
Son oncle qui beaucoup l'amoit,
Quatorze à quinze ans a de faict,
Prospérer veille longuement,
Et enfin avoir saulvement.

Ledict grant maistre, pour tout vroy,
Luy estant en grâce du Roy,
En ce comté et la Bretaigne
D'une office moult souveraine
Impétra d'avoir ung provoust (5),
Qui a esté trouvé de goust,

(1) *De hayet*, *aiyet :* Avec chaleur.
(2) Le Doyen faisait l'office de souffleur.
(3) Guy XVII.
(4) Anne de Montmorency, grand-maître de France, tuteur de Guy XVII.
(5) La captivité du Roi avait été cause des plus grands désordres dans le royaume. François Ier profita de la paix pour y remédier. Pour donner à

Pour pugnir les maulvais garczons,
Bateurs de gens, meschans larrons.
Lequel par luy, comme il appert,
Fust provoust Cristophle Guybert,
Gentilhomme saige et prudent
Et vertueux à toute gent.
Auquel le Roy, pour avantaiges,
Luy a voulu donner bons gaiges;
Et pour la garde de son corps
Baillé compaignons pour effors,
Qui ont gaiges par les quartiers
Pour le servir en ses sentiers.

En ce présent an, sans mentir,
Je veulx parler, sans alentir,
Des miracles qui, chascun jour,
Se font de par Dieu cy entour,
Par les requestes et prieres
De Nostre Dame d'Avesnieres.
Car toutes gens de loingtain pais,
Sont garis de leurs maladies,
Quelque langueur, quelque doleur,
S'en vont tretous o joyeulx cueur.
Gens malades de flebvre et goucte
Et mesmes gens qui n'y voient goutte,
Faisans leur priere et requeste
Sont exemptez de faire queste.

Pourquoy, ilz ont grant revenu,
Parroissiens ont prevenu

---

la justice un cours plus rapide, il envoya successivement dans les diverses provinces des membres du Parlement de Paris, chargés de régler toutes les affaires. C'est ce qu'on appela *les grands jours*.

v. c. xxxiiij.

Commencer ung grant edifice
Qui moult sera à eulx propice.
Car pour certain, à vray parler,
Il n'y avoit tour, ne clocher.
Pourquoy les bons parroissiens,
Les procureurs et aultres gens,
Y ont pourveu par bon conseil,
Qu'en Laval n'aura rien pareil.
Des miracles illiecque faiz
Des prians et des contrefaiz.
Piecza (1) ung tableau composé
Qui fust contre ung pilier pousé
Le prouchain davant Nostre Dame
Qui nous garde de corps et d'ame.

Cestuy temps il fust pourpensé (2)
Ung edifice (3) encommencé
Au derriere de nostre Eglise
De Sainct Venerand, sans faintise.
Mais que chascun marchant s'applicque
A donner, sera magnificque.
C'est pour illiec passer le temps,
Aussi décerner (4) vrayement,
Et traicter d'aulcuns leurs affaires
Secretz et à eulx nécessaires,
Mesme pour le faict de l'Eglise
De la fabricque et entremise.

(1) *Piecza* : Déjà.
(2) *Pourpensé* : Projeté.
(3) Serait-ce un *Parlouer pour les bourgeois* de Saint-Vénérand ? La sacristie actuelle est de 1711. Ce doit être le bâtiment où sont les dames de la Salle d'Asile, sur la rue Sainte-Anne.
(4) *Décerner* : Délibérer, ordonner.

Foucquet Richer le procureur
Y prend chaque jour grant labeur,
Pour entretenir les oupvriers
Et y a moult de grands deniers.

Semblablement ont commencé
L'edifice bien avancé
Des Frères Prescheurs en leur cloaistre
Qui sera de grant apparestre.
C'est leur predicatoire pour vroy,
Qui leur servira, comme croy,
De prescher leurs sermons lyens.
Où ilz ont mys de grans argens.
Leur queste leur vault et la poche
Tous les jours chascun y empoche,
Par leurs preschemens et sermons
Qu'ilz font cza et la, bas et monts.

Pareillement, à Sainct Françoys (1),
Ont edifié tout de froys,
Où ilz ont faict de grosses mises.
Car ilz ont faict grosse entreprinse
D'avoir levé leur refretouer
D'ung estage comme voyez;
Et aultres pluseurs edifices
Qu'ilz disent leur estre propices.

Ce Caresme, poisson de mer,
Oultre raison, si estoit cher.
Si estoit celuy de l'eaue doulce,
Fust il prins en estang ou fousse.

(1) Au couvent des Cordeliers.

Au regard du prescheur, le thesme
Qu'a presché ce dict Caresme
De l'ordre des Frères myneurs
Selon le rapport de pluseurs,
Il estoit de Mun gardien,
Moult fort bon theologien,
Qui a triumphé en sermons,
Natif d'Orléans se dit homs.

<small>Son thesme *Penitemini credite Evangelio.*</small>

Pour parler du boys et charroy,
Jamais n'en fuz en tel esmoy,
Charretée de boys pour chauffaige,
Quinze solz paioit foul ou saige.
Et pour la charge d'ung cheval
Troys solz, qui est cas enormal.

Et quant à ces Lutheriens,
Ilz sont demeurez indigens,
A Paris : car le Roy de France,
Leur a mené terrible chance.
Car, docteurs, nobles et marchans,
Femmes d'estat, gens de sur champs,
Ont esté soubdain faict mourir,
Ainsi qu'on dict, tous vifs bruyr (1).
Leurs biens perdus pour toute offrende :
Perdre son âme est pouvre amende.

Le Pape (2) et ledict Roy de France
Ont faict ensemble aliance
D'envoyer à leur coustz et mises
Gendarmes par leurs entreprinses

(1) *Bruyr :* Brûler.
(2) Clément VII (Jules de Médicis).

Sur les Turcs, sur les non créans,
Pour les mectre en Dieu créants,
Si possible est, ou aultrement
Souffreront moult cruel tourment.

Le Roy a faict faire ung navire (1),
Où chascun dict que l'on se mire,
Qui nommée est *la Nomparaille*,
Dont tout le peuple s'emarvaille.
Car jamais on n'ouyt parler
D'ung tel chef d'œupvre sans railler.
L'on dict que l'on courroit la lance
Sur les bords, et y faire dance.
Ce n'est pas œupvre pour ung an;
Et dict lon qu'elle est près Rouen.

(1) L'historien d'Argentré parle de ce navire, remarquable par sa grandeur.

« Cet endroit du pays (Ancenis) est peuplé de grandes forêts, à cause de quoi il s'y fait grand nombre de navires et vaisseaux pour la mer : de manière qu'il n'est de merveille, si en ce lieu le roi François Ier fit faire ce vaisseau, qui, pour sa demesurée grandeur, fut appelé *la Nompareille*, et le roi Henri IIe *le Grand Caraquon* et *le Grand Henry*, qui ont été des plus grands qu'on n'ait point vu en notre vie au. Aussi, ont-ils été délaissés pour être trop lourds à mener. » (D'Argentré, *Hist. de Bretaigne*, 3e édit. p. 56.)

En effet, *la Grande nef françoise* était une merveille, ou plutôt un colosse de construction, dont le travail avait été confié à un sieur L'Espagne, capitaine gentilhomme du pays de Bretagne. Il jaugeait deux mille tonneaux et portait trois rangs de sabords. Dans son vaste flanc on avait réservé une chapelle assez spacieuse pour contenir trois cents personnes, un jeu de paume, une forge; à sa proue un moulin à vent, et sur le tillac une maison faite en bois.

Le premier mât avait quatre huniers, dont l'ensemble était d'une telle hauteur qu'un homme placé sur le plus élevé et vu d'en bas paraissait à peine de la grosseur d'un singe. Ce mât avait de cinq à six brasses de tour. Le roi François avait délibéré d'envoyer ce vaisseau au pays du Levant, afin de faire tête au Grand-Turc. (*Musée des Familles.*)

En ce présent an, si ne mens,
Décéda le pape Clément (1),
C'est le septiesme de ce nom ;
En son lieu, Paulus de renom,
Troysiesme de ce nom nommé.
Fust mariaige consommé
Du Daulphin Monsieur d'Orléans (2),
Et de la fille, poinct ne mens,
Du duc d'Urbin, dont me mervaille.
L'on dict que ce fust à Marsaille.
Ledict Urbain nepveu du pape
Clemens. Lequel cy je relate,
Le commun dict le mariaige
Estre faict pour grant avantaige.

Mil v. c. xxxv.

Puys Pasques cinq cent trente cinq, *Pâques le 28 mars.*
En ce pais grant desrains advint,
Car, jusques à la Magdelaine,
Plusvoit sans cesser sans esloigne.
Marchans faignoit aller par terre
Pourquoy se tenoient moult en serre.
Russeaux si estoient grands rivieres.
Tous vivres furent mys aux encheres ;
Car tous bledz et fruicts sans default
Nous donnerent moult terrible sault.

(1) Clément VII mort le 26 septembre 1534 ; Paul III (Alexandre de Farnèse), lui succéda.

(2) Henri, frère puiné de François Dauphin, depuis Henri II, épousa Catherine de Médicis à Marseille.

Pommes, poires, glans et tous fruitz,
Pour cet an ilz furent tous périlz.
Aussi fusmes nous de tous vins,
Tant en ce pais qu'a Sainct Denys,
Ce qu'il en fust a vray parler.
Homme n'en perdit le parler.
Ilz n'avoient force, ne puissance,
Qu'estoit pouvre rejoissance.
Les marchants furent Orléans
Qui en firent grants parlements.
Et n'avoit force moins que cytre,
Dont chantions bien pouvre espitre.
Six blancs on en vendoit le pot,
Bientoust on faisoit grant escot.

Quant aux boys, quinze sols chartée,
Somme deux sols toute l'année.
Char de porc chère oultre le point,
Qui ne venoit pas bien à point.
Car ou lart default à mesnaige
On n'en peut faire bon potaige.

Puys, nouvelles soudain venues
En France, qui bien furent receues,
Que le duc de Milan (1) est mort.
Puys le Roy envoya effort
Cinq cents lances sans gens de pied,
Qui bientoust marcherent du pied,
Dix mille tous bien équipéz,
Pour adversaires atraper,

(1) François Sforce, duc du Milanais. Il mourut, dit l'histoire, de la terreur qu'il eut des armes du roi.

Le Dauphin estre couronné
Car ainsi estoit ordonné.

Peu après, le bon père Sainct,
Envoya devant la Toussaincts
Jubile à tous crétiens,
Qui vers Dieu sont obediens,
Et desirans salvation,
Toute plaine remission,
Jusnant troys jours, puys recevoir
Le corps de Jhesu Crist pour tout voir,
Disant, par grant dévotion,
Pour acquerir remission,
Cinq *Paster noster* et *Ave*
Et que chascun fust *sine ve*.
Et du moys d'octobre tiers jours
Fust faict la Pasques sans séjour
En l'eglise Sainct Venerand
Recepvant le Sainct Sacrement.

Et quant au bled, je détermine
Cinq sols boesseau à l'Angevine,
Et le Caresme fust presché
D'un Jacobin de l'evesché
De Rouen, dont estoit *liseur*,
Qui estoit bon prédicateur.
Et estrena premierement
Des frères Prescheurs ou couvent
Leur prédicatoire nouveau
Qui du peuple fust trouvé beau,
Nommé frère Pierre Le Feuvre
Bien savant, le monstrant par eupvre
Son thesme estoit, je vous affy,
Prebe mihi cor tuum, fili my.

En ce presen[t]
an a esté com[-]
mencé l'œupvr[e]
sur la masse d[e]
la tour d'Aves[-]
nières, et le clo[-]
cher, croix e[t]
coq mys sur ς l[e]
xxvij d'a o us[t]
m. v^c. xxxvi[ij]
(1538).

Mil v. c. xxxvi.

<small>Pâques
le 16 avril.</small>

Puis Pasque cinq cent trente six,
Il n'y eut rien très mal assis;
Combien que seigle valoit charge,
Afin que du pris me descharge,

<small>v s vj d le
boësseau.</small>

Soixante six solz tout à rond.
Il en venoit du pais d'amont;
Tellement, que tout ce bas pais
Estoit fourni, dont m'esbahys.
Car les marchans du Pont de Maïenne
Tenoient boutique souveraine
En leurs oupvrouers en détail
Chascun avoit grand bled en bail (1).
Tout le temps d'esté fust joyeux,
Non pluvieux, mais amoureux,
Juc à l'aoust qui moult s'avancza,
Dont chascun en soy pourpencza (2)
De faulcher et sayer tout bledz,
Car besoing est d'en amasser.
Quelz blez furent de melieur goust
Qu'ilz n'avoient esté de l'aultre aoust.
Encor, a l'Angevine après,
Soixante six solz par exprès.

En ce present an recité,
La cloche de la Trinité,
Si fust refaicte par trois fois,
De sa grosseur comme autrefois,

(1) *En bail :* En garde, en reserve.
(2) *Pourpencza :* Médita, projeta.

v. c. xxxvi.

En l'an quatre cent quatre vingts,
Quant je commence ce pourpoint,
Laquelle cloche de nouveau,
Fust son parrain René Rousseau (1),
Lequel, le derrenier d'octobre,
Fust pour luy ung jour qui fust sobre :
En terre fust son corps pousé,
Devant Dieu soit il repousé.
De Vicoing (2) estoit le seigneur,
Et bourgeoys de Laval grigneur (3),
Grant aulmonsnier à toutes gens
Estoit, et à tous ses parens.

Et pour parler des edifices
De ville et aultres lieux propices (4),
Le couvent de Sainct Dominicque
Est fondé sur faict de praticque.
Leur predicatoire, pour vroy,
L'ont parfaict, et non sans esmoy ;
Et si, font paver à présent,
Leurs cloaistres, qui coustent argent ;

(1) René Rousseau, seigneur de Vicoin, auditeur des Comptes à Laval, mort le 30 avril 1536, à l'âge de 86 ans, non marié. Il fonda les Vêpres qui se disaient le samedi dans l'église de la Sainte-Trinité, et donna, pour la construction d'une chapelle, 400 écus d'or. Il donna aussi à l'église de Saint-Tugal 250 écus, pour faire et enrichir la châsse du bienheureux patron du chapitre.

Il fonda un anniversaire et donna aux curés de la Trinité une rente de 3 livres. Il fut enterré dans l'église, devant l'autel Saint-Sébastien.

Un frère de René Rousseau, nommé Claude, fut marié et laissa une longue postérité.

(2) *Vicoin,* ancien fief dans la paroisse de Saint-Berthevin, sur le bord de la rivière du même nom.

(3) *Grigneur, gaigneur :* Homme de mérite.

(4) *Propices :* Voisins.

Et aussi sur leur Cymetière,
Ont pourchacé bonne matière.
Car, en l'année ja passée,
Ont bonne invention trouvée,
De tirer à eulx ung bon prestre,
Qui vouloit religieux estre
En leur couvent luy bien venu,
Car d'escu il estoit pourveu.
Son nom maistre Jehan Talbot,
Ilz ne le reputèrent pas sot :
Car il fust cause des chapelles
Qui sont moult honnestes et belles,
Du cousté de leur cymitière,
Dont l'une fist, c'est chose clere,
De son avoir, de son argent,
Dont fust bien venu au couvent.

Troys d'icelles aultres chapelles,
Tirant vers le cueur, des plus belles,
André Manjotin et sa femme,
A Dieu, recommandant leurs ames,
Ont faict faire de cueur entrer
Eulx, et feu Michel Le Mercier,
Notable homme, loyal marchant,
Ont les chapelles en avant
Faictes de leur bien et avoir,
Dieu leur doint paradis avoir.
La femme Manjotin greffier (1)
Est fille dudict Mercier.

Et puys, la fin du moys d'aoust après,
Le Père Sainct, tout par exprès,

(1) Greffier des esleuz, etc.

v. c. xxxvi.

Nous donna aultre Jubilé,
Chascun fust reconcilié ;
Et convenoit, troys jours entiers,
Jeusner de char par tous quartiers,
Dire cinq fois : *Pater*, *Ave*,
Et que chascun fust *sine ve*.

Et au dict aoust, sans rien debatre,
Bled si valoit troys solz et quatre.

Et quand au regard des vendenges,
Il n'en fust pas faict grand louenges.
Bon vin d'Anjou, deux solz le pot,
L'on avoit bien tout grant escot ;
Et de ce pais cy vingt deniers,
En effect partout estoient chers.

La char, semblablement pesante,
Si est le Jart, dont je me vante :
Car, porc d'ung escu, à vroy dire,
Ne montoit que peu à suffire.

L'yver fust passable de faict,
Et ne lessa à faire frait.
Chartée de bons boys quinze solz,
Et somme de boys à deux solz.
Et, pour achever mon propos,
Cent de fagots quatorze solz.

Et quant au regard de Caresme,
Chascun le mist en grant fantesme
Et le fist ou bas trebucher.
Le poisson si ne fust pas cher,
Fors celuy de la grant rivière (1),

(1) Poisson de mer.

Que marchans mectoient à l'enchère.
Ce dict Caresme par advis,
Ung Frère mineur de Paris,
Preschea par faczon moult nouvelle ;

Son thesme : *Hæc omnia liber vitæ testimonium altissimi..... veritatis.*

Car des mains, des bras, nomparaille,
Ne faisoit gestes en nulles sortes,
Amplus que ses mains fussent mortes.
Combien qu'il fust de grant savoir,
Pour le peuple en Dieu esmouvoir.

Mil v. c. xxxvij.

Pâques le 1ᵉʳ avril.

Puys Pasque cinq cents trente sept,
Il ne faisoit ne chault, ne frait ;
L'air estoit moult deliberé,
Bien atrempé et moderé,
Et sec de très bonne saison,
Et eust bergcail bonne touezon.
Il n'y eust peste en aulcun lieu,
En tout ce pais, la grace à Dieu.

Tout l'esté fust doulx à mervailles ;
Les guerres furent nomparailles
De là les monts et vers Lyon.
Pour nyent (1) en parle tout hom ;
Trop suymes loing des horyons,
Au vray nous en parlerions,
Si savions la verité ;
Pourtant j'en faiz ung *silete.*

Le grain, tout au long de l'année,
Tant seigle, orge que fromentée,

(1) *Nyent :* Rieu, aucune chose.

v. c. xxxvij.

Sept solz six deniers le boësseau,
Autant le veil que le nouveau.
Car le pais de Maienne et Ernée
En ont faict moult longue traisnée,
Touteffois, seigle par advis,
Sur l'aoust si fust à moindre pris,
Et jusques à troys solz et quatre,
Marchans ne le voulut debattre.

Et, quant au regard des vendanges,
Il n'en fust pas faict grant louenges.
Touteffois, vin fust recuilly,
Combien qu'il en fust peu cuilly ;
Mais les vins blancs devers Angers,
L'on en beuvoit sans grant dangers.
Les sitres ne leur firent efforts (1),
Car n'en fust en ce pais, ne hors.
Ung porc du pris de quatre francs
N'estoit que moitié, je m'en vant.
Toute aultre char est à l'enchère,
Dont pouvres estoient en misère.

Et, en cette presente année,
La Forest fust faire visée (2)
En Anjou et en ce conté,
Tout y fust presque desconté.
Car Angers, craignant le ravaige,
Il se tint enfermé en caige,
Car les escoliers, sans debats,
Delibererent le mectre à bas (3).

(1) Ne nuisirent pas aux vins.
(2) *Visée* : Visite.
(3) Bourdigné rapporte une sédition parmi des étudiants d'Angers, en 1523. (T. II, p. 336, édit. de Quatrebarbes.)

Vous eussiez veu comme à centaines,
A vingtaines, à cinquantaines,
Venir pouvres gens o quicquectes (1),
Aux grenetiers faire requestes,
Commissaires prenans argents,
Et sergeans ad ce dilligens.
De grands deniers ils emporterent
De ce pais, lesquelz exigerent.
Dont fust faiçt remontrance au Roy,
Qui en fist raison, comme croy.
La Forest demoura confuz,
Et ne poursuivit au surplus.
Ce nonobstant pour leur deffense
Marchans de *poche* (2) en leur présence,
Vont et cheminent nuyt et jour,
Pour au peuple donner secour.

Et en cet année proprement,
Edifièrent nouvellement,
Une sumptueuse edifice
En la Trinité moult propice,
Des chapelles (3) moult magnificques
Honorables et autenticques,
Qui leur firent grande excroissance,
Et au peuple elargissance.

(1) *Venir o quicquectes* : Etiquettes, portant bulletins pour avoir leur quantité de sel.

(2) *Poche :* Sac, bissac.

(3) Construction de deux chapelles à l'église de la Trinité, au côté nord-est, dans l'ancien Cimetière : Chapelle du Sacré-Cœur et celle au-dessous. (*Recherches hist. sur l'église de la Trinité*; p. 138. II. Godbert.)

Le maistre maczon dudict eupvre
Jamet Nepveu qui, bien en eupvre,
Lequel a faict, par son advis,
D'Asvenieres tout le devis (1).

Jehan Gaultie[r]
et Guillaume Jo[r]-
dan, procureur[s]
de fabrique.

Au regard des Lutheriens,
Ilz ont vuidé de noz lyens (2),
Par l'inquisiteur de la foy,
Et envoyé, de par le Roy,
Nommé Marc Orry, comme on dict.
Bien scavant, qui, sans contredict,
Luy et Frère Francoys Verdier,
Les ont fais tretous evader,
Et qui est prieur du couvent
Des Frères Prescheurs, vroyment.
Estimé estre de scavoir,
Docteur, grant prescheur, pour tout voir ;
Lequel a mys, de moult grant payne
A les tirer de ce Bas Mayne,
Tellement que leur revenu
Quel qu'il soit, et grox et menu,
A esté mys es mains du Roy,
S'ilz n'y pourvoient par aultre arroy (3).

Ledict Verdier, prieur susdict,
Si preschea sans nul contredict
Et ceste année le Caresme :
Et si proposoit en son thesme :
Deum time et mandata ejus observa, hoc est omnis homo.

(1) Le clocher seulement.
(2) Céans.
(3) *Arroy* : Arrangement.

L'année fust assez convenable,
Mais estoit cher le boys bruslable,
Par les marchans de toillerie ;
Car par leur faict et industrie,
Ont trouvé faczon et manière,
Mectre tousches de boys arrière.
Ainsi que chascun a pu veoirs
Mais toujours est cherté en boys.

Fin des Annalles et Chronicques du comté de Laval et païs circonvoisins. Nouuellement imprimées par Honoré Godbert marchant libraire et imprimeur demourant rues de la Sainte Trinité et Neuve du Pin Doré a Laval. Et furent achevées d'imprimer le jour de la feste de Messieurs Saints Gervais et Protais, dix-neufuième de iuin de l'an de Nostre Seigneur mil huit cent cinquante-huit.

Notes
Et Eclaircissements.

Notes et Éclaircissements.

(I. — Voir page 7.)

Tenant au Gast fayre et marché.

Don de la place du Gast, près Laval, à l'Abbaye de Belle-Branche. 1218.

Omnibus, ad quos præsens scriptura pervenerit, Math. de Montmorencio, connestabularius Franciæ, et Emma, uxor ejus, comitissa de Alançonio, et domina Lavallensis, salutem in Domino. Noverit universita vestra quod dominus Ivo Francus et uxor ejus Advisia de Lavalle dederunt Domino et B. Mariæ de Bella Branchia pro salute animarum suarum et domini Guydonis de Laval et heredum suorum et pro anima Hugonis filii sui qui prædicta Abbatia sepultus est, in pura et perpetua elecmosyna campum apud Laval qui dicitur *le Gast*, in quo panni folati (1) in molendinis de Laval debent feodaliter extrahi et extendi. Tali vero pensione, quod monachi prædictæ Abbatiæ in eo campo nihil accipient nec capient vero tres centum solidos Cenomanenses quos tenemur, et successores nostri annuatim facere persolvi eisdem monachis in Octavis B. Joannis Batistæ per manum villici (2) de Laval.

(1) *Panni folati.* — Les draps foulés aux moulins à foulon de Belaillé.

(2) *Villicus.* — Le maire ou administrateur de la ville.

Et sciendum est, quod dominus Guido de Laval et prædicta uxor ejus Emma, campum illum pariter acquisierunt et ipse Guido illum sæpe dictæ Emmæ, ad faciendum voluntatem suam, dedit in perpetuum.

Quod ut ratum et firmum permaneat, prædictam eleemosynam prædictæ Abbatiæ volumus et concedimus, et sigillorum nostrorum testimonio corroboramus. Act. Ann. Gra. M. ccc. xviij.

Cette charte est extraite d'une ancienne généalogie manuscrite des seigneurs de Laval dans laquelle il est dit que cette charte est copiée sur l'original en parchemin, scellé d'un sceau de cire verte, sur double queue de soie verte et rouge. On voyait sur le sceau : d'un côté une croix qui ne paraissait point chargée de coquilles, acostée de 16 alérions, et de l'autre côté un homme armé. Il semblait y avoir eu, à l'autre bout, un sceau dont il ne restait rien.

Les religieuses bénédictines vinrent s'établir, en 1621, près de la place du Gast, qui alors était plantée d'arbres, et servait de rendez-vous, comme lieu de promenade, pour toute la ville. (Le Blanc de la Vignolle, *Mém. man.)*

M. de la Trémoille y fit construire, en 1729, les Halles pour le marché des toiles (aujourd'hui les Galeries de l'Industrie). Ces Halles furent ouvertes en 1732. M. de la Trémoille employa à cette construction les arbres de la place. Elle fut replantée à ses frais en l'année 1746. (Pichot de la Graverie, continuation du *Mém.* ci-dessus.)

A la fin du dernier siècle, de belles constructions décorèrent cette place; un de ces hôtels y avait conservé un droit féodal de pâturage, et aussi le droit d'enlever les fumiers, les jours de foires et marchés. Ces droits avaient été reconnus par une ordonnance du juge de police du 31 janvier 1780.

La place du Gast a été replantée en 1821, et en 1856 la plantation a été renouvelée.

(II. — Voir page 14.)

Le Manoir fust à gens moult saiges.

La famille Ouvrouïn.

La famille Ouvrouïn fut une des plus anciennes et des plus puissantes familles du Comté de Laval. Il nous a paru curieux de faire connaître cette famille éteinte depuis plusieurs siècles. Nos renseignements sont extraits d'anciens titres et de la *Généalogie manuscrite de la Maison de Quatrebarbes*, document des plus précieux pour l'histoire de notre pays.

M. de Villiers a cru voir dans le nom d'*Evarain d'Entramnes* qui vivait vers la fin du Xe siècle, et dont la fille *Adèle* épousa un des fils de *Hugues*, seigneur de Laval, mort en 990, une analogie avec le nom de *Ouvrouïn*, et devoir y rattacher cette famille. Nous n'avons rien de positif à cet égard.

Le premier du nom d'*Ouvrouïn* dont il y ait une existence certaine, fut Jehan Ouvrouïn, chevalier, seigneur de Poligné (1).

(1) *Poligné*. — Une ancienne Généalogie de la Maison de Laval, écrite au XVIIe siècle, dit que *Guybert* ou *Gautzberg*, fils de Guy Ier de Laval et d'Adèle d'Anjou, fut comte et gouverneur du Maine, à la mort de son père, vers 844, et qu'il eut en proprié-

terre située à environ quatre kilomètres de Laval, dans la paroisse de Bonchamps.

Une charte de cette maison dit que Guy IX lui fit, l'an 1300, *le dimanche que l'on chantait* INVOCAVIT, certains dons et concessions, auxquels étaient présents : *Monsour Foucquault de Mesllay* et *Monsour Guillaume de Brée* que Guy IX nomme ses chevaliers.

On ne connaît point le nom de la femme de Jehan Ouvrouïn. Il laissa deux enfants, Jean II° du nom et Guillaume.

Guillaume Ouvrouïn fut aumônier de Guy IX, sire de Laval, dont il reçut grand nombre de bienfaits. Il fut évêque de Léon et ensuite de Rennes et mourut en 1347 ou 1349.

Il fonda, par son testament du 27 mai de l'année 1347, quatre chapellenies dans la chapelle de Saint-Michel, située dans un des faubourgs de Laval, et y choisit le lieu de sa sépulture.

En 1803, au rétablissement du culte, la statue de marbre qui était sur son tombeau fut transportée dans l'église de la Trinité par les soins de M. Matagrin alors curé, et mise dans la nef, à la place d'un tombeau où était depuis le XIV° siècle le corps d'un bourgeois de Laval, nommé Le Chat.

On y lit l'inscription suivante :

« Jacebat olim marmor istud in Ecclesia Sancti Michaelis Lavallensis, cujus Capituli, anno 1421, fundatores fuerunt reverendissimi dominus *Guillelmus Ouvrouïn*, Episcopus Rhedonensis, nec non frater ejus Johannes, Episcopus Leonensis. Hoc monumentum hic honorifice reponi curavit Carolus Joannes Matagrin, hujusce Ecclesiæ Parochus, cenomanensis cathedralis canonicus honorarius. Anno Domini 1805. »

Jehan Ouvrouïn, II° du nom, seigneur du *Petit-Val* en la pa-

té une terre, fief et seigneurie où depuis fut construite la *Maison de Poligné* près Laval, par un nommé *Paulinno*, fils de Guybert, ajoute cette Généalogie, et frère puîné de Godefroy, comte du Maine. Robert, comte d'Alençon, mari d'Emma de Laval, fille de Guy VI et de Ahoïse de Craon, donne, en 1215, à Yves le Franc, deuxième mari d'Ahoïse, sa belle-mère, trois septiers de froment qu'il a auprès de *Poligné*, *apud Poligneium* (Bourjolly).

roisse de Houssay, de *Levaré Ouvrouïn*, paroisse de Sacé, et d'autres terres considérables, vivait en 1346. Il était honoré du titre de *Advocatus Ecclesiæ Lavallensis*. *Advocatus*, suivant Le Blanc de la Vignolle, voulait dire *vidame* ou *avoué*.

Guy X, sire de Laval, offensé de ce que Jehan Ouvrouïn avait fait élever des tours à son hôtel du Manoir au forsbourg du Pont de Mayenne de Laval, le fit arrêter et conduire au château de Vitré.

Jehan duc de Normandie, comte d'Anjou et du Maine, depuis roi de France, prit son parti, et pour le venger de l'injure qu'il avait reçue de Guy X, transféra la mouvance directe de son château de Poligné à *la tour Ribandelle du Mans*.

Animé des mêmes sentiments de piété que son frère Guillaume, évêque de Rennes, Jean Ouvrouïn forma le dessein de fonder un collége de chanoines dans l'église de Saint-Michel du Cimetière-Dieu. Ce projet ne fut exécuté que par Jehan IV son petit-fils.

Jean II° épousa N..... d'Avaugour, dont il eut Jehan III° du nom, et Pierre Ouvrouïn, écuyer, qui fut le père de Jehan Ouvrouïn, évêque de Léon (1).

Jehan Ouvrouïn III° du nom, seigneur de Poligné, épousa N .... dont il eut un fils unique Jehan IV° du nom.

Ce fut Jehan IV qui fonda, à Saint-Michel, le collége des chanoines de l'ordre de Saint-Augustin, connu sous le nom de *Cimetière-Dieu*. Il y employa les dons que ses prédécesseurs avaient déjà faits à l'église de Saint-Michel, et, à la prière de ses enfants, augmenta le chapitre de deux prébendes. L'acte de fondation ne fut approuvé et ratifié qu'en 1421.

Jehan IV° épousa Jehanne de Courceriers, fille de Guillaume de Courceriers, III° du nom, seigneur dudit lieu et de Jehanne de

---

(1) Suivant la Chronique de Le Doyen, il ne paraîtrait y avoir eu qu'un seul évêque du nom d'Ouvrouïn, transféré du siége de Rennes à celui de Léon. Suivant la *Généalogie de Quatrebarbes*, un autre Ouvrouïn, Jehan, fils de Pierre, aurait aussi occupé le siége épiscopal de Léon. Consulter M. de Villiers *(Essais)*, pages 362 et 431.

Laval, fille d'André, seigneur de Châtillon et d'Eustache de Beauçay. A cause de cette alliance, les anciens titres de la maison de Laval mentionnent les Ouvrouïns *inter consanguineos et amicos.*

Ils laissèrent quatre enfants :

1º Jehan Vº du nom ;

2º François, qui fut évêque de Bayeux (1), et seigneur de Poligné après le décès de son frère. A sa mort il laissa cette seigneurie à Jehanne Ouvrouïn sa sœur, *Madame des Roches.*

3º Michelle. — Elle épousa Pierre Auvré, chevalier, seigneur de la Guenaudière, et eut pour fille unique Jehanne Auvré qui épousa Olivier de Feschal, seigneur de Marbouë.

Jehanne Auvré devint, au décès de Jehanne Ouvrouïn, dame des Roches, sa tante (voir ci-dessous) héritière de la terre de Poligny, et la porta par son mariage dans la maison de Feschal.

4º Jehanne Ouvrouïn, dame de Poligny, des Roches et des Aulnays, obtint de messire Adam Châtelain, évêque du Mans, en 1421, des lettres qui approuvaient et ratifiaient la fondation du collège des chanoines du Cimetière-Dieu, faite par son père et sa mère. Demeurée veuve du seigneur de Jarzé, elle avait épousé en deuxièmes noces le seigneur des Roches. Dans son testament de l'année 1422, elle fait mention de Guillaume et Jehanne de Jarzey, enfants de feu son premier mari, auxquels elle donne 40 livres et une partie de ses meubles.

Elle donne le reste à N.... seigneur des Roches, son deuxième mari, s'il revient d'Angleterre où il était retenu prisonnier par suite des guerres. Le seigneur des Roches mourut sans revenir en France.

Jehanne supplia Anne comtesse de Laval, veuve de Guy XIII, qui l'appelait sa cousine, de faire accomplir son testament. L'exécuteur testamentaire fut Ambroise l'Enfant, chevalier, seigneur de la Patrière, qu'elle nomme son parent.

(1) Il n'est point fait mention d'évêque de ce nom dans le *Gallia Christiana*, au siége de Bayeux.

En 1410, elle fonda la sacristie du Cimetière-Dieu, et donna à cet effet la métairie de la Chopinière en Bonchamps, avec beaucoup d'autres rentes, obligeant le sacriste de dire trois messes par semaine à perpétuité pour le salut de son âme et celle de ses parents.

Jehanne des Roches mourut sans laisser d'enfant, et eut pour unique héritière Jehanne Auvré, sa nièce.

Jehan Ouvrouïn, V° du nom, frère aîné des précédents, seigneur de Poligné, du Petit-Val, de Levaré-Ouvrouïn, etc., se trouve le premier en 1411 parmi les écuyers au nombre de 180, qui paraissent à la monstre de Jehan de Montfort, dit Guy XIII, sire de Laval.

On y voit les noms de Jehan de Vassé, seigneur de la Courbe, Jehan de Quatrebarbes, seigneur de Bouillé Loichon, Pierre et Henry d'Orange la Feillée, Jehan des Chenetz dit d'Anthenaize, N.... de Fontenailles, Jehan de Landepointe, etc. etc.

Jehan Ouvrouïn accompagna le seigneur de Laval à son voyage à Jérusalem, et rapporta dans l'île de Rhodes le corps de ce seigneur décédé dans l'île de Chypre, ainsi qu'il l'avait ordonné par son testament, dont Jehan Ouvrouïn fut exécuteur testamentaire.

Jehan Ouvrouïn mourut sans alliance, en l'année 1417, trois ans après Guy XIII. Il fut le dernier du nom d'Ouvrouïn.

Cette famille habitait la maison du *Manoir*, au forsbourg du Pont-de-Mayenne, qui prenait le nom de *Manoir Ouvrouïn*. *(Anciens titres et généalogie de Quatrebarbes.)*

(III. — Voir page 15.)

En ce pais avait grant usaige.

Les droits de la famille Ouvrouïn.

La famille Ouvrouïn possédait des droits nombreux dans le comté de Laval. Il serait trop long de les énumérer tous ici, on les trouve en détail dans un volume manuscrit (papier terrier), sur parchemin in-4°, avec la date de 1356, que possède la Bibliothèque de Laval. Ce volume porte pour titre : *Ci s'ensuyvent les cens, tailles, rentes, biens, corvées, et autres redevances et servitudes deues chascun an à Monssour Guillaume Ouvrouïn, seigneur de Poligné. Et furent cy dedans escriptes, l'an de grâce mil et troys cent cinquante et six.*

Nous nous bornerons a donner les extraits qui suivent, ce sont les droits qui nous ont paru les plus curieux à faire connaître.

ET ENSUYT LA MATERE COMMENT JE GUILLAUME, EVÊQUE DE LÉON, DOY BAILLER A MONSEIGNEUR DE LAVAL ET DE VITRÉ LES CHOSES QUE JE TIENS DE LUY, DISANT EN CESTE MANIÈRE (1).

A vous mon très grant et très puissant seignour Monseigneur de Laval et de Vitré, je Guillaume Ouvrouïn congnoys et avoue à tenir

(1) Cet aveu, rendu dans le temps par Guill^e Ouvrouïn est donné dans le manuscrit cité comme modèle à suivre pour l'avenir.

de vous en vostre chatellenic de Laval les choses qui s'ensuyvent par la fourme et manière si dessoubs déclarée.

La Coconnière. — Premier congnois que je suis vostre homme de foy lige à cause de ma terre de la Quoconnière o les appartenances d'icelle, et vous en sui tenu cueillir par ma main vos tailles de la bainleue (1) et vos froumentaiges (2) et les vous faire rendre en vostre grenier de Laval, et ce il y vient espave qui monte soixante soulz de mansoys, le sourplus de la dicte somme je suis tenu vous rendre par ma main.

Et vous en suys tenu faire gardes pour le besoing de vostre ville de Laval o avenant cemonce (3) à la porte painte (4) du pont de Maenne, et ay ma demoure jouste celle porte en la meson qui fust *Loys Flois*, la quelle tient à présent Thevenot de Larchamp, et Estienne le Marchal, huit jours et huit nuiz à mes dépens, garni d'armemens suffisant, escuyer comme escuyer, chevalier comme chevalier à pié et à cheval selon ce que le cas si ouffre. Et si plus me voulliez tenir je y seroije a vos despens. Et suy tenu faire cemondre (5) les hommes de la banlieue à venir faire leur garde à la dicte porte et doyvent demourer en l'appentilz près celle porte qui fust Maschouni, lequel est à présent à Macé de la Naye, en la manière qu'ilz ont accoustumé à faire huit jours et huit nuits à despends, et si plus les y voulliez tenir, ils y seroient à vos despends.

Et vous en doy pleige, gaige, droict et obéissance, telle comme homme de foy lige doyt à son seignour lige, sauf à vous desclarer les choses plus à plain par monstrée ou aultrement toute foys que reson donra.

Herbergement à la Porte Belot Ouaysel, rue Gaudin. —

(1) Banlieue dans l'étendue de la seigneurie.
(2) *Froumentaige :* Revenu en froment.
(3) *Cemonce :* Avertissement.
(4) *La Porte Peinte* était au bas de la *Grand Rue.*
(5) *Cemondre :* Avertir.

Item congnois que je suis vostre homme de foy simple pour cause de mon herbergement qui fust feu Monssour Guillaume Mérienne près la Porte Belot Ouaysel· avec mes hommes de la rue Gaudin et vous en sui tenu faire garde à ladicte porte pour le besoing de vostre dicte ville de Laval o avenant cemonce quinze jours et quinze nuits d'un homme souffisamment apparoillé quant à faire ladicte garde à mes despends, et si plus vouliez que il y fust, il y seroit o vos despends et vous en sui tenu faire par reson de ma franchour et du rapport de la coutusme de mes diz hommes envoier un homme pour aller en la compaignie de ceulx qui sont à conduire les malfaictours condamnéz et exécutéz par vostre Court quant l'en les veut executer et enveoir l'execution, souffisamment embastonnéz.

Et vous en sui tenu faire plaige, gaige, droict et obéissance telle comme homme de foy simple doyt à son seigneur et les tailles jugées quand elles viennent par la coutume du pays.

Vairie, haute justice. — *Pierre Ouvrouin, haut justicier de la baronnie de Laval.* — *Item* congnois que je sui vostre homme de foy simple pour reson des choses que feu Monseignour mon père acquist des hers (1) de la feue fame feu Pierre Aubert de Saumières, pour tant comme je en tiens à ceulle foy et à celui homenage. Et vous en sui tenu faire querre (2) executour pour executer les malfaictours condamnéz ou executéz par votre Court, quand le cas si ouffre, o avenant cemonce ; et, après ce que ilz sont jugiez, quant ilz me sont livrez, je suis tenu à les faire garder, si vous mon dict seignour ne m'en voullez faire plus grant grace. Quant ilz sont livrez, amenez, executez, vous les devez faire rendre hors de la porte de vostre chastel, et devez faire querre les chevaistres (3) et les cordes et les choses qui faillent pour ce faire.

(1) *Hers :* Héritiers.

(2) *Querre :* Chercher, faire venir, apporter.

(3) *Chevaistre, chevestre :* Licol, lien.

Et quant ilz sont jugiez à estre espestez (1), vous devez faire querre la douloucre (2), et je doy faire faire l'execution.

Et quant ilz sont jugiez à estre essorillez (3), vous devez faire querre le ferrement, et je doy faire coupper l'oraille.

Et vous en sui tenu faire gardes à la porte Belot Ouaysel (4) d'un homme souffisamant appareillé pour faire ladicte garde ; et si plus y estoit, ce seroit à vos despends, et vous en doy, par chascun an, par aoust, cinq soulz de taille semonables.

Et en soulloient ceulx de qui lesdictes choses furent acquises servir de poz et de pichers de terre quant messeigneurs et mesdames de Laval ou l'un d'eulx venoient ou chastel de Laval, en le faisant à sçavoir avenaument (5), et y avoit un vallet qui estoit au despends du chastel qui les gardoit, et par reson de ce faisoit l'en baillez à mes predecessours, à qui furent lesdictes chouses un meeulx (6) de viande pour chascun jour ancel ou de jouxte (7) comme l'en faisoit à la table de Monseignour après le sien. Et six chouaines (8) de froument et un jalon (9) de vin. Et pour ce que vostre eoul (10), à qui Dieu pardoint, vit que ce que il faisoit à mes predecessours estoit plus grant chose que la servitude que il faisoit ne valoit, il ne voult plus que ilz la feissent. Et encore vieulge que il demerge en l'occasion et voulenté de vous, mon très doubté seignour, de prendre le debvoir dessus dict en me faisant lautre ou de vous en souffrir lequel que il vous plaira.

(1) *Espestez :* Exécutés.
(2) *Douloucre :* Instrument de supplice.
(3) *A estre essorillez :* A avoir une oreille coupée.
(4) *Porte Belot Ouaysel.* — Porte dans la rue des Chevaux, ouvrant sur les Eperons, détruite en 1843. (Voir page 220, note 1.)
(5) *Avenaument :* D'avance.
(6) *Meeulx :* Dîner ?
(7) *Ancel ou de jouxte :* Pareil à celui.
(8) *Chouaine, choine :* Pain blanc et délicat.
(9) *Jalon :* Mesure en usage dans le temps.
(10) *Eoul :* Aïeul.

Et vous en doy pleige, gaige, droict et obéissance telle comme homme de foy simple doyt à son seignour et les tailles jugées quant elles viennent par la coustume.

La Touche de Montigné. — Même hommage.

La Brouillère. — Même hommage.

Pelletage de Laval. — *Item*, congnois que je sui vostre homme de foy simple par reson du pelletage (1) de la chastellenie de Laval et du droict que j'ay sur la meson qui fust à *Prévoté?* Et en faz chascun an au priour de l'Ermitage (2) une penne (3) d'aigneaulx du prix de dix solz, laquelle penne souloit estre jadis faicte à vos predecesseurs, mes ils l'a lessent audict priour.

Et vous en doy pleige, gaige, droict et obeissance, telle comme homme de foy doyt à son seignour et les tailles jugées selon la coustume.

Item, congnois que je sui vostre homme de foy simple par reson des homenaiges et feages que feu monsieur mon père trest (4) de feu Jehan Chaorcin et vous en doy garde o avenant cemonce à la porte dessoubs la Hanardière (5) au besoing de vostre dicte ville de Laval, quinze jours et quinze nuitz à mes despends, d'un homme souffisamment apparoillé à faire la dicte garde, et si plus vouliez que il y fust, ce seroit à vos dépends, et pleige et gaige droict et obeissance telle comme homme de foy doyt à son seignour et les tailles qui venent par jugement selon la coustume.

Villoysel. — Même hommage.

La Courporchère. — Même hommage.

Brochardière. — *Item*, congnois que je sui vostre homme de foy

---

(1) *Pelletage :* Droit sur les cuirs et peaux.

(2) *L'Ermitage*, prieuré dans la forêt de Concise. C'était une fondation des seigneurs de Laval ; ils l'avaient donnée à l'abbaye de la Trinité de Vendôme.

(3) *Penne :* Peau.

(4) *Trest :* Acheta.

(5) *Porte dessous la Hanardière.* (Voir *Essais* de M. de Villiers, p. 321.)

simple par reson du rapport de la coustume de mes hommes de la Brochardière et du féage, debvoir et seigneurie que je ay sur la meson et appentil qui fust feu Gillebert, laquelle meson et appartenances souloit tenir Colin Meniot, sise près le Poncel de la rue de l'Estang de Laval, comme l'on vat à la Chifollière, et vous en doy pleige, gaige et obeissance, telle comme homme de foy simple doyt à son seignour et les tailles quant elles viennent par la coustume.

Et ce je vous baille par aveu scellé de mon sceel, sauf à vous desclairer les dictes choses et chascune plus à plain par monstrée ou aultrement toute fois que reson donra, o présentation de moy que ou cas qu'il seroyt trouvé par vos escripz anciens ou aultrement deuement que je tendroye de vous, mon tres doublé seignour, aultres choses que les choses dessus dictes ou devroye tenir à foy à homenage ou que je vous en deusse aultres debvoirs certes ou redevances, je m'en advoue à vous, et les vous congnois et vueil paier et continuer à tous temps mes avenir, moy ouffrant à vous faire foy et serment que aultres choses ne aultrement que dessus est dict aultres debvoirs servitudes ne redevances je ne vous doy qui soient venuz à ma cognoissance, et m'en suis enquis et mis en diligence parfaicte de le savoir par toutes voyes deues à mon poair (1), laquelle protestation et ouffre de serment je vous faz a savoir afin qu'il ne puisse estre trouvé ne dict que d'aucunes choses je tiengue ne doye tenir de vous à foy je m'en vuille desavouer ne que de vos devoirs, cens ne rendevances je vous veuille aucunes devoyer, ne que je en soye reprins.

Un autre aveu du XVIIe siècle, plus détaillé, ajoute ce qui suit :

Les detenteurs de la Courtillerie *du Pressoir de Prix* et *de la Loge de Belair*, me doibvent chascune 51 solz de debvoir, et contributivement une fois, quand je veulx aller au Mont Saint Michel en veaige, logeant ès forsbourg de Laval, de la paille à mes chiens, une poulle à mon oiseau, et de la vaisselle de bois, des

(1) *Poair :* Pouvoir.

tables, tabelliers, longes à mettre sur la table (1), pichers de terre (2), verres tous neufs, escuelles, saulniers, taillonniers de bois tous neufs, et chandolle de cire, si mestier en est, le tout advenant cemonce.

. . . . Et pour la *Coconnière*; à cause de laquelle terre de la Coconnière, j'ay le droict de prendre poisson en vos halles et cohues de Laval, le premier après que par vos maistres d'hostels il en a esté pris pour vostre provision, sans que nul en doibve prendre si bon me semble, après que l'on m'a appelé pour cet effet, etc.....

Item, s'ensuyvent ceulx qui doyvent la garde à la Porte Painte de Laval par reson de la Quoconnière : venanz par la cemonce (3) du seignour de la Quoconnière, huyt jours et huyt nuiz, chascun à leurs despends.

Premierement.

La mettairie de Pontperré : un arc o deux cordes, o douze scestes (4) et o un boulon (5).

Le domayne de Cormeray : un arc ô deux cordes, o deux scestes et un boulon.

Le Petit Boessay : un vouge (6).

Le seigneur de Neafles pour Neafles : une lance, une espée, une coueffe de fer (7) et un gambesson (8).

La Mote Jehan : une espée.

(1) *Longes :* Nappes.
(2) *Pichers :* Vases en terre.
(3) *La cemonce :* L'appel, l'avertissement.
(4) *Sceste :* Flèche.
(5) *Boulon :* Grosse flèche, trait d'arbalètre.
(6) *Vouge :* Serpe, épieu, pique, dard.
(7) *Une coeffe de fer :* Un casque.
(8) *Gambesson,* Villehardoin dit *gamboisson* : Sorte de pourpoint piqué, rembourré d'étoupe qui se mettait sous l'armure.

NOTES ET ÉCLAIRCISSEMENTS.

Le seigneur de la Lardière pour la Lardière : une lance, un pourpoint, une espée et une coeffe de fer.

Le seigneur de la Marche pour la Marche : une lance, un pourpoint, une espée et une coeffe de fer.

La mettairie de l'Aumousne : un arc o deux cordes, douze scestes et un boulon.

La Courtillerie des prez de Bonchamp : un homme o un arc o deux cordes, o douze scestes et un boulon.

Olivier Laumaillier pour la Bertinière : un arc o deux cordes, douze scestes et un boulon.

Jehan Caillerie pour la Caillerie : un arc o deux cordes, douze scestes et un boulon.

La Haye près Neafles : un arc o deux cordes, douze scestes et un boulon.

Les hers (1) feu Joachim Brochart de la Poterie pour une meson sise à la Poterie : une espée.

Les hers feu Joachim Hervé pour leur meson sise à la Poterie : une misericorde (2).

Les hers feu Perrinet Motin pour leur meson de la Poterie : un arc o deux cordes, o douze scestes et un boulon.

Les hers feu Perrin Hercent pour leurs choses de la Poterie modo tient Jamet Behours : une espée.

Les hers feu Macé Budor pour leurs choses de la Poterie : une misericorde.

Les hers feu Jehan Budor pour leurs choses de la Poterie : une misericorde.

Pierre Pivert pour son hostel et appartenances appelées la Bouvaterie : une espée.

L'estre aux Moreaux : un arc o deux cordes, o douze scestes, o un boulon et une misericorde.

L'estre de la Behourdierie : une espée.

(1) *Hers* : Héritiers.

(2) *Misericorde* : Poignard court, très pointu, sorte d'épée.

316 NOTES ET ÉCLAIRCISSEMENTS.

Jamet Raoul pour son Estro près le Boys Gamas : un cornuau de boys (1).

L'oustel qui fut au *Marée* ? de Louverné : une misericorde.

L'oustel qui fut à la fille feu Roussel de la Croez Boyssiée de Louverné : un arc o deux cordes, o six scestes et un boulon.

Les hers au feu Espicier de Louverné pour leurs choses de Louverné : une espée.

Les hers au feu Barbier pour leur hostel et appartenances : une misericorde.

Les hers feu Guille Broucier pour son hostel et appartenances de Louverné : une espée.

Jamet Ferrant pour les choses qui furent feu Gerveze du Chesne, sises à Louverné : une espée et une misericorde.

Guillaume Vinant pour ses choses de Louverné : une hache englesche (2).

Jehan Cornait de Louverné pour son estro et appartenances de Louverné : un arc o deux cordes, douze scestes et un boulon.

Guillot de Barbé et Paien de Lignon pour l'oustel et appartenances qui fut feu Perrot de Barbé : une lance, une coëffe de fer et une quote (3) gambessiée.

Robin Domblanc pour la Huaudière près la Marche : un arc o deux cordes, o douze scestes et un boulon.

Les hers feu Robin Le Cousturier pour leur hostel et appartenances de Louverné : une espée.

Les hers feu Guillaumin Landays pour leur hostel et appartenances de Louverné : un vouge.

Jehan Pellion et Jehan Girart pour la Nyopière : un arc o deux cordes, o douze scestes et o un boulon.

Les hers feu Guille Barbé pour leur estre et appartenances de Barbé, sis en la paroisse de Louverné : un vouge.

(1) *Cornuau de boys* : Gros bâton.
(2) *Englesche* : Anglaise.
(3) *Une quote gambessiée* : Une cotte garnie, rembourrée.

Les hers feu Nepveu de Louverné pour leurs choses de Louverné : une pioche.

Jehan Le Moulnier et Taxier et Mengeotin pour leurs choses et appartenances de Louverné : une espée.

Les Graviers de Bonchamp : une lance, une coëffe de fer, une espée et une quote gambessiée.

Les hers feu Ginon Malerbe pour leur meson de Louverné : un broc de fer.

Jehan Savin pour ses choses qu'il tient à Louverné qui furent feu Colin Foucher : une espée.

Les hers au feu Norrays de Louverné pour leurs choses de Louverné : un vouge.

Les hers feu Guillaume Dinant de la Cornardière pour leurs choses de Louverné : un vouge.

La Franchise de Louverné : un vouge.

Les hers feu Guillaume Le Feme pour leurs choses de Louverné : un vouge.

L'oustel au feu Selle, sis à Louverné : une misericorde.

Payen de Lignon pour la Troussière de Louverné : un arc o deux cordes, douze scestes et un boulon.

Macé Le Porchier pour son hostel où il demoure qui fut Guillot Moraine : une espée.

Gerveze Viez et Jehan Viez pour l'ostel qui fut Macerot Le Maignen, sis à la Poterie : une espée.

Jehan Le Bigot de la Poterie pour son hostel qui fut feu Jehan Hubert : une misericorde.

Gerveze Viez et Jehan Viez pour leur hostel de la Poterie qui fut leur père : une espée.

La Hamelinière que tient Perrot l'Entriguier : un arc o deux cordes, douze scestes et un boulon.

La mettayrie de la Houasnardière : un vouge.

Montassis qui est Jehan Girart de Bonchamp : une lance, une coëffe de fer, un pourpoint et une espée.

La Baugrandière : un arc o deux cordes, douze scestes et un boulon.

Jehan Rotel pour la Belle Fairière : un arc o deux cordes, o douze scestes et un boulon.

Gilet du Boys Gamast pour la Chesnaye : un arc o deux cordes, o douze scestes et un boulon.

Les hers feu Raoul Le Moulnier pour ses choses de Louverné : un cornuau de boys.

Gilet du Boys Gamast pour la Mercerie : un arc o deux cordes, dix scestes et un boulon.

Gouant d'Avenières pour la Pichardière : un arc o deux cordes, douze scestes et un boulon.

La Crayssonnière : un vouge.

Le seignour du fié du Gravier.

Le seignour de la Troussière.

(IV. — Voir pages 27, 96, 158.)

Mortalité dans la ville de Laval.

Ne population agglomérée dans des habitations resserrées, des rues étroites et sales, devaient nécessairement entretenir des maladies contagieuses dans notre ville. Aussi y faisaient-elles des ravages continuels, et voyait-on fréquemment les habitants décimés par des épidémies, ou, comme on le disait alors, par *la contagion*. Les gens riches fuyaient la ville et se retiraient dans les campagnes.

Le Doyen nous fait connaître les époques de ces temps de mortalité, mais il donne peu de détails sur le nombre des personnes qui succombaient. L'Obituaire de M. Antoine Berset, vicaire de Saint-Vénérand, continué depuis 1623 par M. Charles Le Breton, prêtre de la même église, et embrassant une période de 52 années (de 1579 à 1631), fournit une sorte de statistique des maladies ou contagions qui, pendant ce laps de temps, désolèrent la ville de Laval et ses forsbourgs.

La dyssenterie, que le peuple nommait la *caque-sangue*, semblait par sa persistance être devenue endémique, et faisait grand nombre de victimes. La petite vérole, à laquelle on donnait le nom de *vérette* et la rougeole ou *rougeule* enlevaient également beaucoup de monde.

Vers les mois de septembre et octobre 1583, la dyssenterie

atteignait un tel dégré d'intensité que des familles entières, composées de cinq et six individus, disparurent. Elle dura jusqu'en janvier 1585. Pendant ces temps de désolation, la population, toujours fidèle à ses principes religieux, eut recours à Notre-Dame d'Evron. M. Berset parle en ces termes de ce pèlerinage auquel assista une grande partie de la population.

« NOTA que nous allâmes en procession à Notre Dame d'Evron
« le jour et fête de MM. St Gervais et St Protais le 19e jour du
« mois de juin, et fûmes refusés d'entrer en l'église de Brée pour
« la contagion qui était dans ce pays. Mr Maître Jean Rebuffé,
« lors prieur curé de cette paroisse (St-Vénérand), celebra la
« grande messe en l'église d'Evron, je fis diacre. »

Dans le courant du mois d'août 1584 il mourut 80 personnes, 109 dans le mois de septembre. Au mois d'octobre le chiffre des décès atteignit 131.

Pendant les années 1589, 1591, 1592, 1600, 1605, 1607, 1616 et 1624, la dyssenterie sévit avec plus ou moins de violence. Au cours du mois d'août 1607, la maladie avait enlevé 109 personnes.

On transportait à la Phelipotière, en Avesnières, les malades atteints de la contagion. Le champ qui servit de cimetière à cette époque a retenu le nom de *Champ des morts*. C'est vers ce temps (en 1614) qu'on construisit pour les *pestiférés*, dans le cimetière d'Avesnières, la *Basilique de Saint-Roch*, que nous voyons encore aujourd'hui.

Nous croyons devoir placer à la suite de cette note plusieurs fragments de lettres écrites par un bourgeois de Laval, frondeur comme il s'en est trouvé de tous temps. Elles sont adressées à M. l'intendant de la généralité de Tours et donnent sur l'état de notre ville et de son administration à la fin du XVIIe siècle, environ un siècle et demi après notre chroniqueur, des détails qui ne sont pas sans intérêt.

LETTRES D'UN HABITANT DE LAVAL, DATÉES DU MOIS DE JUIN 1682 ET ANNÉES SUIVANTES, ADRESSÉES A MONS^r LE PELLETIER, INTENDANT, RUE DE LA PERLE, A PARIS.

I.

Monseigneur,

Après la protection que Votre Grandeur m'a toujours fait l'honneur de me donner, j'aurois tort, si, apprenant une affaire que Sa Majesté a eu avec M. le comte de Laval au sujet de l'établissement d'un gouverneur à Laval, et ayant quelques connoissances des intérêts de Sa Majesté, je restois dans le silence sans donner à Votre Grandeur les lumières que j'en puis avoir.

Elle saura donc qu'il est d'un dernier intérêt du Roi d'avoir en Laval un gouverneur et un maire électif triennal.

Si MM. les comtes de Laval ont nommé aux offices royaux, ce n'est que depuis peu de tems, et cela ne se doit souffrir, puisque èz adveux anciens rendus de Laval au Roy, cela n'y est point.

Non plus que les portes, murailles, fossés, places publiques et boulevards de la ville, et ce qui peut paroître par trois anciens adveux que j'ay veu aux archives de la Chambre des Comptes à Paris, l'un de l'année 1300 et deux autres des années 1407 et 1432.

Outre que èz titres de Laval et en une généalogie, il est dit qu'un nommé Guy Valla fit bâtir une tour au lieu de Laval qui est le château, sans dire qu'il eut fait bâtir murailles ni portes, fossés ni boulevards; ainsi il est indubitable ou que les Roys, Ducs de Bretaigne ou les habitans ont construit les murailles, portes, fossés et boulevards. Et aussi que ces choses étant de leur nature fortification, elles sont au Roy comme Duc de Bretaigne.

Au reste, les fossés et murailles de Laval sont affermés à des particuliers assez cher pour subvenir aux pensions que le Roy pourroit donner à un gouverneur; outre qu'un particulier nommé de

Farcy (1), ci-devant juge et maire de Laval, a rompu les murailles d'un boulevard et y a bâti pour 30,000 livres de bastiments ; appuyé de M. l'intendant qui est son protecteur, il a été fait juge des traites à Laval.

Mais, Monsgr, une affaire aussi considérable pour le repos des peuples de Laval et qui va à la destruction de leurs biens et du trafic, et empêchera nos peuples de pouvoir payer les tailles, porter les charges du Royaume, nous payer nos fermes, m'oblige d'en donner advis au Roy, afin qu'il y apporte le remède qu'il jugera nécessaire.

Il y a beaucoup de temps que le Roy octroya huit sols par toile à la ville de Laval pour l'acquitter pendant un tems, lequel étant écoulé, feu M. le duc de la Trémoille, grand père de celui-ci, ayant vendu la forêt de Bouëre près Sablé à M. de Servien pour aviver ses forges, fit en sorte que ses deniers d'octroy, finis pour Laval, lui fussent continués. Ce qui lui fut passé au Conseil par l'autorité dudit feu M. de Servien pour un autre temps, à la fin duquel feu M. le prince de Tarente, son fils, voyant échapper ce grand revenu de ses mains, se priva et familiarisa si fort par mille petites débauches avec l'habitant de Laval, que faisant assembler quelques tisserants, il transigea avec eux par l'entremise de son juge et maire de Laval. Et ainsi les habitans, quoique sans pouvoir, lui consentirent la moitié des 8 s par toile, à la charge qu'il leur feroit bâtir des Halles à Sainte-Catherine, ce qu'il n'a pas fait ; cependant il lève toujours 4 s par toile sans droit ni raison, ce qui fait un déchet considérable au pays, dont il ne retire que 3,500 livres de revenu.

De plus, je dirai à Votre Grandeur qu'il y a 3 ou 4 ans qu'on fit aller nos paroisses travailler aux chemins sans donner à nos

---

(1) L'hôtel de Pontfarcy était situé à l'entrée du passage qui conduisait de la Chiffolière à la rue du Jeû-de-Paume. La partie de cette maison qui touchait aux anciens murs de ville vient (mai 1858) d'être démolie pour l'ouverture de la rue de l'Hôtel-de Ville.

gens ni sol ni double, ni pain ni vin. Aujourd'huy on les paye par *hottées*, ne contraignant personnes. Ainsi on ne sait où est fondu la récompense de ces travaux. Les peuples y ayant extrêmement souffert et souffrent encore par les frais excessifs des receveurs, qui ne vont point au profit du Roy.

Un maire triennal et électif donneroit un grand poids aux affaires du Roy en ces cantons par l'augmentation de la ville. Et si vray que M. de la Trémoille d'aujourd'hui, prévoyant qu'il faut que cela arrive, vendant la charge de juge avec la mairie, ce qui est contre la liberté d'un maire, a stipulé que si la mairie s'énervoit (1) de la charge de juge, qu'elle ne seroit obligé de la récompenser que de 50 livres par an.

Je supplie Votre Grandeur de supprimer mon nom, n'ayant pas besoin de me faire tant d'ennemis. . . . . . .

II.

. . . . Depuis 20 ans en ça, les maires et échevins ont envoyé une couleuvrine de fonte verte à Angers à fondre en pots et en marmites, et ensuite ont donné les six autres au Roy. Le nommé Savary les amena à la pointe Angers en 1673, 74 ou 1675, d'où M. de la Trémoille les redemanda au nom des habitans de Laval qui les avaient fait faire pour la guerre des Huguenots, et M. le duc du Lude, grand maître, les leur rendit. Mais le Sr de Magneux les vendit à Angers et l'argent est demeuré au croc.

. . . . Laissent la ville de Laval si sale que, en tout l'hiver de 1687, on y a été dans la boue jusques aux oreilles des souliers, ce qui a causé grandes dyssenteries. Ils tirent grand revenu de ces boues.

Lorsqu'ils font raccommoder les pavés, ils font payer le pavage aux propriétaires devant leurs maisons. Ils tirent de grands tributs

(1) Était divisée.

et des rentes de partie des murailles de ville qu'ils afferment et arrentent comme les fossés et boulevards, qui cependant appartiennent au Roy. Ils lèvent de grands revenus de la rivière sous prétexte de deniers d'octroy. Ils prennent une prévosté par eau et par terre considérable, n'ont rien qui ne paye............

.... Les ponts de la ville sont en très mauvais état, aussi bien que les murailles. Ils laissent l'exécuteur des hautes justices piller sur le peuple qui ne peut vendre un œuf qu'il ne paye au bourreau, lequel doit cependant avoir gage du seigneur comte de Laval, aussi bien que les autres officiers. Le jour du 11 mars 1688, il étoit sur le chemin de la Verrerie (1) pour attendre les marchands de la foire de Cossé et les faire payer.

Depuis quelque tems le seigneur comte de Laval a donné et érigé différents offices dans la ville de Laval, comme un juge de police et a donné cet emploi à un homme sans en tirer de rétribution, ni lui donner de gages, par ce que il en tirera 500 livres d'amendes là, où alias, il n'en tiroit que 300 livres.

Les seigneurs de Laval ont rehaussé leur prévosté (2) de moitié, et mettent tous les métiers en maîtrise, parce que cela produit au seigneur de fief et aux officiers.

Quoique les étaux des bouchers soient affermés, ils ne permettent pas d'y vendre de jardinage sans que les jardiniers y payent de double ferme. Ils ont établi une maîtrise de jardinier, chose inouie. Tous les jardins, de 2 à 3 lieues de Laval, n'osent rien apporter, ce qui fait tort à la Halle.

Les maires et échevins, qui ne font que la volonté de leur maître, ont des deniers d'octroy pour entretenir la rivière. Ils prennent le revenu, et n'y font rien, et lorsque les portes sont hors d'état, ils laissent les vieilles *selles* et poutres au fond des portes, et en remettent de nouveau dessus, ce qui empêche les bateaux de passer, sinon avec de grandes peines. Ils laissent la rivière s'em-

---

(1) Route de Laval à Craon.

(2) *Prévosté :* les droits à percevoir.

plir de sable et rehausser son lit, ce qui empêche les marchands de passer, sinon à de grands frais.

Sous prétexte de police, ils empêchent tous les meuniers de paroître au marché du bled, et les mettent à de grosses amendes s'ils y vont, parce que l'habitant et les officiers vendent leurs grains sans venir *au secours* du pauvre peuple qui y est trompé. Ils prennent des droits de mesurage du bled pour les particuliers qui vendent en leurs greniers.

Si un boucher se tient un jour de fête au quartier où est la viande pour le lendemain, ils le mettent à l'amende, disant qu'il veut vendre pendant la fête. S'il la garde plus de 3 jours, ils le mettent à l'amende pour vendre de la viande gâtée.

Cela va si loin que le Révérend Père Honoré y faisant la mission, tous les gens de la campagne qui n'y vont que les fêtes, le firent prier que son libraire débitât au public pendant ces jours; ce qui fit que les officiers le mirent à l'amende et confisquèrent ses livres de dévotion. Et tout cela pour favoriser leur seigneur.

Et comme la mairie est attachée à la charge de juge et que le seigneur le crée, ils se prêtent l'épaule, et se font valoir les uns les autres afin de piller le peuple. La rue par où l'on sort le vin des ports de Laval, entrant au Pont de Mayenne (1), est si pleine d'égouts, de garde robes et fumiers que tous les ans il s'y perd un ou deux métayers.

III.

. . . . Je vois que ces Messieurs ont voulu épargner de l'argent à la ville, attendu qu'à la fête de Saint-Jean on tire les couleuvrines et fauconneaux aux feux de joye, et cela coûte de la poudre, ils ont jugé à propos d'en faire des marmites. . . . .

(1) Rue des Lices, Arche noire.

(V. — Voir page 31.)

D'Acquigny où avoit pouvoir,
Relicque de moult grande value

I.

Donum et donatio Reliquiarum scilicet partis anterioris capitis Sancti Venerandi, facta ab abbate et monachis BB. Petri et Pauli de Castellione, Francisco comiti Cavallensi, pro ecclesia Sancti Venerandi construenda. 15 maii anno 1480.

OMNIBUS Christi fidelibus litteras præsentes inspecturis, Johannes, humilis abbas Monasterii Beatorum Apostolorum Petri et Pauli de Castellione de Conchis, Ebroicensis Diœcesis, Ordinis Sancti Benedicti, totusque ejusdem loci conventus, salutem, vitamque in Christo longævam.

Vir sapiens, Sancto debriatus Spiritu, gloriosos quosque veteranos gratiosa laude commendans, inter ceteros castissimum etiam Joseph voce gratulabunda qualiter collaudans, infit: *Ossa ipsius visitata sunt* (1). Si ergo castissimi patriarchæ ossa, felicem

(1) *Ecclesiastici*, chap. xlix, vers. 18.

post obitum, a viris justis gentis suæ scilicet Israëlitis secum ea in terram promissionis per exitum de Ægypto deferentibus honorificenter recondita invisaque extiterint, quanto magis non modo castissimos, quin potius virginitatis stola splendidissimos, saluberrimos videlicet martyres Maximum pontificem nec non Venerandum diaconum, fratres uterinos, Christi tyrones fidelissimos omnimoda laude referre videtur, presertim ignes, ungulas, patibula, bestias, rotas, vincula, carceres pro Christi testimonio in Italia, in civitate Brescia atque Formiana perferentes. Tandem ductu angelico, caverna prerupta, apud Acquiniacum, Ebroicensis diœcesis, à perfidis ipsos insequentibus, cæsis, capitibus proprio sanguine purpuratis inibi, in prioratu nostro sacratissima eorum pignora recondita a Christi fidelibus catervatim undecumque ruculibus devotissime invisuntur, ad quorum veneranda ossa fretus devotione, excellentissimus, illustrissimusque princeps dominus Franciscus, primogenitus domini comitis Lavallensis, comes Montis Fortis, dominus de Gavre, de Sonais et de Guerchia, summa cum venerantia devotissimo nunc accesserit, laudabilem eorum vitam, agones, certamina, miraculaque satis creberrima latissime miratus, in eorum laudem pronus erumpens, inquit : *O felices Christi martyres triumphales celestis milites aulæ! O felix locus tantas incomparabiles retinens margaritas! O patria felix tantorum sanctorum martyrio decorata!* Ac postea, supplex is princeps, cor in bonorum martyrum amore succendens, obnixe nostram pulsare adorsus est humilitatem quatenus aliquantulam quamque partem ex ipsis sacris ossibus sibi conferre digneremur. Devotissimi principis sane ex tunc devotionem attendentes, partem sacratissimi capitis inclyti martyris et diaconi Venerandi fratris uterini Beatissimi Maximi episcopi, gratissime concessimus, ipso principe pollicente eamdem partem capitis in ecclesia Beati Tugualdi Lavallensis, seu alibi accuratissime ac officiosissime se locaturum.

Egregiis viris quos probavimus ibidem adstantibus,

Magistro scilicet Petro Chalot, presbytero, in medicina doctore, Sancti Tugualdi Lavallensis canonico.

Magistro Petro Le Bauld, præfati comitis seu principis secretario.

Domino Johanne Phelipe, presbytero.

Domino Natale Guérin, presbytero.

Francisco de Pontavisse, armigero.

Jacobo de Lambertie, armigero.

Antonio Coulloneau, armigero.

Guillelmo de Vendel, armigero.

Johanne Callenge, armigero ac bailliveo de Acquigneyo.

Magistro Jacobo Callenge, veridario de Acquigneyo (1).

Guillelmo Callenge, receptore de Acquigneyo.

Colma Roussel, procuratore et armigero.

Quam donationem sub sigillo nostro magno hic apposito quo in magnis utimur, atque sub sigillo nostri conventus, nec non sub sigillo nostri sæpe fati prioratus roboramus, certificamus, approbamus, nec non cunctis intuentibus verum fore notificamus.

Actum fuit hoc anno Domini millesimo ccccº octogesimo, xv mensis maii.

(1) *Viridarius* : Maître des eaux et forêts (Ducange).

II.

Donatio earumdem Reliquiarum Sancti Venerandi facta rectori Sancti Melanii et incolis a domino Guidone, comite Lavallensi qui et Franciscus vocabatur. 20 maii 1490.

Uydo, comes Lavallensis, Montis Fortis et de Caserte, vicecomes Rhedonensis, dominus de Vitreïo, de Gavre, de Monsterollio Bellay, de Acquigneyo, de Gournayo et de Guierchia, magnus magister domus Franciæ, universis præsentibus et futuris in Domino salutem.

Infelicem sic Deus omnipotens propagavit naturam ut, divina dictante Scriptura, etiam justus septies in die cadat, in quam naturam sæpe numero diabolus insultat ut versutia sua animas nostras in profundum tormentorum deducat, adversus quem nullum majus nobis presidium extat quam Beatissimæ Virginis Mariæ, ac Sanctorum Martyrum ad Dominum preces per quas a malo retrahimur, in bono protegimur, ac in gratia confovemur.

Recolentes igitur Beatissimi martyris Venerandi passionem honorandam, capitis cujus anteriorem partem pro fide Christi cum sociis suis post diversa tormentorum genera in predicto pago nostro Acquigniensi, jam dudum obtruncati, ab ecclesia conventuali illius loci qua cetera corporis ossa quiescunt, in hoc nostro Lavallensi oppido, faventibus nobis R. Paternitatis Abbate et conventui

Beati Petri de Conchis, deduci fecimus : ad quam passionem amplis viribus exaltandam in dies nostra perardescit ac exauget devotio, et Ecclesiam suo dicari nomine ac erigere concupivimus, ut per ipsius sacratissimi martyris populique ad ipsam Ecclesiam confluentis ad Dominum preces, de nostris gravissimis culpis veniam consequamur.

Cumque hanc nostram voluntatem attendissent subdicti nostri parochiani Sancti Melanii incole, presertim vici illius suburbiorum a dicto nostro oppido flumine Meduanæ sejuncti, qui, exasperantis hyemis tempore, frigoris et nivis atque viarum discriminibus præpediti, vix adire Sancti Melanii ecclesiam quæ ab antiquis temporibus parochialis ac baptismalis eorum ecclesia fuit et per milliare ab eorum habitationibus distat, supplicibus nos exoraverunt precibus ut prefati clarissimi martyris Venerandi capella in ecclesiam parochialem, sub prædicta Sancti Melanii matrice ecclesia, construeretur et erigeretur. Cupientes igitur ingenti affectu ipsis subditis nostris complacere et nostræ intentionis concupitum animum totis complere viribus, in primis *dono dedimus rectori Sancti Melanii prædictisque incolis nobis subditis aliisque parochyantis, Reliquias præfatas sacri capitis sæpe dicti martyris,* locumque in ipsa Sancti Melanii parochia situm quo quondam *Guillelmine* defuncti *Johannis Du Thay* vidua, suum statuerat domicilium, nunc pro ipsa ecclesia edificanda prostratum funditusque destructum, hortulosque concessimus adjacentes. Etc.

(VI. — Page 34.)

Mourut sire André de Laval.

André de Laval, sire de Lohéac.

NDRÉ de Laval, sire de Lohéac, naquit au château de Montsûrs vers 1411. Il était le second des enfants de Jehan de Montfort-Gaël, qui, en épousant Anne de Laval, fille unique de Guy XI et de Jehanne de Laval, avait pris le nom de Guy XII.

André de Laval prit le nom de *Lohéac*, terre et seigneurie située en Bretagne, à quelques lieues de Rennes, et appartenant à la maison de Montfort-Gaël par l'alliance d'un des ancêtres de cette maison avec Isabeau de la Roche-Bernard.

Les divisions sanglantes qui existaient à cette époque entre le duc de Bourgogne et le duc d'Orléans, avaient mis le royaume de France en partie sous la domination anglaise. André de Laval trouva dans ce temps l'occasion de montrer de bonne heure les dispositions qui annonçaient en lui pour l'avenir un grand homme de guerre.

L'Anjou et le Maine étaient au pouvoir des Anglais qui y exerçaient leur fureur.

En 1423, lord Poll, dit le sieur de la Poule, à la tête d'un parti d'Anglais, après avoir ravagé l'Anjou, traverse le Maine pour rentrer en Normandie. Le comte d'Aumale, lieutenant pour le roi dans la Touraine, l'Anjou et le Maine, accourt à Laval. Jehanne, dame de Laval, joint à sa troupe des gens de sa seigneurie, sous la conduite de Guy seigneur de Montjehan. Le jeune André, à peine âgé de douze ans, fut confié à ce dernier par Anne sa mère, et malgré son jeune âge fut chargé avec le seigneur de Trémigon de harceler l'ennemi avec 70 ou 80 lances et de l'attirer au combat.

Il se distingua dans la rencontre qui eut lieu entre les Français et les Anglais dans les landes de la Brossinière près le Bourgneuf-la-Forêt. Le comte d'Aumale le fit chevalier sur le champ de bataille, et lui dit, en lui ceignant l'épée qu'avait portée Bertrand Duguesclin, et que Jehanne son aïeule, veuve en premières noces du connétable, lui avait donnée à son départ : *Dieu le fasse aussi vaillant que celui qui la portoit!*

Bourjolly, historien de Laval, dont les travaux sont restés manuscrits, cite sur cette bataille les vers suivants sans donner de nom d'auteur :

> « Du moys tout le derrain (1) dimanche
> « Que vendanges sont en grant poinne,
> « Tu sauras le moys et le jour
> « Qu'André de Laval Monseignour
> « Fut fait chevallier en bataille
> « Et maints Angloys tua sans faille
> « Es partie de la Brossinière
> « Et là déploya sa bannière (2). »

Surpris au mois de mars 1427 dans la ville de Laval par le général Talbot, gouverneur d'Anjou et du Maine pour le duc de Bedford, régent du royaume, André se retira dans le château.

(1) *Derrain* : Dernier.
(2) Voir pour le récit de cette bataille les *Mémoires concernant la Pucelle d'Orléans* Collect. Petitot, 1re série, t. 8, p. 94.

Après six jours de résistance, il se rendit par composition le 15 du même mois. La dame de Laval paya pour sa rançon 25,000 écus, et 10,000 pour celui de la garnison. La ville de Laval resta deux années entre les mains des Anglais, et fut reprise au mois de septembre 1429 par le seigneur du Hommet, Messire Raoul du Bouchet, et Bertrand de la Ferrière (1).

Délivré des mains des Anglais, André rejoignit Arthur de Bretagne, comte de Richemont, gouverneur du Maine pour le roi Charles VII (2). Le comte de Richemont le fit son lieutenant sur la fin de mai 1427, avec ordre de lever des gens de guerre pour la défense du pays. Il accompagna le connétable dans toutes ses entreprises contre les Anglais.

Les deux dames de Laval, sa mère et son aïeule, touchées des maux qu'endurait la France sous la domination anglaise, joignirent leurs efforts à ceux que faisait le roi Charles VII pour secourir la ville d'Orléans assiégée par le comte de Salisbury.

Elles levèrent des troupes à leurs dépens, et les envoyèrent au siège de cette ville sous la conduite de leur cousin Guy de Laval-Montmorency, seigneur de Montjehan.

Guy de Laval, fils aîné d'Anne, depuis Guy XIV, et André de Laval, son frère, l'accompagnèrent suivis de toute la noblesse du pays. Ils prirent part avec le duc d'Alençon et la Pucelle à tous les combats qui furent livrés aux Anglais sous les murs d'Orléans, et qui amenèrent la soumission de la ville. On a une lettre écrite d'Orléans par les enfants de Laval à leur aïeule. Cette lettre conservée par le P. Labbe a été publiée dans l'*Annuaire de la Mayenne de 1837*.

Après la reddition d'Orléans, Jehan duc d'Alençon, lieutenant-général de l'armée du roi, accompagné de la Pucelle et de grand nombre de seigneurs, parmi lesquels on distingue les sires de Laval et de Lohéac, reprennent les villes de Meung et de Beaugency.

(1) Voir ci-dessus, page 7, note 2.
(2) Voir les *Mémoires* ci-dessus, t. 8, p. 134, 220.

A la bataille de Patay, marchaient à l'avant-garde monseigneur le connétable, monseigneur d'Alençon, la Pucelle, le seigneur de Laval, monseigneur de Lohéac, *tous menant grand train à leur suite.* A peine l'avant-garde avait-elle fait cinq lieues que les Anglais furent atteints, *et en telle manière les chevauchèrent les Français, qu'Anglays n'eurent pas le temps de se mettre en bataille, et furent déconfits à un village en Bausse qui a nom Patay.* Talbot y fut fait prisonnier. Jehan Fastoll parvint à s'enfuir.

Charles, par le conseil de la Pucelle, se dirigea sur Reims pour se faire couronner et sacrer roi. Il partit de Gyen le jour de Saint-Pierre, au mois de juin 1429. Les ducs d'Alençon, de Bourbon, le comte de Vendôme, la Pucelle, le seigneur de Laval, les sire de Lohéac, de la Trémoille, de Retz et d'Albret, l'accompagnèrent et assistèrent au sacre.

Le roi y fit plusieurs chevaliers, entr'autres les deux frères, Guy, sire de Laval, et André de Lohéac. Il érigea aussi la seigneurie de Laval qui n'était que simple baronnie en comté, pour récompenser les services loyaux que lui avaient rendus les seigneurs de Laval pendant ses guerres contre les Anglais. Les lettres patentes d'érection sont du 17 juin 1429. La ville de Laval était encore au pouvoir des Anglais. Elle ne fut reprise, ainsi que nous l'avons dit, qu'au mois de septembre de la même année.

En 1433 le roi fit le sire de Lohéac, gouverneur du comté de Laval, avec commission de lever sur plusieurs paroisses une somme suffisante pour entretenir 80 *morte-payes* pour la garde des châteaux de la Gravelle, de Montjehan et de Meslay.

Au décès du seigneur de Culant, en 1436, André de Lohéac fut fait amiral (1). Ayant quitté cette charge en 1439, il fut créé maréchal de France, au lieu de Pierre de Rieux sieur de Rochefort.

Le comte d'Armagnac se révolta en 1443, il entra à main armée dans le comté de Comminge dont il occupa les principales villes. Pour s'assurer de la protection des Anglais, il devait leur

---

(1) Il est le 33e sur la liste générale des amiraux.

livrer ses états, et de plus le Rouërgue et l'Auvergne. Charles VII confia au Dauphin, depuis Louis XI, le soin de châtier le comte. Le Dauphin se fit accompagner du maréchal de Lohéac qui contribua à la réduction du comté d'Armagnac à l'obéissance du roi.

On le voit servant son pays avec distinction aux sièges et prises de Pontoise, du Mans en 1447, Coutances 1448, Caën 1450, Cherbourg, Cadillac, etc. A la bataille de Formigny, en 1450, il était à l'avant-garde.

En 1451, le maréchal de Lohéac et le seigneur de Derval font leur entrée, ayant derrière eux 600 lances dans la ville de Bayonne, dernière ville de la Guyenne qui fut demeurée aux Anglais.

De nouvelles tentatives sont faites en 1452 par les Anglais sur la France. Talbot, âgé de 80 ans, débarque sur les côtes de Médoc à la tête d'une armée anglaise. Il devient maître de tout le Bordelais, et s'avance jusque dans le Périgord où il s'empare de Castillon, ville forte sur la Dordogne.

L'armée française, commandée par les maréchaux de Lohéac et de Jallonges, met, le 13 juillet, le siège devant cette ville. Talbot, accouru à son secours, livre bataille aux Français sous ses murs. Les Anglais sont défaits; Talbot et son fils y sont tués. La place assiégée se rend le lendemain. Le maréchal de Lohéac, à la tête d'une partie des troupes, s'empare ensuite de Lormont, vis-à-vis Bordeaux, et, dans cette position, contribue à la soumission de cette ville au pouvoir de Charles VII.

En montant sur le trône, Louis XI ne laissa en place aucun de ceux qui avaient servi son père. La charge de maréchal fut ôtée au sire de Lohéac et donnée au comte de Comminge, bâtard d'Armagnac. Par le traité de Conflans, qui termina en 1465 la guerre dite du *bien public*, le bâton de maréchal lui fut rendu.

Louis XI et le comte de Charolais se tenaient dans un état de défiance mutuelle. Craignant les entreprises du comte, Louis ordonne au maréchal de Lohéac, gouverneur de Paris et de l'Ile de France, de veiller à la sûreté des places de son gouvernement. Il ordonne en même temps à Louis de Châtillon, frère du maréchal, lieutenant-général du roi en Champagne, de couvrir les frontières de cette province.

Le maréchal de Lohéac et son frère Louis de Châtillon furent des quinze premiers qui reçurent le collier de l'ordre de Saint-Michel, lors de son institution en 1469.

André fut gouverneur de Picardie en 1471, et le roi lui donna la seigneurie de la ville de Pontoise et une compagnie de 100 lances de la grande ordonnance en 1481.

Le maréchal de Lohéac passa à Laval tout le temps que lui laissa le soin des guerres continuelles où il fut employé. Il avait acheté en 1448, de Robert et de Jehan de Landivy, pour 7,800 saluts d'or, la châtellenie de Montjehan, dont il fit refaire et fortifier le château.

Les ruines imposantes de ce château situé sur le bord de l'étang du même nom, font encore voir aujourd'hui l'étendue et la solidité de sa construction ; il fut démoli vers le commencement du siècle dernier ; ses débris servirent, dit-on, à la construction de la Halle-aux-Toiles de notre ville, édifiée en 1730 sur la place du Gast.

En 1480, André de Lohéac acheta, de Jehan de Laval, seigneur de Brée, l'hôtel de Loué ou de Montjehan, sur la place de Laval, pour une somme de 800 écus d'or, les écus évalués à 32 sols. Cette maison, autrefois le logis de Montjehan, avait été une petite forteresse. Elle est située sur la place du Palais-de-Justice, et aujourd'hui porte le N° 6. C'est le pensionnat de Sainte-Marie tenu par les Sœurs d'Evron.

André fit construire sous Charles VII la grosse tour formant l'angle ouest de l'enceinte de la ville, au bas de la rue des Fossés. Cette tour, un des derniers vestiges de la vieille enceinte de murailles de notre ville, est connue aujourd'hui sous le nom de *Tour Renaise*. L'administration municipale, en l'aliénant dans ces derniers temps, a eu l'heureuse idée d'en rendre la conservation obligatoire.

Le maréchal fit aussi construire la Porte Renaise, voisine de cette tour. Il avait, disent nos anciennes chroniques, l'intention d'y faire bâtir un donjon. Cette porte fut détruite en 1782.

On a dépeint le maréchal André de Lohéac comme un homme austère et d'une rigidité extrême. On raconte de lui qu'étant à son château de Montmuran, il déféra à la justice du duc de Bretagne un malfaiteur saisi par ses gens, et que, sur les délais que les officiers mettaient à rendre justice, il le fit pendre à un arbre.

Il épousa Marie de Raiz, filles de Gilles, baron de Raiz, maréchal de France, son cousin, veuve de Prégent de Coëtivy, tué au siége de Cherbourg. Son mariage fut célébré par Jean d'Hyerray, évêque du Mans, en 1450, (et non en 1452, comme le dit Corvaisier dans son *Hist. des évêques du Mans*), en même temps que celui de Guy XIV avec Françoise de Dinan, veuve du malheureux Gilles de Bretagne. Ces deux dames firent ensemble leur entrée dans la ville de Laval. Les habitants fêtèrent leur arrivée par des jeux, des danses et des festins. (Corvaisier, *ibid.*)

Marie de Raiz mourut à Vitré, sans avoir eu d'enfants. Elle fut inhumée dans l'église de Notre-Dame, où se voyait son tombeau, sur lequel on lisait :

« Cy gist madamme Marie, damme et héritière de Raiz, jadis
« espouse de hault et puissant monsieur André de Laval, en son
« temps seigneur de Lohéac, de Lanvaux et de Quergorlay, ma-
« réchal de France, laquelle damme trespassa le premier jour de
« novembre, l'an mil iiij^{co} lvij. »

En 1463, le duc de Bretagne avait fait André de Lohéac, baron de Lanvaux (1), titre qui lui donnait accès aux premières places de son duché. Le duc ne voulut point laisser finir ce titre par la mort du maréchal, déjà âgé et sans enfants. Il donna la survivance de cette baronnie au sire de Guemenée, en 1485, avec l'assentiment des États réunis à Nantes. Ce dernier n'eut pas longtemps à attendre, André étant mort dans l'année. (Dom Morice.)

André mourut à l'hôtel de Montjehan, âgé de 75 ans, le 20 décembre 1485, et fut enterré dans le chœur de l'église de Saint-Tugal. Une messe basse, fondée par lui à certains jours de la semaine, portait en mémoire de son fondateur le nom de *Messe du Maréchal*.

Les armes du maréchal de Lohéac étaient : *De vair plein*.

(1) Baronnie de Lanvaux, voir Ogée, *Dict. hist. de Bretagne*, art. Grand-Champ.

(VII. — Page 63.)

Figues, hareng, tout treguignaige.

regenter : Muletier, du bas latin, *traginare, trahere*, ce qui arrivait par les muletiers ?
(Rabelais, édition Desoër, *Glossaire*, verbo *tregenter*.)

(VIII. — Page 64.)

Loys de Laval perdist goust.
Icelluy fist son derrain aoust.

N ce dit an 1489, au mois d'août, le seigneur de Châtillon en Bretagne, puîné de la maison de Laval, alla de vie à trépas. En son vivant il était chevalier de l'ordre du Roi, et grand-maître des eaux et forêts de France. Il avait servi les rois Charles VII, Louis XI et Charles VIII, et s'était fort employé au fait de leurs guerres et de leurs affaires, et avait reçu de grands bienfaits d'eux. Il avait bien vécu et s'était gouverné en homme de bien. Son état de grand-maître des eaux-et-forêts fut donné au seigneur

de l'Isle, surnommé du Mas, et ses autres charges et emplois dispersés à des serviteurs du Roi. (Jaligny, Collection de Godefroy, p. 89.)

Année 1444. — Jamet du Tillay, bailly de Vermandois, ayant attaqué la réputation de Marguerite d'Ecosse, femme du Dauphin, depuis Louis XI, il fut, après la mort de la Dauphine, fait des informations contre lui par ordre du Roi. Plusieurs seigneurs de la cour soutinrent qu'il avait tenu des propos outrageants contre la princesse. Du Tillay offrit de se battre en duel contre ses accusateurs, Louis de Laval et plusieurs autres seigneurs acceptèrent le défi. Le Roi défendit les voies de fait. (Vely, t. xv, p. 386.)

Louis de Châtillon fut gouverneur du Dauphiné en 1456, et de Champagne, en 1465, avec 6,000 livres de pension.

Le roi Louis XI étant à Angers, en l'année 1470, envoya devant lui à Paris la reine d'Angleterre et la princesse de Galles, belle-fille de cette reine, et les fit accompagner par les comtes de Vendôme, de Dunois et le seigneur de Châtillon.

Et entra la princesse en icelle ville par la porte Saint-Jacques, et par toutes les rues où elle passait, avait de moult belles tapisseries et tentes au long desdites rues, depuis ladite porte jusqu'au Palais. (Chronique de Jehan de Troye, Mém. sur l'hist. de Fr. Collect. Petitot, Ire série, t. XIII, p. 403.)

André de Lohéac avait fait Louis de Châtillon, son frère, son légataire universel. Louis mourut au château de Laval, sans avoir été marié, et fut inhumé en l'église de Saint-Tugal. (Bourjolly.)

(IX. — Page 65.)

Fist venir lesdicts orateurs,
Ou aultrement Frères Prescheurs.

Permission accordée au comte de Laval de faire construire, dans la ville qui porte ce nom, un Couvent de l'Ordre des Frères Prêcheurs (sous la règle de Sainct-Dominique).

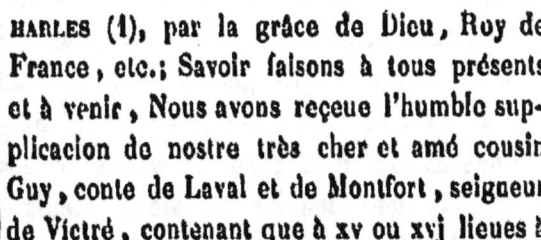

HARLES (1), par la grâce de Dieu, Roy de France, etc.; Savoir faisons à tous présents et à venir, Nous avons receue l'humble supplicacion de nostre très cher et amé cousin Guy, conte de Laval et de Montfort, seigneur de Victré, contenant que à xv ou xvj lieues à la ronde près ladicte ville de Laval n'y a aulcuns Couvents de l'ordre des Frères Prescheurs pour administrer la saincte foy chrestienne et instruire le peuple à bien et sainctement vivre, qui redonde au grant detriment et perturbement des ames dudict peuple chrestien ; et à ceste cause icelluy nostre cousin, qui desire le bien et salvacion desdictes ames et la saincte foy catholique estre exsaulsée et manifestée, a deliberé faire construire et edifier

(1) Charles VIII.

en ladicte ville de Laval ung Couvent dudict ordre des Frères Prescheurs, pour y vivre religieusement comme ceulx de l'observance de la congrégacion de Hollande, soubz le gouvernement du vicaire général de ladicte observance et congregacion, soubz la règle et constitution du glorieux sainct Monseigneur saint Dominicque, et en icelluy Couvent faire et célébrer par lesdicts Religieux le service divin à la louange de Dieu le Créateur, pour les ames des prédécesseurs d'icelluy nostre cousin, de luy et de ses successeurs au temps avenir, et sur ce a obtenu de Nostre Saint Père le Pape lettres et bulles apostoliques de congié, nous requerant icelles avoir agréables, et sur ce lui impartir nostre grâce et liberalité.

Pourquoy Nous, ces choses considerées, inclinans à la supplicacion de nostre dict cousin de Laval, lesdictes lettres de congié à lui octroyées par Nostre dict Sainct Père pour la construction et edifficement dudict Couvent, avons louées, ratiffiées, confermées, et approuvées, louons, ratiffions, etc.... Nous, de nostre grâce espécialle, pleine puissance et auctorité royale, congié, licence, permission et octroy, qu'il puisse et lui loise (1) faire construire, bastir et ediffier en ladicte ville de Laval ledict Couvent dudict ordre des Frères Prescheurs, en tel lieu qu'il verra estre le plus propice et convenable, et à ce toute voys appelez nos officiers audict lieu et aultres gens de biens de ladicte ville.

Et avec ce, pour ce que les Religieux et Frères dudict ordre et Couvent sont fondéz sur charitéz et aumosnes, au moyen de quoy leur convient mendier leur vie, à iceulx et à chascun d'eulx avons semblablement octroyé, et octroyons, voulons et nous plaist de nostre dicte grâce, que en ladicte ville et aux environs, jusques à cinq lieues à l'entour, ilz puissent aller prescher et enseigner le peuple, quester et demander l'aumosne, sans que, ce faisant, aulcun destourbier ou empeschement leur soit fait ou donné en leurs personnes et biens, en quelque manière que ce soit.

Et lesquelz Religieux et Frères dudict ordre et Couvent, afin

(1) Soit permis.

qu'ilz y puissent vacquer, entendre et resider, et aussi faire le *divin service* en plus grande seureté en icelluy Couvent, Nous les avons prins et mis, prenons et mectons en nostre protection et sauve-garde especial par ces présentes.

Si donnons en mandement au juge du Mayne, seneschal de Laval, et à tous noz aultres justiciers et officiers ou à leurs lieutenans, et à chascun d'eulx sur ce requis et comme à lui appartiendra, que de noz preséns grâce, congié, permission, confirmacion et octroy, et de tout le contenu en ces presentes, ilz facent nostre dict cousin de Laval et lesdicts Religieux et Couvent dudict ordre joyr et user plainement et paisiblement, sans leur faire, mectre ou donner, ne souffrir estre fait, mis ou donné, ores ne pour le tems à venir, aulcuns destourbier ou empeschement, au contraire en aulcune manière, ainçois se fait, mis ou donné leur avoit esté, le ostent et mectent ou facent oster et mectre sans delay au presmier estat et deu, car ainsi Nous plaist-il estre fait.

Et, afin, etc. sauf, etc.

Donné à Paris, au mois de janvier, l'an de grâce mil cccc iiij^{xx} et sept, et de nostre regne le cinquiesme.

    Ainsi signé : Par le Roy,

        Le conte DE CLERMONT,

        Le sire DE GRAVILLE, et aultres presens.

        DAMONT. Visa. Contentor.

                BOUCHER.

(*Ordonnances des Roys de France de la 3ᵉ race*, t. XX, p. 70.)

Antoine Berset dit dans son Nécrologe :

« La croix des Jacobins fut plantée au chemin, le jeudi, dernier jour du mois de septembre 1520, vénérable et discret Mʳᵉ Frère François Maczon lors prieur. »

(X. — Pages 84, 99.)

Edifier, bastir et construire
Lisses pour soy solacier.

—

Et firent bastir leur grant maison des Lisses
Ou chascun jour se frottent leurs pelices.

———

Les jeux militaires, les joûtes et les tournoys étaient les délassements auxquels se livraient les chevaliers du moyen-âge. Exposés au rude métier de la guerre, et usant d'armes lourdes et pesantes, ils avaient besoin, durant la paix, de ces exercices qui endurcissaient leurs corps à la peine et à la fatigue, et les préparaient à de nouveaux travaux.

Les seigneurs de Laval s'acquirent de la réputation dans ces amusements guerriers, et furent remarqués dans tous les tournoys où ils parurent. Dans le fameux tournoys de l'*Emprise du Dragon*, que René, duc d'Anjou et roi de Sicile, donna à Saumur, Guy, comte de Laval, le maréchal de Lohéac et Guy de Laval, seigneur de Montmorency et de Loué, étaient assaillants, avaient même parure et même habillement. Le comte avait pour *cimier* une *queue de paon au naturel*, le *bourrellet d'or et d'azur*, le *volet de gueule* et la *houssure de la devise du Roy*; il eut l'honneur de *joûter avec le Roy.* (La Colombière). Bordigné ajoute : *Que le comte portait sur ses houssures trois couronnes, à cause de ses trois comtés, de Laval, de Gavre et de Montfort.*

Au mariage de Marguerite d'Anjou avec le Roy d'Angleterre, à Nancy, *les lices furent ouvertes pendant huit jours. Charles VII et le Dauphin y assistèrent, ainsi que le duc de Bretagne. Chacun devait faire huit coups de joûtes. Les mieux joûtants avaient un diamant de mille escus, chanfrain à pincer l'escu et le tymbre, armorié. Quiconque vuideroit la selle, en estoit quitte pour dire aux dames « je n'en peulx mais. » Parmi les tenants forains à couvert du tournoys, vint M*r*. de Lohéac.* (*Vie du Roi René*, édit. de Quatrebarbes, t. 1, p. lxxj, à la note.)

Au tournoys donné, au mois de décembre 1501, au château de Bloys, dans la grande cour du château, devant le donjon, *estoient tenants Monsieur de Laval, Monsieur de Rochepot et Guyepot; et audict tournoys fust jouxté les premiers jours au grand appareil, qui feust chose fort belle à voir, et les aultres jours hors lices, à l'espée et à la barrière, là où furent faictes plusieurs belles appertises d'armes. Et alloit M*r*. de Laval, tenant un grand maure* (1) *(cheval noir), qui le menoit sur les rangs.* (*Mém. de Fleuranges*, Collect. Petitot, I*re* série, t. XVI, p. 153.)

L'invention de la poudre amena un nouveau système de combattre ; peu à peu ces divertissements furent abandonnés. Les tournoys, joûtes et pas d'armes le cédèrent aux carrousels qui, jusques aux derniers siècles, eurent une si grande vogue, et rappelèrent ces jeux souvent si dangereux.

Les Lices que construisit Guy XVI, occupaient l'emplacement où se trouve aujourd'hui l'Hôpital Saint-Julien. La rue voisine a conservé le nom de *Rue des Lices*. Un procès-verbal de visite, fait au commencement du XVIIe siècle pour l'aliénation de divers

---

(1) Notre chanson de la gerbe dit : *Il faut brider Mauriau et lui boutre la selle.*

immeubles par la famille de Laval, nous en a conservé la description suivante :

« Vendredy, 19e jour de juillet 1610, fut fait visite de la mai-
« son et enclos des *Lices* pour en faire procès-verbal et descrip-
« tion afin d'en reconnoître la valeur. Avons pris Jehan Journée,
« Sr. de la ville, bourgeois dudit Laval, Mre. expert, et Mr. Ma-
« thurin Le Bigot, architecte.

« Avec lesquels avons vu le grand logis dudit lieu, composé de
« deux salles par bas au bout l'une de l'autre, la première con-
« tenant trois toises de longueur, sur trois toises et demie de
« largeur, la deuxième trois toises et demie en carré. »

« Une cave voûtée sous la première salle. »

« Une *vis* ou *escalier* à côté d'icelle salle pour monter aux
« estaiges, lesdites chambres de même longueur et largeur que
« les salles. »

« Une galerie qui regarde sur les Lices, de la largeur du corps
« de logis. »

« A côté de la seconde salle, il y a une chambre noire sans
« cheminée, qui sert de boulangerie et d'aveneyrie (1). »

« Une escurye contenant de largeur 3 toises et demie, de lon-
« gueur 7 toises, sur laquelle un grenier servant de fennerie (2). »

« Un petit logis au côté et auprès du portail de la principale
« entrée desdites Lices, où ordinairement étaient logés les pal-
« freniers, composé d'un petit bouge avec cheminée et grenier
« dessus. »

« Un autre logis, en l'enclos desdites Lices, sur la *rue des*
« *Quatre OEufs* (3), où logent deux tisserands. »

« Dans le jardin duquel lieu et proche le grand logis il y a un
« pin. »

« Consistant tout ledit enclos des Lices en longueur et largeur

(1) *L'Aveneyrie :* Lieu où se ramassait l'avoine.
(2) *Fennerie :* Grange à foin.
(3) Rue Sainte-Anne.

« en trois journaux de terre, clos de murailles pour les trois
« quarts, et l'autre quart clos de hayes. Lesquelles murailles fai-
« sant la ceinture desdites Lices. Portes pour y entrer par deux
« endroits. »

Une autre maison située également rue Sainte-Anne, fit partie de cette vente. Cette maison portait le nom de l'*Armurerye* et dépendait des Lices.

(XI. — Page 116.)

Pour le faict de Jacques Bruneau,
Hélas il fust rendu mezeau.

l est fait mention des *Lépreux de Laval*, *Leprosis de Lavalle*, au testament de Guy VI, mort vers 1211.

Raoul de Beaumont, nommé *Bail*, *Bajulus* ou tuteur de Guyonnet, fils de Guy VI et de Ahoise de Craon, approuve les donations pieuses faites par Guy, entr'autres : *Quinque solidos Leprosis de Lavalle*. (Bourjolly).

(XII. — Page 137, note 3.)

Chascun si fuyoit mont et val,
Pour ung belier qui fust grant mal.

Belier, Rabelais dit *Bedier* : Ignorant, sot, non lettré. *(Glossaire*, édit. Desoër.)

(XIII. — Page 140.)

Lars fust cher comme devant.
De vendenges, je suis savant.

La vigne cultivée dans les environs de Laval.

QUAND nous consultons les anciens titres et les cartulaires des maisons religieuses que possédait notre ville avant 1789, nous y voyons que la culture de la vigne, autour de la ville de Laval, remonte à une antiquité fort reculée. Les coteaux de Beauregard, de Belair, de Bellevue, les bords de l'étang dont les eaux couvraient le fond du vallon donné aux Bénédictins de Marmoutiers pour y fonder un bourg, étaient couverts de vignes. Les aveux et dénombrements des terres du prieuré de Saint-Martin en donnent des preuves. Les religieux propagèrent et entretinrent cette culture, en imposant aux concessionnaires des terres, qu'ils donnaient à cens et à rentes, l'obligation de planter de la vigne.

En 1180, les vignes de la *dame Hersende* sont citées parmi les biens que Guy V, effrayé des effets terribles de l'excommunication fulminée contre lui par Guillaume, évêque du Mans, rend aux religieux de Marmoutiers qui habitaient le prieuré de Saint-Martin de Laval.

Guy VI, vers 1200, donne et confirme aux religieux qui sont

au même prieuré de Saint-Martin, une maison appartenant à *Béraud d'Herberia*, *construite en pierre*, située à l'extrémité du bourg de *Saint-Jean-l'Hospitalier* (1), auprès du bourg des religieux ; il y ajouta un quartier de vignes qui dépendait de cette maison.

Dans les premières années du XIVe siècle, l'abbé et le couvent de Marmoutiers et le prieur de Saint-Martin de Laval, donnent à bail à perpétuité, à Pierre Chambellé et à sa femme, *les vignes de la rue Boucherite* (rue Beucheresse, plus tard rue des Ursules, aujourd'hui rue du Lycée), à 50 s de rente annuelle, à la charge d'y construire une maison dans l'espace d'une année, de replanter la moitié des vignes, de les entretenir en bon état, et d'aller *pressouerer* le vin au pressoir du prieuré, donnant seulement le *pressouerage*.

En 1480, Guillaume Mallet s'avouait sujet de ce prieuré pour un quartier de vignes sis au clos de la Chiffollière. C'est le lieu où avait été construit depuis, en 1679, l'ancien hospice Saint-Louis, sur le bord de la Mayenne, aujourd'hui comblée et devenue une promenade. Guyon Courte rendait, en 1545, aveu pour ce même terrain, disant qu'autrefois il était en vignes.

Le Cartulaire de l'abbaye de Savigny, près Mortain, mentionne, vers la moitié du XIIe siècle, le don d'un clos de vignes près Laval, à la Gandonnière, que plusieurs personnes font à cette abbaye, avec le consentement de Garin, seigneur de Saint-Berthevin, ce clos se trouvant dans son fief. Guillaume, évêque du Mans, confirma ce don.

A la Valette, à l'extrémité de la rue du Lycée, il y eut aussi des vignes. En 1697, il y avait encore des vignes dans les terres situées au-dessus de la fontaine du Gué-d'Orger, à la Gaulcherie, près Beauregard, etc.... Nous nous sommes borné à indiquer seulement les noms des lieux qui peuvent faire voir que jadis le château du seigneur de Laval fut environné de vignes.

La paroisse de Saint-Melaine avait aussi ses vignobles. L'abbaye

(1) Près de Haute-Follis.

de Fontaine-Daniel y possédait de nombreux clos de vignes, dûs principalement à la libéralité des seigneurs d'Hauterives, possesseurs de biens considérables autour de ce prieuré-cure, dont la fondation paraît leur appartenir.

Foulques d'Hauterives, *Fulcho de Altis Ripis*, garantit, en 1242, à l'abbaye de Fontaine-Daniel, *un arpent de vignes près les Tousches*, à l'extrémité de la rue du Hameau, *harpennum vineœ in Tuschis*, que les religieux ont eu de l'abbaye de Clermont. Le même seigneur leur confirme, en 1251, la possession d'une maison et de terres situées près les Tousches, *apud Tuschas*, avec les vignes qui en dépendent. (*Cartul. de Fontaine-Daniel*, Bibl. imp.)

Joh. de Ortis, chevalier, concède à la même abbaye, des vignes que leur a données *Marie La Morande*, dans *la vallée du Penlivard*, où se trouvent aujourd'hui *la Vallée de Saint-Julien* et *la rue des Lices*. (Ibidem.)

Guillelmus de Columberiis, chevalier, leur donne aussi, en 1250, des vignes dans la paroisse de Saint-Melayne, près Laval, au fief de Robert d'Hauterives : *Vineas et terras, in parochia de Sancto Melanio, juxta Lavallem Guydonis, in feodo Roberti de Altis Ripis*. Cette charte est signée de *Jehan*, abbé de Fontaine-Daniel, de *Jehan de Fougères*, moine, de *Fr. Nico*, de *Barbeflot*, *dictus Hater, magister domus Dei de Lavalle*, et de *Andreas Legras, burgensis de Lavalle*. (Ibidem.)

Les aveux, rendus par les divers seigneurs des fiefs du Pont-de-Mayenne, mentionnent tous la culture de la vigne. La Coconnière possédait de nombreux clos de vignes autour du Cimetière-Dieu (Saint-Michel).

En 1441, les héritiers de Pierre Letourneurs partagent quatre quartiers de vignes au clos de la Brochardière. (*Inventaire des titres de Saint-Vénérand.*)

Lorsque les habitants de Saint-Melayne voient s'élever leur nouvelle église paroissiale de Saint-Vénérand, ils l'enrichissent de revenus, quelques-uns donnent des produits de leurs vignes.

Jehan Lemaige donne, par un testament du 20 avril 1507, à la fabrique, un pot de vin du crû de ses vignes, au temps de Noël, pour la communion, etc.... (Ibidem.)

Les seigneurs de Chanteloup avaient, à cause de leur terre, fief et seigneurie de Chanteloup, le droit, de temps immémorial, *de prendre et percevoir la tierce-partie de la dîme du seigle, du froment, de l'orge et de l'avoine de certaines terres labourables, semblablement la tierce partie des vignes et vendanges de certaines vignes situées au dedans des limites de la paroisse de Saint-Melayne. (Titres de Chanteloup.)*

Il y eut souvent des contestations entre le prieur de Saint-Melayne et les seigneurs de Chanteloup, au sujet de ces droits. Diverses pièces, échappées aux ravages du temps, nous indiquent les terres dans lesquelles on cultiva la vigne. Une sentence, entr'autres de la Cour du Parlement de Paris, rendue le 21 mars 1478, entre Jehanne de Landivy, dame d'Hauterives et de Chanteloup, veuve de messire Jehan de Villiers, chevalier, contre Guillaume Le Bigot, prieur de Saint-Melayne, nous donne un dénombrement détaillé des terres de cette paroisse où il y avait de la vigne. Nous regrettons que l'étendue de cette pièce ne nous permette pas de l'insérer ici ; elle a le double intérêt de conserver la statistique des lieux, et en même temps d'être un curieux spécimen de la latinité de l'époque. Cette pièce nomme entr'autres : *Le clos du Plesseys, les clos de Genard, du Grand-Mét, de Gauville, de la Loge-Blanche, de la Fontaine-Hamel, de la Cocherie, de la Brochardière,* etc., etc....

Jehanne de Landivy est maintenue dans le droit, qu'elle possède d'ancienneté, de prendre la tierce partie dans la dîme des vins recueillis dans les anciennes vignes de la paroisse ou prieuré de Saint-Melayne, de même que la tierce partie de celle des blés que l'on récolte dans les terres qui furent jadis en vignes, et qui sont devenues terres labourables.

Une seconde transaction du 8 août 1542, entre Jehan du Bellay, seigneur d'Hauterives, et Robert de Durcil, prieur-curé de Saint-

Melayne et Saint-Vénérand, au sujet des mêmes dîmes, fait encore mention de la culture de la vigne, mais réduit la dîme à la sixième partie pour les blés, au lieu de la troisième partie que prélevait avant le seigneur d'Hauterives pour les vins. (Ibidem).

C'est au XVI° siècle que la culture de la vigne commence à disparaître autour de notre ville. Le *blé noir* venait d'être introduit dans nos campagnes. *Depuis cent ans*, dit Le Clerc du Flécheray, qui écrivait vers 1680, *les terres qui sont entre la Mayenne et la Bretagne ont été accoustumées* au CARABIN *ou blé sarrasin, noir triangulaire, qui n'est que trois mois en terre, et se recueillit le dernier. (Annuaire de la Mayenne, 1857*, Laval, H. Godbert.)

Dès 1514, Guillaume Le Doyen, notre chroniqueur, en sa qualité de notaire, faisait une enquête et visite de lieux dans le fief de Chanteloup, par suite de contestations survenues entre Geoffroy Rayne, mari de dame Thomine de Villiers (voir p. 166), seigneur et dame de Hauterives et Chanteloup, et vénérable et discrète personne Lezin Chemynard, grand doyen du Mans, prieur-curé de l'*église parochiale* de Saint-Melayne-lès-Laval. Il constate que des vignes ont été détruites et converties en culture de blés.

En 1697, les vignes ont presque disparu, on éprouvait de la difficulté à reconnaître les champs autrefois en vignes. Dame Marthe d'Estourmel, veuve de Gilles de Hautefort, grand et premier écuyer de la reine Anne d'Autriche, seigneur d'Hauterives et de Chanteloup, transige sur certains droits avec Jacques des Loges, prieur-curé de Saint-Melayne et Saint-Vénérand. Pour que cette culture ne soit pas entièrement abandonnée, Gilles d'Hautefort réduit au huitième les droits de dîmes qui lui appartenaient, au lieu du sixième.

Nos pères buvaient les vins de leurs crûs, ils les servaient sur leurs tables avec ceux de Saint-Denis, de Fromentières, de Saint-Sulpice et de Houssay. Les vins de la Marche, d'Orléans (1), d'An-

(1) Entre les précieux et les plus excellens
C'est le bon vin qui croist au terroir d'Orléans.
(*L'Hercule Guespin*, poëme de Simon Rouzeau.)

jou, de Rablay et de Guyenne, étaient pour les jours de gala. Ces vins arrivaient par la rivière la Mayenne jusqu'à Château-Gontier où s'arrêtait alors la navigation ; on les amenait de là à Laval, par voiture, transport difficile et coûteux, à une époque où la viabilité était loin d'être ce qu'elle est de nos jours, et où il fallait trois jours et plus à un voyageur à cheval, pour aller de Laval à Angers.

La Mayenne, rendue navigable au milieu du XVI° siècle, fournit des moyens de transport plus faciles ; ce fut une des causes qui contribuèrent à l'abandon des vins du pays. Par cette route nouvelle les vins remontèrent jusqu'à Laval, évitant ainsi le transport par terre, si long et si dispendieux.

La vigne a totalement disparu de nos campagnes Le nom de *la Vigne* que portent encore quelques pièces de terres, rappelle toujours l'ancienne culture. Nos vignobles toutefois ne paraissent pas avoir jamais produit de vins recherchés. Nos pères, moins difficiles que nous, s'en contentaient. C'était aussi le temps où nos Rois buvaient les vins de Montmartre, d'Argenteuil, de Suresne, etc...

Il est difficile de croire que nous ayons bien à regretter de nos jours le vin que nos aïeux recueillaient. Un poète qui vécut au XV° siècle, Olivier Basselin, dont le goût fut plus raffiné que celui de nos pères, a dit dans ses vers :

« *De Colinou ne buvez pas,*

« *Car il mène l'homme à trépas,*

« LAVAL *rompt la ceinture ;*

« *Ce sont bailleurs de trauchaisons,*

« *Ennemis de la nature.* »

Ce jugement doit, à coup sûr, ne pas nous faire regretter la destruction de la vigne dans nos campagnes.

(XIV. — Pages 144 et 145.)

Vint entrer en Sainct Venerand,
Au bien matin, sans bruyt ne vent.

—

Dedya le beau cymetiere
Qui est situé ou derriere.

Indemnité de l'Eglise de St-Vénérand. 3 juin 1512. Bénédiction du Cimetière.

uy, comte de Laval, de Montfort, de Quintin, etc., à tous ceux qui ces présentes verront, salut : Savoir faisons que pour la bonne dévotion que avons à Dieu et à Monsgr. St. Vénérand, comme seigneur de fié et fondeur, avons indemné et amorti, indemnons et amortissons par ces présentes aux curé et fabrice de la paroisse de Saint Melayne les places où ils ont fait commencer et entendent parachever l'Eglise dudict St. Vénérand, avec ce, certaine quantité de terre étant prèz et au derrière le grand autel d'icelle Eglise où lesdicts curé et paroissiens veulent faire leur *Cimetière*. . . . .
Sans quo, pour l'avenir, demandons rien et desdictes choses, fors et réservé être à prières de ladite Eglise avecque un *Subrenite* ou

autre suffrage des morts aux jours et feste dudict St. Vénérand, de la Toussaint et Noël, Pasques et jour du Sacre au retour de la procession par avant l'*Introïte* de la Grande Messe, etc. . . . . Voulons que lesdictes choses soient décrétées et ordonnées à faire et construire lesdictes Eglise et Cimetière. Prions et requérons à très Révérend Père en Dieu Monsieur le Cardinal de Luxembourg, Evesque du Mans, y apposer son dict décret, ad ce que lesdictes choses soient besnitées et dédiées au service de Dieu, et y faire selon que l'exigence du cas le requiert. Fait en nostre chastel dudit Laval, soubs les seing et scel de nos armes le tiers jour de juin l'an mil cinq cent douze.

GUY.

Licentia celebrandi Missam, etc., in nova Ecclesia Sti Venerandi. Extat in Cartophilacio.

HILIPUS Miseratione divina Tusculanus (1) et Cenomanensis Episcopus. . . . . Cardinalis. . . . . . ut in portione Ecclesiæ sub nomine et vocabulo Sti Venerandi. . . . . ut Missæ. . . . . . super altare portatile celebrare possint. . . . . . licentiam damus. . . . . . ad supplendum. . . . . . subveniendum . . . . toties quoties. . . . . . 40 dies de injunctis. . . . . . pœnitentiis. . . . . in domo relaxamus præsentibus hinc ad biennium et non ultra valituris. Cenomani die septima Januarii 1512.

DE CHANTEPIE.

(1) Le pape Jules II fit l'évêque du Mans, Philippe de Luxembourg, évêque de *Tusculum*, aujourd'hui *Frascati*, petite ville dans la Campagne de Rome ; il lui donna aussi le titre de *légat à latere*, dans tout le royaume de France. (Voir ci-dessus, p. 155. — Le Corvaisier, *Hist. des Evêques du Mans*.)

Licentia celebrandi Missam, etc., in nova Ecclesia Sti Venerandi. Quae extat in Cartophilacio.

Hyeronymus de Hangest, presbyter sacræ theologiæ professor. . . . . Ludovici de Borbonio. . . . . vicarius in spiritalibus et temporalibus. . . . . supplicationi parochianorum et Ecclesiæ parochialis Sancti Melanii. . . . . inclinati ut in portione Ecclesiæ sub nomine et vocabulo Sancti Venerandi de novo in suburbio dicti loci de Lavalle ædificata ut Missæ submissa et alta vocibus singulis diebus et horis. . . . . super altare portatile celebrare possint, etiam inibi sacramenta et actus parochiales. . . . . . licentiam damus ac. . . . . ut devotius et attentius animentur ad supplendum et conferendum dictæ Ecclesiæ et eidem subveniendum. . . . visitantibus et ad ejus constructionem de bonis suis largientibus . . . . . in processione et celebratione Missæ in dicta Ecclesia in singulis secundis feriis fieri consuetis. . . . . orantibus toties quoties premissa fecerint 40 dies de injunctis sibi pœnitentiis. . . . . . in Domino relaxamus præsentibus hinc ad biennium et non ultra valituris. Cenomani, die penultima Januarii 1520.

De Chantepie.

(XV. — Page 145.)

Dela veufve Robin Eumond,
Pour soixante livres tous rond.

Ne épitaphe, qui se voit encore sur le mur extérieur d'une des absides de l'église de Saint-Vénérand, dans l'ancien Cimetière, nous a conservé le nom d'Eumond, ancienne famille de Laval :

« Cy gist le corps de damoyselle Marie
« Eumond, âgée de 28 ans, décédée le 6 novembre 1680, qui a
« voulu estre inhumée en ce lieu cy ; désirant la demeure éter-
« nelle, voulut jeune quitter la maison paternelle pour s'inhumer
« vivante avec Jésus mourant. Elle a fait en mourant ce qu'elle
« pouvait faire, se confiant dans sa divine mère dans ce lieu où
« elle   peu de parents.
« Requiescat in pace. »

(XVI. — Page 150.)

Puys les marchants du Pont de Mayenne
Se partirent pour bailler le moyne.

Ailler *le moyne :* Attacher au pied d'un homme qui dort une corde que l'on tire pour l'empêcher de dormir.

Bailler le moyne par le col, c'est l'étrangler.

(Rabelais, édition Desoër, 1820 ; *Proverbes*, page 288.)

(XVII. — Page 179.)

Guillaume le Clerc, dont me vans,
Filz de Pierre le Clerc, marchant.

On trouve dans la pièce suivante le nom des honorables paroissiens de Saint-Melaine et Saint-Vénérand qui assistèrent à l'assemblée de paroisse dans laquelle fut concédé à Guillaume Le Clerc un droit de banc dans l'église, comme bienfaiteur :

Sachent tous présens et à venir que en notre Comté de Laval, par devant nous Guillaume Le Doyen, et François Chacebœuf, notaires, soubs les sceaux dudict Laval, ci-dessous signés et demourans audict lieu, en la paroisse de Saint Melayne, personnellement établis honorables hommes, maistres

Jehan Le Bigot, licencié es loix,
François de Launay,
François Le Marouiller,
Jehan Chantepie,
Guillaume Niteau,
Jehan Martin,
Jehan Bodin,
Tugal Le Conte,
Guillaume Hoisnard,
Georget Goupil,
Guyon L'Anglays,

Robert Manjotin,
André Hubert,
Jehan Maillard,
François Rebuffé,
Jehan Cornuau,
Macé Grasmenil,
Guillaume Le Serf,
Jehan Chevalier,
Jehan Cosson,
Laurens Bridier,
Jehan Gloria,

François Tourtault,
Robin de Bouzienne,
Mathieu Solier,
Jehan Chartier,
Guillaume Le Mercier,
Gervaise Charlot,
Jamet Michel,
Jehan Gerbouin,
Michau de Bouzienne,
Jehan Chalumeau,
Macé Chartier,
Jehan Neafles, le jeune,
Jehan Guyote,
Michel Lirochon,
Jehan Grignon,
Michel de la Court,

Tous paroissiens de ladicte paroisse de Saint Melayne, estans la plus grande et saine partie des paroissiens de ladicte paroisse, dûement congrégez et assemblés par la précédente préconisation qui leur avait été faicte, à savoir pour traicter et conférer des affaires et négoces de ladicte paroisse et fabricque, soubmettans eux, leurs futurs successeurs, biens et choses de ladicte fabricque présens et à venir, au pouvoir, ressort et juridiction de notre dicte Court et de toutes autres, si métier est, quant à tenir ce qui s'ensuit, confessent de leur bon gré, pure et libérale volonté, sans contrainte, avoir aujourd'hui loué, ratifié, approuvé et par ces présentes louent, ratifient et approuvent le contrat tel que Michel Haireau, au nom et comme procureur de ladicte paroisse et fabricque, a fait avec honneste homme Guillaume Le Clerc, paroissien de ladicte paroisse, passé au Mans sous la Court du Roy notre sire, audict lieu, par Mery des Boys, notaire d'icelle, le 23 avril dernier passé, après que ledict contrat leur a été montré et leu de mot à mot, tout ainsi et en la forme et manière que contenu est en iceluy, sauf que en ce que touche le banc promis être mis et assis en l'église de Saint Vénérand, pour ledict Le Clerc, sa mère et sa femme, que seulement ledict droict de banc sera pour ledict Le Clerc au-dessous du chœur en lieu décent et convenable pour lui et ses hoirs, lesdits paroissiens ont réservé et réservent que, en tant que à eux est et faire le doyvent, le bon plaisir et avis de Monseigneur le comte, sans le congé et autorité duquel ils ne veulent ne entendent aucune chose souffrir être faict en ladicte église, de l'assiète duquel banc que dict est, ils ont voulu et consenti,

moyennant le bon plaisir et vouloir de Monseigneur le comte, fondeur de cette église. . . . .
Ce fut faict et donné audict Laval, au Cimetière de l'église Saint Vénérand, le 19 may 1521. La grosse en parchemin, signée Le Doyen, Chaceboeuf.

Au pied de l'acte est écrit :

Nous, en l'absence de Monseigneur, avons voulu, consenti et accordé le contenu au contrat cy dessus, et que ledict Le Clerc jouisse des choses à lui concédées et accordées par ce présent contrat, durant le bon plaisir de mondit seigneur. Fait à Vitré le 19 may 1521. Signé

Et plus bas Tauvry.

(XVIII. — Page 181.)

De dedier ladicte Eglise
De Sainct Venerand dont m'advise.

Licentia consecrandi Ecclesiam novam Sti Venerandi. 9 jan. 1521.

Yeronymus de Hangest, presbyter sacræ theologiæ professor, Rmi in Christo Patris et D. Ludovici de Borbonio. . . . . . Cardinalis dilecto Reverendissimo. . . . . Patri. . . . . . Joanni Dei gratia Episcopo Citrens . . . . . ut Ecclesiam parochialem altariaque. . . . . Cemeterio . . . . dedicare, benedicere et consecrare possitis licentiam in Domino concedimus. 9° januarii 1521.

De Chantepie.

Consecratio Ecclesiae Sancti Venerandi.
24 januarii 1521.

NOVERINT universi presentium tenore quod nos Johannes Dei gratia Episcopus Citrens et suffraganeus (1) Cenomanensis, ex permissione et speciali commissione Reverendissimi in Christo Patris ac DD. Ludovici de Borbonio Episcopi Cenomanensis, anno Domini 1521, 20° januarii, dedicavimus et consecravimus Ecclesiam parochialem Sancti Venerandi Lavallis, nec non octo altaria in eadem Ecclesia erecta, atque benediximus portionem terræ ante portam principalem prescriptæ Ecclesiæ existentem, adhibitis solemnitatibus in talibus assuetis et de assensu vicarii S^{ti} Melanii procuratorum et parochianorum prefatæ Ecclesiæ annuatim tali die celebrand.

Præsentibus ad hoc venerabilibus viris :

Johanne Mereau,	Vicario magistro.
Roberto Courbusson,	Sacrista.
Johanne Luylier, Jacobo Chollet, Johanne Gueret, Johanne Hellant,	Presbyteris.
Andrea Hubert, Michaële Haireau,	Procuratoribus.
Roberto Manjotin, Johanne Boullain, Johanne Le Feuvre, Guillelmo Le Clerc,	Parochianis.

(1) *Suffraganeus* : Évêque délégué par l'évêque du Mans.

Nec non nobili viro Francisco de la Pommeraye et magistro Guillelmo Martin, in legibus licentiato.

Actum Lavallii 24 januarii, anno ut supra, sub nostro parvo sigillo, signatum a manuali Johannes Epis. P. scriptus manu propria.

(Pièces extraites d'un Recueil que M. René Duchemin, prêtre de Saint-Vénérand, avait fait dans le Trésor des Titres de la Fabrique de la paroisse de Saint-Vénérand, au commencement du XVIIIe siècle.)

M. René Duchemin a ajouté les notes suivantes à la suite de ces deux pièces : « *In decreto Capellæ des Chênes Secs, iste Episcopus nominatur Jehan Tisserot, Episcopus Citriensis, suffragant de Mgr du Mans*, année 1510. Savoir si c'est *Sisteron* ou *Cirtensis*.

« Un Mémoire de M. Gigault, prêtre de Saint-Vénérand, dit qu'à cette consécration il fut fait de *grands mystères;* apparemment il veut dire ce qui se passe dans la consécration d'une église, qui, en effet, est bien mystérieuse et dure long-temps. Il est certain que ce fut une vraie *consécration*, et non pas une *bénédiction*. La raison est que les autels de la Vierge, de Sainte-Barbe, Sainte-Anne, Saint-Jean et Sainte-Magdeleine étaient d'une seule grande pierre, et non pas des *autels portatifs*, et de plus que le certificat de consécration et dédicace de l'église parrochiale de Saint-Vénérand est dans le Trésor. (*Notes du 10 mai 1728 et du 8 janvier 1726*).

« Il existait, au Trésor de la paroisse de Saint-Vénérand, un acte, appelé *la Chronique de l'Eglise Saint-Vénérand et de Saint-Dominique*, ayant pour titre : *La présente copie transcrite sur une autre copie qui est entre les mains de madame Bellière dudit Laval, par moi Jacques Thibaud, notaire audit Laval, soussigné, pour m'en servir par curiosité, le 10 décembre 1665*, signé Thibaud.

« Cette Chronique était presque semblable à celle de Le Doyen. » (*Notes de M. René Duchemin.*)

(XIX. — Page 241.)

Et oultre plus, pour leur grant vaillantise,
Leur myt blason de sa propre divise,
Qu'encore ont, c'est un lyon passant.....

Le blason de Laval et de ses seigneurs, leur cri d'armes, leur devise, le sceau des notaires du comté de Laval.

La science du blason est utile à connaître ; elle est d'un grand secours pour l'archéologie. Les armoiries enseignent l'histoire des familles et celle des monuments. Les sculptures héraldiques donnent souvent l'origine d'un édifice, la date de réparations qu'on y a faites dans la suite des temps, et le nom des familles qui l'ont habité.

L'écusson d'une famille fait connaître toutes ses alliances.

Nous avons cherché dans cette note à réunir les diverses armoiries que portèrent les différentes branches de la famille qui, pendant huit siècles, fut en possession de la baronnie depuis comté de Laval.

Le blason des seigneurs de Laval était sur nos édifices publics, dans nos églises et sur nos actes municipaux. La Révolution l'a effacé partout, nous essayons de consigner ici les débris que nous avons encore retrouvés.

I.

ous nos seigneurs de la première race portèrent dans leurs armes : *Au léopard d'or, armé, lampassé et couronné d'azur, sur un champ de gueules.* Le *Nobiliaire de Bretagne*, par M. Pol de Courcy, ajoute cette devise : *Eâdem mensurâ*. L'origine de cet écusson fut pour les sires de Laval un témoignage de valeur et de courage, et en même temps une récompense des services qu'ils rendirent à Guillaume-le-Conquérant, duc de Normandie et comte du Maine.

Hamon, seigneur de Laval, de 1067 à 1080, répondit à l'appel de Guillaume son suzerain, et vint avec ses fils se joindre à lui, lorsqu'il monta sur ses vaisseaux pour aller combattre Harold, souverain de la Grande-Bretagne. Après la victoire, Guillaume, reconnaissant des services que lui avait rendus le sire de Laval pendant son expédition, donna Denise de Mortain, sa nièce, en mariage à Guy, l'aîné des enfants de Hamon ; et, pour plus grande marque d'honneur, il voulut que le nouvel époux portât à l'avenir dans ses armes *l'un des léopards* qui décoraient son écu.

Les princes et les rois usèrent souvent de cette faveur pour récompenser les services de ceux qu'ils voulaient attacher plus fortement à leurs personnes. Ils prenaient ainsi l'engagement de protéger celui auquel ils accordaient le privilège de porter leurs armes. Guillaume, en lutte continuelle avec les Manceaux, avait besoin de s'assurer la fidélité du plus puissant des seigneurs de la province qu'il voulait conserver. La protection du suzerain assurait, d'un autre côté, au sire de Laval, relevant du comté du Maine, la tranquille possession de sa baronnie.

Cette tradition, si honorable pour les seigneurs de Laval, a toujours été considérée comme authentique, et n'a jamais été contestée. Elle est appuyée d'ailleurs sur les sceaux dont les seigneurs se servirent dans tous leurs actes ; jusqu'à l'alliance d'Emma avec le connétable de Montmorency, on voit sur tous *le léopard*, sans aucun autre signe ni figure héraldique.

L'histoire ne nous fait point connaître les armes des seigneurs de Laval avant ce temps. L'histoire de cette maison est enveloppée d'une grande obscurité avant le VIIIe siècle ; ses annales sont remplies de faits résistant peu à la critique, accumulés par les auteurs qui se sont occupés de son origine. On sait d'ailleurs que les armoiries ne furent d'abord que des figures symboliques que chacun plaçait, selon son caprice, sur ses enseignes ou sur ses armures, et qu'elles ne se perpétuèrent dans les familles qu'après le XIe siècle. Suivant l'opinion commune, c'est dans les tournoys, dont l'établissement précéda de quelques années la première Croisade (au XIe siècle), que leur usage s'introduisit, et à cette dernière époque seulement, elles devinrent générales et invariables. Ce ne fut donc qu'après le don de Guillaume que le blason de la famille de Laval dut être fixé d'une manière certaine, et dès lors il devint stable et demeura héréditaire. Le *léopard* se conserva dans ses armoiries sous toute cette race. Le sceau de Guy II, attaché à la charte de fondation de l'église d'Avesnières, vers 1040, que Perrette de Montbron nous fait connaître (voir p. 160, note 3), dans son placet, ne porte encore en effet aucun signe. Le seigneur de Laval lui donna un caractère d'authenticité en y attachant *des poils de sa barbe avec une poignée de ses cheveux*.

II.

ILLE de Guy VI, dit le jeune, et de Ahoise de Craon, Emma reste seule héritière de la Maison de Laval, au commencement du XIIIe siècle, et finit la première race de nos seigneurs.

Le Maine et l'Anjou, après le meurtre du jeune Arthur par son oncle Jean Sans-Terre, venaient d'être enlevés à la domination anglaise, et réunis à la France. Philippe-Auguste, pour assurer sa conquête, chercha l'appui des seigneurs de ces provinces. Dans la crainte qu'Emma, héritière de l'une des plus importantes seigneuries du Maine, ne contractât une alliance contraire à ses desseins, Philippe la maria à Robert, comte d'Alençon. Le sceau d'Emma se voit alors aux armes de Robert son premier mari : *Bandé de six pièces, azur et argent, à un quartier d'argent, comme puiné de la Maison de Ponthieu.* (André Duchesne, *Hist. de Montmorency*, p. 20.)

Le décès de Robert, à Trancalou, avait laissé Emma veuve. Philippe-Auguste, fidèle à sa politique, lui donna, en 1218, pour deuxième mari, Matthieu de Montmorency, depuis connétable de France. Après cette seconde alliance, le blason de Laval change, et devient aux armes de Montmorency : *D'or, à la croix de gueules, cantonnée de 16 alérions* (1). C'est ce que nous ap-

---

(1) Le père de Cuilly (voir ci-après), cite le contrat de mariage dans lequel des obligations auraient été imposées au second époux de l'héritière de Laval. Nous comprenons peu ces conventions dont il est le seul à parler, puisque, dans son premier mariage, Emma avait déjà pris le blason du comte d'Alençon, comme on le voit par les sceaux attachés aux actes émanés d'elle. A quoi bon, d'ailleurs, ces conditions, puisque, suivant son système, il leur donne les mêmes armoiries?

prend Bourjolly (page 82 de l'exemplaire de la Bibliothèque de Laval), en disant : « *L'autre fils prit le nom de Laval, qui était celui de sa mère ; il retint les armes des Montmorency, ajoutant seulement pour différence dans la croix de gueules, les coquilles de Laval.* »

Au commencement du XVIIe siècle, une question toute nouvelle fut soulevée. Ollivier de Cuilly (1), prieur des Jacobins de Laval, prononçant dans l'église de son monastère l'oraison funèbre du jeune comte Guy XX, tué en Hongrie en 1605, entreprit de prouver que l'alliance d'Emma avec le connétable de Montmorency n'avait fait que réunir deux familles, dont l'origine et le blason avaient la même source, et que les alérions de Laval avaient doublé ceux de Montmorency, en les portant au nombre de seize.

Nous n'eussions point pensé à rappeler ce discours, œuvre d'imagination plutôt que travail historique, et dans lequel on s'attache plus à rehausser l'éclat de la famille du jeune comte qu'à la vérité de l'histoire, si, dans la suite des temps, ce long panégyrique ne fût devenu une source d'erreurs, admises sans examen par la plupart de ceux qui ont voulu écrire l'histoire de nos seigneurs.

Le docte religieux fait descendre la Maison de Laval, *de Bernard, fils de Charles-Martel*, et celle de Montmorency, *de Orchilde, fille de Childebrand, frère de Charles-Martel, mariée à un chevalier nommé Guy-le-Blond, habitant la ville de Paris, qui prit le nom de Montmorency.* De cette origine commune, il veut que les armoiries soient communes aux deux familles, que ce soit *l'alérion ou aigle porté dans leurs écussons par les princes de la lignée des Clodionistes, descendue de Clodion-le-Chevelu,*

---

(1) *Ollivier de Cuilly*, né dans le Maine au milieu du XVIe siècle, passait pour un orateur éloquent. Il mourut dans le couvent des Jacobins de Laval, le lundi 2 novembre 1620, à 11 heures du matin, âgé de 57 ans, et fut enterré le lendemain au chapitre de Saint-Dominique ; M. Troussard, religieux, prononça son oraison funèbre. *(Nécrologe Berset.)* Ollivier de Cuilly a laissé plusieurs ouvrages. (Voir *Hist. littéraire du Maine*, par Hauréau.)

fils de Pharamond, que portaient Charles-Martel et Charlemagne. (Mém. d'Ollivier de Cuilly, cité par Bourjolly et André Duchesne.)

La branche cadette de cette famille, suivant ce Mémoire, fit la maison de Laval. Elle n'avait qu'un aigle ; pour se distinguer, elle chargea son écusson de trois nouveaux aigles. Montmorency n'avait qu'une croix, il l'accosta des quatre alérions de son beau-père Childebrand.

Une victoire navale remportée sur l'Empereur de Constantinople, par Walla (1), deuxième fils de Bernard, et beau-frère de Charlemagne, donné par le P. de Cuilly comme l'auteur de la famille de Laval, lui vaut une augmentation des alérions de son écu.

Les luttes de Charlemagne et, après lui, de son fils Louis-le-Débonnaire, avec les Bretons, fournissent à notre religieux l'occasion de célébrer les hauts faits du comte Guy, qu'il dit fils de Walla, et auquel l'Empereur avait confié la garde des Marches du

---

(1) Walla fut un des grands personnages de la cour de Charlemagne. Il fut abbé de Corbie, abbaye fondée par Louis-le-Débonnaire à Corbie en Westphalie. Walla fut marié deux fois, aucun auteur n'a parlé de ses enfants. Nous avons cherché le lien de parenté qui pouvait le rattacher au comte Guy, gouverneur pour Charlemagne des Marches du Maine et de la Bretagne, et qui construisit le château, origine de notre ville ; nous devons dire que nos recherches ont été inutiles. Le père de Cuilly est le premier qui, par une analogie entre son nom et celui de Laval, l'a regardé, sans s'appuyer d'aucun auteur, comme le fondateur de notre cité ; nous ne trouvons rien qui puisse autoriser à admettre cette opinion. Paschase Rathbert, contemporain de Walla, son successeur à l'abbaye de Corbie, et son historien, ne fait aucune mention de cette circonstance de sa vie.

Tombé dans la disgrâce de l'Empereur, lors des dissensions entre Louis-le-Débonnaire et ses enfants, Walla, suivant ses historiens, se serait retiré sur les bords du lac de Genève, et non dans le Maine. Il est fâcheux qu'aucune preuve n'ait été donnée de cette origine de la Maison de Laval par ceux qui l'ont avancée. Nous sommes, toutefois, loin de repousser les gloires de notre cité : mais, en parlant de Walla, nous avons cru devoir noter ici les difficultés historiques qui se présentent sur la part que ce grand personnage a pu prendre à la fondation de notre ville.

Maine et de la Bretagne. En même temps il ajoute de nouveaux alérions à son blason.

Les historiens ne nous ont point laissé ignorer la gloire que le comte Guy, regardé comme le fondateur de notre cité, s'acquit dans ses guerres contre les Bretons. Plusieurs fois il refoula ces peuples sur leur territoire et pénétra jusqu'aux extrémités de leur pays. Nulle part nous ne trouvons les récompenses que le père de Cuilly seul lui fait donner par l'Empereur.

Après d'éclatantes victoires remportées en Bretagne, le comte Guy porta en 799 ou 800, à l'empereur Charlemagne, dans ce temps à Aix, les armes ou boucliers des princes bretons vaincus, sur lesquels leurs noms étaient gravés en signe de soumission (1). Il reçut de grandes louanges de l'Empereur. Le père de Cuilly seul mentionne les alérions dont le vainqueur aurait été gratifié ; il ne cite aucune source, les auteurs contemporains n'en disent rien.

Après la mort de Charlemagne, en 814, le comte Guy est main-

---

(1) Voici ce que les historiens contemporains ont rapporté sur le comte Guy :

. . . . . . Britonum signa et arma ducum, nominibus illorum inscriptis, per Wuydonem Marchensem, qui totam Britanniam perlustraverat, eamque in redditionem acceperat, glorioso Regi Carolo delata sunt, totaque Britannia tunc primum Francis subjugata est. (Ado Viennensis, ad annum 799.)

Cum Aquisgrani Carolus hyemaret, Wuydo, comes ac præfectus Britannici limitis, qui, eodem anno, cum sociis comitibus, totam Britonum provinciam perlustraverat, arma ducum qui se dedidere, inscriptis singulorum nominibus, detulit. (Aimonius, lib. 4, cap. 89.)

Anno Incarnationis Dominicæ 799, Wuydo comes, qui Marcam contra Britones tenebat, cum sociis Britanniam ingressus, totamque perlustrans, in deditionem recepit et regi Carolo, de Saxonia revertenti, arma ducum, qui se tradiderant, inscriptis singulorum nominibus præsentavit. Tota igitur Britannia, quod nunquam antea fuit, Francis subjugata est. (Rheginon, 799.)

Wuydo comes ac præfectus Britannici limitis, cum sociis comitibus, totam Britonum provinciam perlustraverat, arma ducum qui se dediderunt, inscriptis singulorum nominibus detulit. (Eginhard.)

tenu par Louis-le-Débonnaire dans son gouvernement du Maine. Notre orateur lui fait remporter *huit batailles rangées, dans l'une desquelles il tue Guy-Homard* (ou plutôt *Wiomarck*), *leur Roi.* Pour ces hauts faits, le panégyriste du XVIIe siècle ajoute encore huit alérions à ses armes.

Nous ne pouvons dire où le père de Cuilly a pris toutes ces victoires, de même que la mort de Wiomarck, tué par le comte Guy. L'histoire nous dit que Louis-le-Débonnaire, après avoir soumis une première fois les Bretons, leur donna Nominoë pour gouverneur.

Les Bretons révoltés de nouveau se choisissent pour roi Wiomarck au lieu de Nominoë. Louis, victorieux pour la seconde fois, emmène les principaux seigneurs du pays en ôtages. Wiomarck, avec un sauf-conduit de l'Empereur, était venu à une diète réunie à Aix, où il avait fait sa soumission. A son retour, il avait cherché à fomenter de nouvelles révoltes; Lambert, comte de Nantes, chargé de la défense des Marches nantaises, le tua dans sa maison. Il n'est fait aucune mention du comte Guy. (Voir Dom Morice, D'Argentré.)

Les coquilles de l'ancien Laval n'offrent pas une origine plus certaine. Voici ce qu'en dit le père de Cuilly : *Un ancien seigneur de Laval, faisant bâtir un château, castellum in Tectis, que l'on prétend être Saint-Ouën-des-Toits, la pierre employée dans cette construction portait des empreintes de coquilles. Elles se retrouvent,* dit-il, *dans les ruines. La tradition,* ajoute le père de Cuilly, *voulait que ces coquilles eussent été mises sur l'écusson de Laval. Ou autrement,* dit-il encore, *c'étaient les coquilles des barons bretons, que Ingonde, grande dame bretonne, avait apportées à la Maison de Laval par son alliance avec Guyon, fils du comte Guy et d'Adèle d'Anjou.* Il ne cite aucun auteur; dans aucuns des sceaux figurés par Dom Morice et appartenant aux anciens seigneurs bretons, on ne voit de coquilles.

Le P. Varennes, auteur d'un traité du blason, ayant pour titre *Le Roy d'armes*, publié en 1640, pour démontrer l'emploi des coquilles comme pièces d'armoiries, dit, sans aucunes preuves, d'après ces données, que *l'ancienne Maison de Laval, avant son alliance avec les Montmorency, portait de gueules à 5 coquilles d'argent, 3 en chef et 2 en pointe*. C'est le temps où le père de Cuilly leur donne les alérions.

Une des verrières qui décoraient l'ancienne chapelle du prieuré de Sainte-Catherine près Laval, est citée à l'appui des coquilles. Suivant Bourjolly, on y voyait un écusson portant *de sable, à 6 coquilles d'argent, 3, 2 et 1*. Le Mémoire manuscrit de Le Blanc de la Vignole sur le Comté de Laval détruit cette hypothèse, en nous apprenant qu'une dame de Mathefelon, femme de Guy VII, dont le lieu de sépulture était ignoré, avait été enterrée dans cette chapelle. Son écusson d'or à 6 écussons de gueules, 3, 2 et 1, est donc celui qui, après cinq siècles, a paru représenter à Bourjolly les coquilles données sans autorité à l'ancien Laval.

Cette foule de contradictions ne peut mieux se réfuter que par le texte même de l'historien de la Maison de Montmorency, André Duchesne, dans lequel il s'attache à détruire l'opinion du père de Cuilly, dont il cite les propres paroles. Ses preuves sont les sceaux dont usèrent les deux Maisons de Laval et de Montmorency, avant l'alliance d'Emma avec le connétable. Voici comment il s'explique : « *Il y en a aussi qui mettent en avant que les anciens seigneurs de Montmorency portèrent la croix seule jusqu'à certain Guy-le-Blond, lequel ils s'imaginent avoir épousé Orchilde, fille de Childebrand, et cousine de Pépin, roy de France, dont les armes étoient d'or à quatre alérions d'azur, et que pour honneur de cette alliance il les ajouta au canton de sa croix. Ce qu'ils disent que sa postérité garda tant qu'enfin Matthieu de Montmorency, connétable de France, prit en mariage l'héritière de la famille de Laval, qui portoit semblablement d'or à quatre alérions d'azur, et une croix de gueule chargée de cinq coquilles d'argent, à raison de quoi il multiplia ses alérions ou aiglettes, premièrement à huit, puis à seize, et retint la croix de gueule au lieu de celle d'argent. . . . . Il n'y a point de preuves* que de Childebrand, soit née une fille mariée en la Maison de Montmorency, ni qu'il ait porté les alérions d'azur dans ses armes : cela étant inventé sur ce que Charlemagne, fils de son neveu Pépin, mérita, depuis, l'Empire d'Occident qui a toujours eu l'aigle pour armoiries. . . . . . . Et d'ailleurs la première famille de Laval ne portoit pas non plus les alérions avant qu'elle fondit en celle de Montmorency ; ains avoit un léopard pour armoiries, selon que témoignent les vieux sceaux de cette famille.* » (André Duchesne, *Hist. de Montmorency*, p. 13.)

Les veuves conservaient en général le sceau qu'elles avaient employé pendant leur mariage. En 1229, le contre-sceel d'Emma, dans une charte qu'elle donne avec son second mari, est encore aux armes de Robert, comte d'Alençon. Elle donne une charte, en 1246, en qualité de dame de Laval, de laquelle elle *s'engage à livrer son château de Laval à Charles, fils du Roi de France, duc d'Anjou, à son premier mandement.* Elle ajoute à son sceau ses armes personnelles, celles de sa famille, *le léopard*. (André Duchesne, p. 20.)

Un Mémoire manuscrit de Le Blanc de la Vignolle, de l'année 1651, à l'appui des droits de la Maison de Laval à la présidence des États de Bretagne, vient encore confirmer la vérité de ce que nous avançons : « . . . . *Quant aux armes des Montmorency*, dit-il, *la bataille de Bouvines* (1) *les a signalés, et, avant l'alliance des Montmorency, les seigneurs de Laval portoient le léopard en signe de générosité, par don qu'en fit Guillaume, roy d'Angleterre, dit le Conquérant, à son neveu Guy III*e, *sire de Laval, c'est-à-dire qu'il lui permit de porter le tiers de ses armes, qui étoient : Trois léopards d'or, en champ de gueules, retenus depuis par les Roys d'Angleterre.* » Le même auteur

---

(1) Ce fut à la bataille de Bouvines, en 1214, que les alérions furent portés à seize sur les armes de Montmorency, qui, suivant les historiens du temps, avait eu la plus grande part à cette victoire. Son mariage avec Emma n'eut lieu qu'en 1218 ; il avait déjà son écu complet.

ajoute plus bas : « *Que rechercher des armes plus anciennes et des signes plus glorieux, ce seroit embrasser des chimères, parce que les plus fidèles historiens nous apprennent que, avant les premiers voyages du Levant, les armes des maisons n'étaient point arrêtées ni héréditaires et que les auteurs ne s'accordent point sur les armoiries des Roys de France, ducs de Bretagne et autres souverains* (1). . . . . . . »

Les sceaux de la première race de la maison de Laval, à la fin du XII° siècle et du commencement du XIII°, ne portent aucune trace des alérions ni des coquilles, c'est toujours *le léopard* que Guillaume-le-Conquérant a donné à Guy III en le mariant à sa nièce, Denise de Mortain. En 1197, Guy VI, père d'Emma, abolit le droit de main-morte, que son prédécesseur avait établi sur le clergé de sa baronnie. Les lettres d'abolition sont scellées du sceau de Barthelémi, archevêque de Tours, et de celui de Hamelin, évêque du Mans. Le sceau du seigneur de Laval porte *un léopard, avec une croix* vis-à-vis de la tête. On lit autour : *Sigillum Domini Lavallensis* (2).

Ce même seigneur, en 1208, confirma tout ce que son père avait donné lorsqu'il créa douze chanoines qu'il établit dans son château de Laval. Le sceau de cette charte, en cire verte, couleur réservée aux affaires ecclésiastiques, porte *le léopard* d'un côté, de l'autre, *un chevalier armé, à cheval, tenant une épée en main* (3). Le bouclier, pas plus les bardes du cheval, ne portent d'alérions.

C'est seulement après l'alliance d'Emma avec le connétable, que se voient les alérions sur le sceau de nos seigneurs. En effet, un sceau de Guy VIII, de l'année 1292, encore attaché à un titre de donation du lieu de la Perrine (4), près la place de Hercé de

---

(1) *Mémoire manuscrit* à la Bibliothèque de Laval.
(2) Bourjolly, p. 71 du manuscrit de la Bibliothèque de Laval.
(3) *Titres de Saint-Tugal*, Bibl. de Laval.
(4) Appartenant aujourd'hui à M. Vauguyon.

notre ville, porte un chevalier armé de toutes pièces, avec les alérions sur son écu, au contre-sceel, le léopard, avec ces mots : *Le secret de Guy de Laval, chevalier.*

La deuxième race de la famille de Laval a fourni deux évêques au siége épiscopal du Mans. Le premier, Geoffroy de Laval, de 1231 à 1234, prit les armes de l'ancien Laval : *De gueules au léopard d'or.* Le deuxième, qui fut Guy de Laval, de 1326 à 1339, porta de Laval-Montmorency : *D'or à la croix de gueules, chargée de cinq coquilles d'argent, et cantonnée de seize alérions d'azur* (1).

(1) *Hist. des Évêques du Mans*, 1 vol. in-8°, 1837.

III.

Guy XII, dont le fils, le jeune sire de Gavre, mourut en bas âge et sans postérité, se termine la seconde race de la Maison de Laval, dite *Laval-Montmorency*. Anne, héritière de son frère, épousa, le 22 janvier 1404, Jehan de Montfort. Par le contrat de mariage, Jehan s'engagea à prendre *les noms, armes et cris* de l'héritière de Laval.

Pendant la durée de cette race, une guerre d'invasion met la France à l'extrémité. Au milieu des malheurs qui désolent le royaume, les seigneurs de Laval restent fidèles à leurs souverains. On les voit sacrifier leur vie et leurs biens pour chasser du territoire les Anglais qui l'ont envahi. Leurs châteaux sont brûlés et démolis ; Saint-Ouën, la Gravelle, Meslay, Bazougers, Montsûrs, etc..., sont ruinés de fond en comble pendant cette guerre. André de Lohéac, l'un des plus redoutables adversaires des Anglais, appartient à cette branche.

Charles VII, à Reims, érige en 1429 la Baronnie de Laval en Comté, pour récompenser Guy XIV de sa valeur et de ses sacrifices. Les Rois de France, successeurs de Charles, ne cessent de combler les seigneurs de Laval de bienfaits, et d'enrichir leur Comté de privilèges magnifiques et importants. (Voir *Annuaire de la Mayenne*, année 1858 ; Laval, H. Godbert.)

Les armoiries de Laval reçoivent dans ce temps une augmentation des plus honorables. Louis XI, en l'année 1463, nomme Guy XIV gouverneur de la ville de Melun, et, en même temps, lui permet d'écarteler son écusson des armes de France (1). On voit, au Musée de Laval, sur l'extrémité d'une poutre, sortie d'une maison démolie pour l'ouverture de la rue des Halles, un jeune page portant sur un bouclier l'écusson de ce seigneur. Il est *d'or à la croix de gueules, chargée de cinq coquilles d'argent, accostée au premier des fleurs de lys de France, au 2º, 3º et 4º des alérions de la Maison de Laval.*

Le Musée de notre ville possède un autre écusson, sculpté à l'extrémité d'une pièce de bois, sortie de l'ancien palais du greffe de Laval. Cet écusson semble révéler une erreur de notre historien Bourjolly.

Pendant la guerre que Charles VIII fit en Bretagne, Guy XV après s'être montré d'abord indécis entre le Roi de France et le duc François II, se décida enfin pour le parti du Roi, et lui livra son château de Vitré. Charles, victorieux à Saint-Aubin, récompensa le sire de Laval de son attachement, et lui donna des lettres de confirmation de l'érection de sa baronnie en Comté. En outre, le 6 août 1488, il lui fit, suivant Bourjolly, concession du comté de Dreux.

La maison d'Albret posséda le comté de Dreux de 1381 à 1557. Un des quartiers de l'écusson ci-dessus, dont le seigneur de Laval écartela ses armoiries, annoncerait la concession du comté d'Evreux plutôt que de celui de Dreux, faite au sire de Laval, et montrerait une erreur de la part de Bourjolly. L'écu porte: *Au premier, de France, au 2º et 3º, de Laval, au 4º, d'Evreux, qui est d'azur à 3 fleurs de lys d'or, à la bande componée de gueules et d'argent, sur le tout de Vitré, au lion d'argent sur un fond de gueules.*

Nous retrouvons cet écusson sur une Bulle donnée à Rome en 1490, contenant des Indulgences pour l'église d'Ahuillé. Cette

---

(1) Bourjolly.

Bulle est écrite sur parchemin, entourée de vignettes enluminées avec un luxe de coloris, comme on savait le faire à cette époque. L'écusson du seigneur de Laval s'y retrouve en qualité de seigneur de paroisse

On doit à Guy XVII, le dernier des Montfort, la construction ou seulement l'achèvement de ce que l'on appelait *le Petit Château* ou *la Galerie*, servant de nos jours de Palais-de-Justice après bien des changements et augmentations. Les écussons que nous voyons vides, contenaient dans le temps, suivant Le Blanc de la Vignolle, les armes de Laval écartelées de Foix, par l'alliance de Guy XVII avec Claude de Foix.

La maison de Foix portait *d'or à 3 pals de gueules.*

IV.

RENÉE de Rieux, fille de Claude de Rieux et de Catherine de Laval, fille de Guy XVI et de Charlotte d'Arragon, mariée en 1519 (p. 167), commence la quatrième branche des seigneurs de Laval qui prend le nom de Laval-Rieux-Coligny. Renée succède à Guy XVII, le dernier des Montfort décédé sans enfants en 1547. Cette troisième branche reste en possession du comté de Laval jusqu'en 1605.

Renée de Rieux embrasse la religion réformée ; elle meurt sans laisser d'héritier. Paul de Coligny, fils de Claude de Rieux, sœur de Renée, mariée à François de Coligny, seigneur d'Andelot, hérite des biens de sa tante, en l'année 1567.

Paul meurt en 1586, laissant de Jeanne d'Allègre sa femme, un fils, Guy XX, qui est tué en Hongrie en combattant au service de l'empereur Rodolphe, contre les Turcs. Il s'était converti à Naples l'année précédente, à la vue du miracle du sang de saint Janvier.

Les guerres de religion ne cessèrent d'agiter la France pendant cette période de temps où la branche de Rieux-Coligny posséda le comté de Laval. Les Coligny se jetèrent dans l'hérésie et furent des plus ardents propagateurs de la nouvelle religion prétendue réformée. Les habitants de Laval, toujours restés fidèles à leur foi, n'eurent pas pour leur seigneur toute la déférence de fidèles serviteurs. Ce ne fut qu'à cause de son titre de dame de Laval que

Renée de Rieux fut déposée, après sa mort, au tombeau de ses pères, à Saint-Tugal. Jeanne d'Allègre ne fut enterrée que dans la chapelle du château, à cause de la religion qu'elle professait.

Cette branche n'a laissé aucun souvenir dans notre ville. Ses armoiries étaient :

Pour Sainte-Maure, mari de Renée de Rieux, dite *Guyonne : D'argent à la face de gueules.*

Pour de Rieux, *D'azur à 10 besants d'or, rangés 3, 3 et 1, en pointe.*

Les Coligny portèrent : *Ecartelé au premier et dernier de Coligny qui est de gueules à l'aigle éployé d'argent, couronné et membré d'or, au 2e et 3e de Laval, d'or à la croix de gueules, chargé de 5 coquilles d'argent, accompagné de 16 alérions d'azur.*

V.

N 1605, le comté de Laval passa à Henry, fils de Claude de la Tremoille et de Charlotte de Nassau qui succéda à Guy XX mort sans enfants. Les la Tremoille descendaient du dernier des enfants de Guy XVI et de Charlote d'Aragon, Anne de Laval, qui avait épousé en 1521 François de la Tremoille.

Presque un siècle s'était écoulé depuis le mariage d'Anne, les conventions matrimoniales étaient oubliées, le blason de Laval ne paraît plus que dans un quartier de celui de la Trémoille, qui y ajoutent les armes des Deux-Siciles, auxquelles l'alliance de Laval leur donne des droits.

Les combinaisons de l'écusson de la Trémoille sont variées; on le retrouve sous différents aspects. En tête du Mémoire présenté par Henry, dit Guy XXI, au Congrès de Munster (1), en 1648, pour soutenir les droits qu'il tenait de son aïeule Charlotte d'Aragon, se voit ce blason :

Au premier, *d'azur à trois fleurs de lys d'or*, qui est de France; au deuxième, de Laval-Montmorency, *d'or à la croix de gueules, chargée de cinq coquilles d'argent, cantonnée de 16*

---

(1) Un vol. in-fol. imprimé à Paris chez des Hayes, 1648; Bibliothèque de Laval. Il a pour titre : *De regni neapolitani jure, pro Tremollio duce....*

alérions d'azur ; au troisième, d'Anjou-Sicile, *écartelé*, au premier quartier, *tiercé en chef, chargé d'argent et de gueules de 8 pièces*, pour Hongrie ; au 2ᵉ, *semé de France au lambel de trois pendants de gueules*, pour Anjou et Sicile ; au 3ᵉ, *d'argent à la croix potencée d'or, cantonnée de 4 croisettes de même* ; au 2ᵉ et 3ᵉ quartiers d'Aragon, *d'or, au pal de 4 pièces de gueules* ; au 4ᵉ, de Jérusalem, *à la croix potencée d'or, cantonnée de 4 croisettes de même* ; au quatrième quartier, de Bourbon-Montpensier, *d'azur à 3 fleurs de lys d'or, au bâton de gueules péri en bande ;* sur le tout, *d'or au chevron de gueules accompagné de 3 aiglettes d'azur, becquées et membrées du second émail*, qui est de la Trémoille.

Un juge, ou *bailli seigneurial*, dont la nomination appartenait au seigneur, remplit dans notre ville les fonctions de maire jusqu'à la moitié du dernier siècle. Les habitants eurent plus d'une lutte à soutenir contre leurs seigneurs pour avoir la faculté d'administrer eux-mêmes leurs affaires municipales.

On voit en tête de tous les actes municipaux de ce temps les armes de la famille qui possédait alors le comté.

L'ordonnance de police qui règle la marche de la procession de la Fête-Dieu, du 7 juin de l'année 1686, est ornée d'un écusson aux armes de Charles de la Trémoille, dit Guy XXIII, qui avait épousé Magdeleine de Créqui.

Il est écartelé : au premier, d'Aragon, *d'or à 4 pals de gueules, flanqué d'argent à 2 aigles de sable* ; au 2ᵉ, de France, *d'azur à 3 fleurs de lys d'or* ; au 3ᵉ, de Bourbon-Montpensier, *d'azur à 3 fleurs de lys d'or au bâton de gueules péri en bande* ; au 4ᵉ, de Laval, *d'or à la croix de gueules, chargée de cinq coquilles d'argent, cantonnée de 16 alérions* ; sur le tout, *d'or au chevron de gueules, accompagné de 3 aiglettes d'azur, becquées et membrées du second émail*, qui est de la Trémoille. C'est l'écusson qui se retrouve le plus fréquemment.

D'autres écussons présentent cette combinaison dans les quartiers : au 1ᵉʳ, de France ; au 2ᵉ, d'Aragon ; au 3ᵉ, de Laval ; au 4ᵉ, de Bourbon-Montpensier ; sur le tout, mi-partie de la Trémoille et de la Tour, *d'azur, à la tour d'argent, l'écu semé de fleurs de lys d'or*, armes de Marie de la Tour, femme de Guy XXI, qui eut pendant long-temps la tutelle de son fils.

On a vu aussi quelquefois sur l'écusson des La Trémoille les armes de Vitré, *de gueules au lyon d'argent*. Ce lion a souvent été cause d'erreur, en le confondant avec le léopard de Laval.

En 1737 l'office de maire de la ville de Laval devient électif; les habitants reprennent pour leurs sceaux les armes de leur ville, *le léopard*. Une des dernières pièces sorties de l'admistration municipale de Laval, avant la chute de la monarchie, le 17 février 1789, M. Frin du Guiboutier étant alors maire, porte cette formule imprimée : « *En foi de quoi nous avons signé le present, sous le sceau des armes de la ville et contre seing du secretaire greffier de cet hotel.* » Le sceau est *le léopard d'or, sur un champ de gueules*, tel que Guy III l'avait reçu de Guillaume-le-Conquérant, au XIe siècle.

VI.

On joignait aux armoiries *les devises* et *le cri de guerre*. Avant que la guerre ne fût une science, *le cri de guerre* ou *le cri d'armes* servaient à rallier les gens d'armes autour du chef, au milieu de la mêlée. C'était aussi pour s'animer mutuellement que les bandes poussaient leur cri de guerre au moment du choc et pendant la lutte.

Les cris variaient à l'infini ; le plus souvent, le vassal criait le nom du seigneur sous la bannière duquel il combattait. *Montjoye* et *Saint-Denys* étaient le cri de guerre de nos Rois.

La devise des Montmorency était *Dieu aide au premier baron chrétien ;* leur cri de guerre, *Dieu aide.* Le *Nobiliaire de Bretagne,* déjà cité, donne à l'ancien Laval *le léopard* pour armes, et pour devise : *Eddem mensurâ , avec la même mesure , nous l'égalons en force.*

Les gens d'armes de nos seigneurs avaient pour cri de guerre : *Laval.* Froissard nous dit que Guy XII, combattant en 1382 contre les Flamands au passage de la Lys , au pont de Commines, les bandes de Laval et celles du seigneur de Saint-Py, confondues ensemble, faisaient entendre les cris de *Laval, Saint-Py*, etc.

VII.

Pour donner aux actes un caractère authentique on se servait de sceaux. Les notaires et tabellions en eurent de particuliers dès le XIVe siècle. Les notaires royaux se servirent d'une fleur de lys, ceux du comté de Laval prirent les armes du seigneur de Laval, au nom duquel ils instrumentaient. Ils y ajoutèrent les armes de leur principale résidence, *le léopard*. Leur sceau fut mi-partie *de gueules à une moitié de léopard d'or* à la première partie ; à la seconde, *d'or à la croix de gueules, chargée de 3 demi-coquilles et une entière d'argent ; aux deux cantons 8 alérions d'azur*. Autour était cette légende : *Le sceel des contrats de Laval-Guyon.*

L'usage des sceaux, *attachés sur queue*, se maintint dans les actes notariés, jusqu'à la fin du XVIe siècle. Au XVIIe, des édits ordonnent que le papier et le parchemin employés dans les actes porteront une marque particulière ou *timbre*. Chaque province ou généralité eut son timbre particulier ; ce fut l'origine du papier marqué. (Voir Cherruel, *Dict. des Institutions de la France.*)

VIII.

Les villes avaient aussi leurs armoiries. C'est à l'extinction de la première race de nos seigneurs, lorsque le blason de la Maison de Laval changea par le mariage d'Emma avec Matthieu de Montmorency, que notre ville prit pour ses armes particulières *le léopard* de ses anciens seigneurs.

Bourjolly, après avoir parlé de la concession faite par Guillaume-le-Conquérant à Guy III, d'une partie de ses armes, ajoute : *Ce léopard sert à présent d'armoiries à la ville de Laval.* (Pages 43 et 80 de l'*Exemplaire de la Bibliothèque de Laval*). Cette phrase n'est point une addition moderne, puisqu'on la retrouve dans un ancien exemplaire dont l'écriture indique le temps même où cet auteur écrivait son histoire des seigneurs de Laval, vers 1711.

Le léopard, suivant lui, était placé sur la Porte Renaise, *Porta Rhedonensis*, de nos anciennes chartes, située au bas de la rue du même nom, sur le bord de l'étang qui, alors, servait à défendre l'approche de l'enceinte des murailles par ce côté.

En 1464, Anne, comtesse de Laval, reconnaissait le léopard pour les armes de la ville ; elle les faisait mettre avec celles de sa maison, sur le timbre qui, du sommet du beffroi du château, devait annoncer les heures aux habitants. En l'année 1837, lors de la destruction de cette flèche élancée, à laquelle on donnait le nom de *la Grande Horloge*, remplacée par le campanile du Palais-de-Justice, on a dû à l'administration municipale du temps, au moyen d'empreintes, prises avant que le timbre ne fût brisé, la conservation du blason qu'il portait.

D'un côté c'étaient les armes de *Laval-Montmorency*, de l'autre *le léopard* ; entre les deux écussons se lisaient ces vers :

   L'an mil cccc soixante quatre,
   Anne, comtesse de grand renom,
   De Laval, sans rien debattre,
   Me fist faire, et porter son nom.

Au milieu du XVI⁰ siècle, notre chroniqueur, Guillaume Le Doyen, constate aussi, dans sa prose rimée, les armoiries de notre ville, en disant que ce fut :

   . . . . *Un lyon passant,*
   D'antiquité maint autres surpassant.

Mais il leur donne une origine d'une antiquité bien autrement reculée. Il les fait remonter jusqu'à César, le conquérant des Gaules, faveur que ce grand homme n'accorda, dit-il, aux habitants, qu'après avoir éprouvé leur courage dans maints combats, et avoir, non sans peine, remporté sur eux d'éclatantes victoires.

Quoiqu'il en soit de cette histoire un peu apocryphe, sortie de l'imagination de notre historien-poète, toujours en ressort-il qu'à l'époque où il écrivait, les armes de la ville étaient *un léopard*, puisque, suivant les règles connues du blason, *le léopard n'est autre chose qu'un lyon passant, dont la tête, vue de face, présente les deux yeux.* (Le P. Menestrier, *Nouvelle méthode de Blason*, Lyon, 1770, p. 600.)

D'anciens comptes de l'Hôtel-de-Ville de Laval, des années 1644-1653, donnent encore les mêmes armoiries. On y voit : *Des écussons aux armes de la ville, d'un Lyon léopardé, d'or, en champ de gueules*, fournis pour les torches de cire que MM. les officiers de la maison de ville portent à la procession de la Fête-Dieu.

Au dernier siècle, la ville de Laval avait le léopard dans ses armoiries, on le voyait sur le sceau de l'Hôtel-de-Ville, sur la livrée de ses agents. La Révolution supprima tous ces signes héraldiques; après un demi-siècle, les villes ont recherché leur blason, Laval a repris ses armes véritables : *De gueules, au léopard d'or, armé et lampassé d'azur.*

De cette note, peut-être un peu longue, il résulte donc que c'est à tort que le P. Ollivier de Cuilly, le R. P. Prieur des Jacobins de Laval, voulut, en 1605, dans son oraison funèbre du jeune comte Guy XX, donner à la première race des seigneurs de Laval, pour ajouter à leur illustration, les armoiries des Montmorency, tandis que, suivant toutes les preuves de l'histoire, elle portait *le léopard*, donné à Guy III par Guillaume-le-Conquérant, duc de Normandie et comte du Maine.

Il en résulte encore que, depuis le changement de race, en l'année 1218, la ville de Laval conserva pour ses armes le léopard jusqu'à la fin du XVIII° siècle, et que c'est avec raison qu'elle l'a remis sur son écusson dans ces derniers temps.

(XX. — Page 187.)

Baptisans asnes et veaux....

Baptisans, baptusant : Baptre, battre, battant.

Recollection des matières contenues es presentes Annalles et Chronicques du Comté de Laval et parties circonvoisines.

Abondance des biens de la terre	27	Andouillé. On y joue *les Peines de l'Enfer*	227
Ahuillé. Chute du clocher	147	André de Laval, sire de Lohéac	331
Aisne, François, prieur de Sainte-Catherine	127	— Sa mort, ses funérailles	34
Ajustements (Luxe des)	9	Angers (La quincte d')	279
Albardiers (Les) amènent du blé à Laval	25	— Vins d'	295
Albret (D')	48	Anglais, maîtres de Laval	5-6
Alençon (Duc d'). Sa mort	197	— Laval repris sur les	7
Allègre (D')	142	Angle (L'abbé d')	256
— Jeanne (D') enterrée dans la chapelle du château	378	Anjubault, Nycole, prédicateur	203
Alliance de François Ier avec le Pape contre les Turcs	285	Anne de Bretagne épouse Charles VIII. Sa suite passe à Laval	69
Al Myion	235	— épouse le duc d'Orléans, Louis XII	82-83
Ambassadeurs reçus par Charles VIII à Laval	43	— passe à Laval	112
Ancenis (Journée d')	5	— Sa mort	151
Andouilles à un haut prix	215	Anne de Cotteblanche, fondatrice de Patience	199

RECOLLECTION DES MATIÈRES.

Anne de Laval réunit les chanoines de Montsûrs à ceux de Saint-Tugal. **8**
— fait construire la Grande Horloge. **384**
Anne de Laval, fille de Guy XVI, épouse le prince de Talmont. **184**
Anne de Montmorency, femme de Guy XVI. Son entrée à Laval. **162**
— Sa mort. **200**
Anne de Montmorency, tuteur de Guy XVII. **281**
Anthoinette de Daillon, 3e femme de Guy XVI. Son entrée à Laval. **209**
Antoine, bâtard de Bourgogne. **51**
Apothicaire, un seul à Laval. **9**
Appels de la Cour de Laval envoyés au Parlement de Paris. **31**
Arbalétriers (Réformation des). **187**
Armoiries de Laval et de ses seigneurs. **241-362-384**
Arras (Habitants de Laval emmenés à) par Louis XI. **12**
Arquenay, Guillemette (d') **248**
Auditoire. Parloir aux bourgeois. **210**
Aumône fleurie. **259**
Ave Maria, fondé à Saint-Vénérand. **183**
Avesnières *(Mystère St-Blaise* joué à). **133**
— Fondation du prieuré (d'). **161**
— Miracles de Notre-Dame-d'. **282**
— Tableau des miracles de Notre-Dame d'. **283**
— Construction du clocher. **283-289**

Ahoise de Craon, mariée à Guy-le-Franc. **7**
Auvé, Ser de la Marie. **81**
Baleines. Viande de baleine servie sur la table **228-270**
Bannière des seigneurs de Laval. Ses couleurs. **243**
Barbé (Etang de). **189**
— *Mystère Sainte-Barbe* joué à. **280**
Barbin, Tugal. Sa mort. **198**
Barillet, Etienne, prédicateur. **226**
Basilique Saint-Roch au cimetière d'Avesnières. **320**
Bataille de Pavie. **194-197**
Baudricourt (Jean de). **51**
Beaudouin de Fallais. **48**
Beaulieu. **110**
Beauregard, donné à François de Laval. **218**
Beauveau (Claude de), prieure d'Avesnières. **185**
Bellaillé (Moulins à foulons de). **7**
Bellanger, Jean, prédicateur. **222**
Bellay (du) Ser d'Hauterives. **81**
Bénédictines; leur établissement à Mont-Martin. **221**
Berault, Jehan, enterré aux Cordeliers. **271**
Berset (de). **81**
Berthevin (Légende de St) **157**
Bestiaux, menés en Brie. **26**
Bétail exporté. **167**
Blanchisseries de toiles à Bootz **28**
— à Paulivard, à Chantelou. **29**
Blé à haut prix. **23-27-30-96-97-102-109-121-162-176-230-290.**
— emmené en Beauce et en Bretagne. **21-193**
— à bon marché **83**

RECOLLECTION DES MATIÈRES.

— amené à Laval par les marchands 173
— La Bretagne en fournit 223-225
Bodard, J. 185-186
Bodin, Jehan, charpentier 89
Bois-Dauphin . 248-250-278
Bois à brûler, cher. 89-209-288
Bondy, Pierre, enterré près les fonts de Saint-Vénérand 272
Bondy, Nicolas, donne pour construire une chapelle à St-Vénérand 275
Bonne Encontre. Ordre de donner ce nom à la Trinquerie 67
Bonnesloc pille le faubourg St-Vénérand . . 39
Bonnet, J. 185
Bootz (Lavanderies à) . . 28
— *Ste-Barbe*, joué à . . 74
Bouchet, Jehan 256
Boullain, Jehan, amène du grain à Laval . . . 122
— donne une vitre à St-Vénérand 182
— Son fils étrenne le Cimetière St-Vénérand . 146
Bourbon (Charles de), connétable de France, mort devant Rome . . . 210-211
Bourbon (Gilbert de), comte de Montpensier. 50
Bourbon (Pierre de), sire de Beaujeu 50
Bourg-Hercent. (Maison de plaisance de dame Hersende au) 6
— lieu de naissance d'Ambroise Paré . . . 6
Bourgon (Terre de) . . . 250
Boutré, Jehan, seigneur d'Entramnes 72
Boussard, Geoffroy. Sa mort 196

Bouteruche, G. 185
— Guillaume fait le pavé neuf de la rue du Cymetière-Dieu . . . 162
Brée, Sr de Fouilloux (Gilles de) 277
— Note sur la famille. . 277
Breil (Jehanne Le), Vᵉ André Quesnay 273
Bresse (Philippe de) . . . 50
Bret (Pean Le) 136
— Mathurin (Le), prédicateur 190
— René (Le) 228
Bretons (Les) viennent jusqu'à la Porte Renaise, emmènent des prisonniers 70
Bricet, François 136
Bruneau, Jacques, conduit à la Maladrerie de Saint-Nicolas 115
Capayrie, poisson de mer? 276
Caque-Sangue 319
Carré, Jehan, receveur de l'hospice 219
Catherine d'Alençon, femme de Guy XV, pose la première pierre de l'église Saint-Vénérand 6
— veuve de Guy XV. Sa mort. Enterrée à Saint-Tugal 110
Catherine de Laval, fille de Guy XVI, épouse Claude de Rieux . . . 167
Le Cerf travaille à l'augmentation de l'hospice Saint-Julien 219
César change le nom de Dunellés en Laval, donne des armoiries à la ville de Laval 6-240
Chaire au Cimetière St-Vénérand 204
Changé-lès-Laval (Prieuré de) 128

Champaigne (Marie de), femme du S⁣ʳ de Villiers ... 82
Chanson ... 95
Chantelou (Blanchisseries de toiles à) ... 29
— Vignes au fief de ... 350
Chapelle-Anthenaise. Son cidre ... 21
Charité des bourgeois de Laval ... 23
Charles VIII. Son arrivée à Laval ... 37
— revient à Laval ... 42
— reçoit diverses ambassades à Laval ... 43
— entre dans Vitré ... 42
— épouse la duchesse Anne ... 69
— revient à Laval ... 71
— Son entrée à Naples ... 77
— Sa mort ... 82
Charles-le-Téméraire, tué ... 11
Charlotte d'Aragon, mariée à Guy XVI ... 91
— Son entrée à Laval ... 92
— Sa mort. Enterrée à Saint-Tugal ... 112
Chastillon ... 142
Châteaubriand ... 48-278
Châteaugontier (Blé amené de) à Laval ... 27
Chesdasne (Maison) ... 22
Chesnaye (Fief de la) près Thévales ... 33
Chiffollière (Clos de vignes à la) ... 348
Cidre de la Chapelle-Anthenaise ... 21
— Abondance de ... 100-204
Cimetière St-Vénérand. Bénédiction ... 144-145-353
Cimetière-Dieu, fondé par les Ouvroulns ... 14-303
— Tombeau de l'évêque de Léon au ... 15-304
— Cimetière de l'église du ... 16

— Sacristie abattue par les gens de St-Melayne ... 71
Clairettes, dames de Patience ... 199
Clément VII, pape. Sa mort ... 287
Clermont (Abbaye de) ... 114
Clos de vignes à Saint-Melayne ... 350
Coconnière (la) ... 163-309-349
Coësmes (De), S⁣ʳ de Lucé, capitaine des francs archers ... 187
Coligny, S⁣ʳˢ de Laval ... 377
Combat entre un Anglais et un Français à Laval ... 72
Commissaires du Roi pour le sel ... 164
Comper (Château de) ... 200
Complainte des Bretons après la bataille de St-Aubin-du-Cormier ... 45-53
Concise (Forêt de) ... 89-171-172
Congrier (Prairie du) ... 189
Coqueluche ... 134
Cordeliers (Mortalité aux) ... 24
— (Chapitre des) tenu à Laval ... 106
— Construction aux ... 284
Cormerye, Jehan. Ses dons à St-Vénérand ... 198
— Sa mort ... 216
Cosson, Jehan, travaille à l'hospice St-Julien ... 219
Costumes et habillements ... 9
Coulonneau, Antoine. Sa mort ... 117
Cour Chevalier ... 202
Cour du Grenetier, au faubourg du Pont-de-Mayenne ... 224
Courbusson, Robert, premier enterré dans l'église Saint-Vénérand ... 182
Couronne, pièce de monnaie portée à 39 sols ... 160
Courte, Jehan, bienfai-

teur des Jacobins.   67-212
Courteille (La)   198
Coutume du Maine. Représentants du comte de Laval à la réformation   185
Cri de guerre des S^{grs} de Laval.   382
Croisade contre les Turcs 159
— Les deniers de la Croisade volés   169
Croix-Bidault (Carrefour de la)   197
Croixmare, S^{gr} de Saint-Denis-du-Maine. . . .   248
Cropte (La).   142
Cuilly (Ollivier de), prieur des Jacobins. Son oraison funèbre de Guy XX.   366
Dauphin (Charles VIII), marié à Marguerite de Bourgogne   23
Déclaration forcée du revenu   170
— par les abbés et prieurs   174
Déluge (Crainte du) . . .   192
Des Cordes (Le maréchal)   42
Devise des S^{grs} de Laval.   382
Duc (Macé le).   140
Duel entre un Français et un Anglais à Laval . .   72
Dunelles, ancien nom de Laval changé par César 6-240
Dominicains. Dominique St. (Voir Frères Prêcheurs).
Domus Dei de Lavalle. .   349
Doyen de Laval   272
Doyen (Guillaume Le), notaire.   14
— se marie.   36
— conserve sa place de notaire.   161
— employé à St-Julien .   229
Drappiers à Laval   29
Eau amenée de la Valette aux fontaines de Laval.   118

Eaux (grandes) 78-148-224-287
Ecoliers d'Angers. Leur révolte.   205
Ecus portés à 40 sols. .   160
Election créée à Laval, séparée de celle du Mans.   31
Emma de Laval, mariée à Montmorency   365
Enfants de France, en ôtages en Espagne, rendus.   226
Epices chères. Pourquoi.   189
Epitaphe de Guy XVI. 235 à 264
— du même en rithme alexandrine.   265
Ermitage de la forêt de Concise.   312
Espagnols viennent acheter des toiles à Laval..   28
Espinay (Mme d'), marraine d'un fils de Guy XVI   102
Espinguiers.   30
Eumond (La veuve) vend l'emplacement du cimetière St-Vénérand. Epitaphe. 145-356
Evron (Procession à) pour les maladies qui règnent à Laval.   320
Favière, prieur de Changé-lès-Laval. Sa mort.   128
Feschal (de), S^{gr} de Marboué.   72
— (Ollivier de), gouverneur de Laval   72
— baron de Poligné. . .   277
Feuvre (Le), prédicateur.   289
Floridas, portier du château.   126
Foins fauchés à la Toussaint.   162
Foire au Gast.   7
Fontaines (l'eau de la Valette amenée aux). . .   118
Fougères (Prise de).. . .   61
Fouilloux (S^{gr} de). . . .   277

Fouquet, Jehan, meunier des Trois-Moulins, aide à reprendre la ville sur les Anglais.. 7
Four banal de l'hospice Saint-Julien. 224
France (Etat de la), pendant la captivité de François Ier. 198
François II, duc de Bretagne 51
— Son épitaphe. 55
François de Laval, fils de Guy XVI, mort à la Bicoque 101
François de Laval, évêque de Dol, prieur de Sainte-Catherine, aumônier de Saint-Julien, chargé des augmentations de l'hospice que fait Guy XVI.. 218
François de Laval, S^{gr} de Châteaubriand, tuteur de Guy XVII. 247
François de Montfort, dit Guy XVI. 50
François Ier. Son avènement au trône. 153
— prisonnier à Pavie . . 194
— sort de prison. Son mariage. 205
— en Bretagne, à Laval. 270
François Sforce, duc de Milan. Sa mort.. . . . 288
Francs archiers (Réformation des). 187
Francs taupins. 187
Fremont. Leur exécution. 105
Frères Prêcheurs, *Jacobins*, *Dominicains*, s'établissent à Laval. 55-65
— La reine de Sicile fait faire le portail. 66
— Terrains achetés.. . , 67
— Jehan Courte leur bienfaiteur.. 67

— Dédicace de l'église. . 84
— Antoine Coulonneau y donne une chapelle.. . 117
— François Touillon leur bienfaiteur.. 128
— La veuve Touillon donne une vitre. . . . 139
— Ordination aux. . . . 144
— reçoivent l'argent pour la Croisade. 160
— Leur réfectoire et leur cuisine. 204
— Embellissements du couvent. 222
— Incendie. 229
— Le prédicatoire. 284-289-291
— Chapelles 292
— Autorisation de les établir à Laval. . . . 340
Frezeau de la Frezelière, gouverneur de Laval. . 72
Frin du Guyboutier, maire de Laval. 381
Fromentières (Vin de).. . 208
Froullay (De).. 278
Fruits souffrent des insectes. 24
Funéraille (La pompeuse) de Guy XVI 231
Galerie du Château. Sa construction. . . . 126-138
Gauffre (Le) et Le Lamier, jouent le mystère Saint-Sébastien à Boolz. . . 174
Gay (André Le), chanoine du Cimetière - Dieu, bâtit la rue du Manoir. 16
— doyen de Laval. Sa mort. 272
Genest (*Mystère Saint-Etienne* joué au). . . . 132
Gilles de Laval, S^{gr} de Loué. 235
Gilles de Pommain. . . . 148
Grains (Accapareurs de).. 121
Grand pavé des Halles. . 8
Grands jours. 282

RECOLLECTION DES MATIÈRES.

Gravelle (La) Guy XVI y est tué.. 231
Grazay (De), Sgr de Vauberger. 248
Grêle. 79-97
Grenier à Sel. Droit de grenetage donné par François Ier à Guy XVI. 154
Gué-d'Orgé (Vignes au). . 348
Guerche (Prise de la). . 5-11
Guy le Franc, marié à Avoize de Craon. . . 7
Guy (Le comte) fondateur du château de Laval. Ses victoires contre les Bretons. 368
Guy II de Laval, mari de Berthe de Bloys. . . 6
— fondateur d'Avesnières. Son sceau. 161
Guy XIV. Sa mort. Enterré à Saint-Tugal. . . 30
Guy XV. Son arrivée à Laval. 39
— fondateur avec Guy XVI du couvent de Patience. 199
— Sa mort. Enterré à Saint-Tugal. 89
Guy XVI, dit Nicolas de la Roche. 84
— épouse Charlotte d'Aragon. 91
— fait construire la galerie du château.. 126-138
— au mariage de Louis XII. 153
— envoie ses enfants à la cour. 156
— augmente l'hospice Saint-Julien. 218
— aux fêtes à l'arrivée de la Reine. 227
— Sa mort. Ses funérailles 231
— Son épitaphe. . 235-265
Guy XVII à la cour. . . 281
— achève la galerie du château. 126

Guy de Laval, Sgr de Lezay. 236-248
Guybert, Christophe, prévôt envoyé à Laval. . . 282
Guybray (Foire de). . . 115
Guy de Chartres, prédicateur. 176
Guy l'an leu 113
Habitants de Laval reviennent à la ville le samedi 168
— fuient la ville à cause des maladies 158
Halles anciennes, jadis au Marchis ; transférées près du château. Date de leur construction. 8
— Sermons aux. . . . 130
Hamon de Laval, père de Guy II. 6-363
Hal frays : Congre. . . 270
Hautefort (D'), Sgr d'Hauterives 81-331
Hardy de Levaré . . . 181
— achète l'hôtel de Pontfarcy sur la place de la Chiffolière, pour l'Hôtel-de-Ville. 211
Haute justice de Laval. . 310
Hauterives (Seigneurie d'). 15-81-331.
— Pilier ajouté à sa justice 53
Hayreau, Michel, procureur de fabrique à St-Vénérand 179
Hennier, Jehan, dans le *Mystère de Ste-Barbe*. 75
— René, juge de Laval. Sa mort 185
Henri II. Son mariage avec Catherine de Médicis. 287
Hiver rigoureux. . . 19-113-134-178-190.
Hospice St-Julien, dans l'enclos des Lices. . . 84

— augmenté par Guy XVI 218
L'Hospital (Adrian de) . . 47
Houllière, René. Sa mort 276
Howard, amiral anglais. 150
Hubert, André 268
— René joue Dioscorus, dans le *Mystère de Sainte-Barbe* 75
— René 185
Hunaudaye 49
Hune (Ser de la) 248
Hutin, Colas, achète l'emplacement du Cimetière St-Vénérand . . . 145
— François. Ses dons à St-Vénérand . . . 146-203
— donne le Cimetière . . 146
Hyerosme de Hangest prêche contre les Luthériens 181-207
Ifs (Touillon, Ser des) . . 128
Image de Pitié, donnée par Guillaume Le Clerc à Saint-Vénérand . . . 180
Imaigers 30
Incendies autour de Laval 103
Inondations en Normandie 115
— sur les bords de la Loire 213
Inquisiteurs envoyés contre les Luthériens. . . 297
Jacobins. (Voir Frères Prêcheurs.)
Janvier, Jehan 89
Jehanne de Laval, femme du roi René 66
Jules II, pape. Sa mort. 148
Jubilé séculaire en 1500. 87
— au Mans 135
— — 292-289
La Lande, cordelier, prédicateur 210
Landivy (Jehanne de) . . 350
Launay (François de) amène du grain à Laval. Sa mort 122-125-197

— Ses dons à St-Vénérand 202
— (Jehan de). Sa mort. 123
Laval, appelé Dunelles. Son nom changé par César 6-240
— au pouvoir des Anglais 6
— repris sur les Anglais 7-15
— Son blason . . . 241-384
— Vin de 352
Le Bauld, Pierre. Sa mort 110
Le Clerc de Beaulieu. Son Histoire de Laval . . . 180
— Guillaume rembourse une rente sur le terrain de l'église St-Vénérand 179
— donne l'Image de Pitié 180
— fait bâtir la chapelle Saint-Guillaume. . . . 180
— On lui donne un banc et un enfeu dans l'église Saint-Vénérand. . 180-357
— Pierre, enterré dans l'église St-Vénérand. . 200
— De la Galorière 248
— De la Roussière . . . 181
— De la Provôterie . . . 181
— Des Gaudèches 181
Le Lamier fait jouer le *Mystère de St-Etienne* au Genest 132
— le *Mystère Saint-Berthevin* 158
— le *Mystère St-Sébastien* à Bootz 174
Le Liepvre, Louise. Ses dons à Saint-Vénérand. 268
Lépreux de Laval . . 116-346
Letourneurs (Pierre) . . 349
Lettres d'un habitant de Laval 321
Levée pour monter les galères 151
Lices (Construction des) 84-99-343.
Liger, Jehan, prieur de Saint-Dominique. . 188-216
Loire, débordée 213

Louis XI loge à la Guerche. 11
— passe par Laval, loge à la Roë 11
— Sa mort. 26
Louis d'Orléans, depuis Louis XII 49
— épouse Anna de Bretagne. 82
— Procession pour sa guérison 107
— épouse la sœur d'Henry VIII. 152
— Sa mort. 153
Louis de Laval-Chastillon. Sa mort. Enterré à St-Tugal. 64-338
Loys de Laval, fils de Guy XVI. Sa naissance, sa mort 99-101
Loys de Bourbon, évêque du Mans 207
Luane (Cloche de). . . . 211
Lucé (de), capitaine des francs-archers. 187
Luther. Ses prédications. 196
Luthériens, excommuniés, brûlés 207-285
— quittent le pays . . . 297
Luxe (Le) fait des progrès à Laval. 9
Luxembourg, connétable, décapité 11
Magdeleine-du-Roc(La). Sa fondation, rue Boutagu 136
Maillard, Jehan. 216
Maimbier (De). 278
Mal de Naples. 81
Malabry, Fr. 183
Manjolin, Robert 267
— André, bienfaiteur des Frères Prêcheurs. . . 292
— Pré. 203
Manne, tombée du Ciel . 191
Manoir Ouvrouin . . . 14-305
Marboué (de), Ser de Poligné. Sa mort. . 166-216

Marchands de Laval. Leur nombre. 28
— achètent des biens ruraux. 29
Marchis. 6
Marguerite de la Roë, dame de Patience. . . 199
Mariage d'Henry II avec la nièce de Clément VII. 278
Marcilly (Pierre de Laval, Ser de). 248
Marie (La) en Alexain . . 81
Marouiller (Guy Le), lieutenant de Laval. . . . 122
Marsouin, servi sur la table. 270
Matagrin 181
Maugirou. 142
Maulvoisin (Muraille percée à) 220
Maximilien, duc d'Autriche 50
Mayenne, débordée . . . 22
Maynois, habitants de Mayenne 211
Meignan (Pierre Le), dans le *Mystère de Ste-Barbe* 75
— Jehan, prédicateur, curé de la Trinité. Sa mort 178-195
Meslay (Sénéchaussée de). 277
Mercier (Le), Ser de Grasmenil 201
— (Marguerite Le). Sa mort. 214
— donne aux Frères Prêcheurs. 292
Mervaille (Madame de la) 183
— André Quesnay, Ser de la 157
Monfrand (De) 163
Montfort (François de), à Laval. 30
Monnaie. Sa valeur augmentée. 160
Montalembert, G. . . . 185
Mont-le-Herry (Journée de) 5
Montecler (Magdeleine de) 250

Mont-Jehan (Catherine d'Alençon, morte au château de). 110
— (Château de), bâti par André de Lohéac . . . 336
— (Hôtel de), acheté par André de Lohéac . . . 336
Mont-Martin (Bénédictines à) 221
Montmorency 364-366-371-374
Montsûrs. Chanoines chassés par les Anglais, réunis à ceux de St-Tugal 7
— On y joue la Passion. 227
Morandaye (La) 40
Moreau, Jehan, aumônier de Saint-Julien. . . . 191
Morignière. On y joue les Sept Rôles 214
Mortalité (Temps de) 27-97-131 165-226-319.
— au Mans, à Château-Gontier. 187
Moueste (Michel le), grenetier. 165
— (André le). . . . 185-186
Mystère d'Abraham, joué sur la place St-Tugal. . 124
— de Sainte-Barbe, joué à Bootz. 6-74
— de Saint-Berthevin. Sa légende. 187
— de Saint-Blaise, joué à Avesnières. 133
— Le bon Pèlerin, joué devant St-Vénérand. . 73-74
— La Bourgeoise de Rome, joué à Pissanesse. 83
— de la Cène, joué au cimetière St-Vénérand. 192
— de l'Ermite Meurdrier 273
— de Saint-Étienne, joué au Genest. . . . 132
— de la Sainte-Hostie, joué au Cimetière-Dieu 278

— de l'Innocent, joué par le clergé de Saint-Tugal. 124
— de l'Invention de la Sainte-Croix. 140
— de Maxime, composé par G. Ravauld. . . . 280
— de la Nativité, joué à Saint-Dominique. . . 77
— de la Passion, joué par personnages aux sermons de Nicolas Taunay et de Guy de Chartres. 124-176
— de la Passion, joué à Vautorte. 214
— à Montsûrs. 227
— Les Peines de l'Enfer, joué à Andouillé. . . . 227
— de Saint-Sebastien, à Bootz. 174
— des Sept Rôles, à la Morinière. 214
— des Trois Rois. . . 77
— de Saint-Vénérand, à Barbé. 280
Nantes (Prise de), par le Sgr d'Albret. 69
Naissance du Dauphin. . 165
Nemours à la journée de Ravennes. 142
Nepveu Jamet, construit les chapelles de la Trinité. 207
Nonpareille (la), grand vaisseau construit en Bretagne. 286
Notaires (Réformation des) 161
— (Le sceau des) du comté 385
Notre-Dame de Bonne-Encontre. Pose de la première pierre. . . 64
Offices royaux (Nomination des) donnés au comte de Laval. . . . 31
Or, augmenté de valeur. 160
Orange. 49

Orry, Marc, envoyé prêcher contre les Lutheriens.	297	Pissanesse.	83-135
		Pivert, J.	185-186
Ouvrouïn, Sgr du Manoir.	14-15 303-308.	Place du Gast.	7-301
		Place du Palais.	8
Pain vendu à la livre.	23	Plessis (Du) Mongenard.	181
Paix (Bruits de).	275	Ploërmel	41
Paletocs.	9	Plombeurs.	30
Panlivard. Blanchisseries de toiles.	20	Pluies continuelles	109-113-217
		Poligné.	15-166-303
— Vignes au	349	Poummain (Gilles de).	148
Parayrie. Poisson de mer	272-276.	Pommeraye (François de la).	212
Parloir aux Bourgeois. Auditoire.	210	Pont-de-Mayenne (Faubourg du), pillé.	39
Parye (Etienne Le), prédicateur.	276	— au pouvoir des gens de guerre.	41
Patience (Eglise de), bénite.	199	Porcs chers, viennent du Limousin et de Normandie.	88-148-208
Paul III, Pape	287		
Pavé neuf, fait à Laval par Guillemyn Bouteruche.	163	Porte (de la), receveur du taillon	163
		— Hélène	163
Pavillon du château, sur la poterne.	126-133-138	Porte Belot-Oysel.	224-309
		Porte Peinte.	220
Pèlerins allant au jubilé de Rome, volés.	88	— Ceux qui y doivent garde	314
Pelletage de Laval.	312	Porte Renaise.	252-336-384
Perrette de Montbron, prieure d'Avesnières.	160	— sur le pont St-Julien.	41
		Poullains.	116
Petites (Les) Sœurs des Pauvres à la Coconnière	165	Prégent du Bidoux	150
		Prévôt envoyé à Laval.	281
Philippe de Luxembourg, légat.	135-159	Poulaine (Souliers à la).	10
		Puits-Rocher (Chanson chantée au) à l'arrivée de Charlotte d'Aragon	95
— à Laval. Sa mort.	144-168		
Phelipottière en Avesnières. On y transporte les malades de Laval.	320	Pyot.	120
		Quartier (Ruisseau du).	189
Pichard, Etienne, prédicateur.	274	Quesnay, Guillaume. Les dons de sa veuve à St-Vénérand	185-198
Pierre de Laval, archevêque de Rheims.	40	Quesnay, G.	185-186
Pietro Navarro	142	Ravault, Guille, compose le *Mystère de l'Ermite Meurdrier*	273
Pinczonneau, Robert.	201		
— Pierre, Sr de la Brochardière.	201	— et le *Mystère Saint-Vénérand* joué à Barbé	280
Pieremel. Ploërmel	41	Ravenne (Journée de).	141

Regnard, Jacques, provincial des Cordeliers . . 229
Relation des funérailles de Guy XVI . . . 231-235
Reliques de St-Vénérand, venues d'Acquigny, données à St-Melayne. 31-326
Richer Fouquet, procureur à Saint-Vénérand. Ses dons. 201-228-269-274
Rieux (de) 48
— (Claude de), épouse Catherine, fille de Guy XVI 167
— (Renée de), enterrée à Saint-Tugal. 378
Roanne (Le pasteur de), aux obsèques de Guy XVI 242
Roches (La dame des), dame du manoir Ouvrouin 15-307
Roë (Louis XI à la) . . . 11
Rohan (Louis de), Sr de Guemenée 247
Roi (Le) et la Reine de Navarre à Laval. . . . 271
Roquet Maulvoisin. . . . 221
Rougeole 319
Rousseau G. 185
— René, Ser de Vicoin. 291
Rue Beucheresse 348
— Boucherite. 348
— Boutagu 137
— des Chevaux. 220
— de l'Evêché. 6
— des Lices 84-349
— du Manoir, bâtie par André Le Gay. 16
— du Lycée 348
— du Marchis. 6
— de Paradis. Pavé neuf. 197
Ruelle Boullain 197
Sablonnière à la Coconnière. 103
Saget, Jehan, joue Maxime dans le *Mystère*

Saint-Vénérand. . . . 281
Saint-Aubin (Journée de) 5
— Complainte des Bretons. 45
St-Berthevin (*Mystère*). Sa légende 157
Ste-Catherine (Prieuré de) 127
St-Firmin (Fête de) à Laval 8
Saint-Jean-l'Hospitalier (Bourg). 348
Saint-Julien (Voyage à). . 225
Saint-Martin (Prieuré de). Indemnité pour les eaux des fontaines 118
— (Le corps de Guy XVI à). 237
Saint-Méen (Pèlerins et malades de) . 25-96-193-226-267
Saint-Melayne. 32
— Ce qu'il en coûte pour les francs-archers. . . 187
Saint-Nicolas (Maladrerie) 116
Saint-Omer. 41
Saint-Tugal (Construction de l'Eglise). 8-34
— Chanoines de Montsûrs, unis à. 8
— Guy XIV, inhumé à. . 36
— Charlotte d'Aragon, inhumée à 112
— Catherine d'Alençon inhumée à 110
— Renée de Rieux enterrée à. 378
— Louis de Laval, sire de Chastillon, inhumé à . 64
— (Le clergé de), joue le *Mystère d'Abraham* et celui de *l'Innocent* sur la place. 124
— (Procession des chanoines avec les Reliques de), pour le beau temps 140
Saint-Vénérand. Pose de la première pierre. . . 6

— Nouveau choix d'une place. 32
— Pose de la première pierre. 33
— Le clocher monté. . . 89
— Touillon, bienfaiteur. 130
— Bénédiction du Cimetière 144-353
— Remboursement d'une rente. 179
— Consécration. . . 181-361
— Courbusson, Robert, le premier enterré dans l'église de. 182
— Boullain, Jean, donne une vitre. 182
— Portail. 269-274
— Edifice derrière St.. . 283
Salle d'asile dans le Cimetière St-Vénérand . 146
Sarrasin. Introduction de sa culture 351
Saumur (Les marchands de Laval vont à) . . . 150
Sceau des notaires de Laval 383
Sécheresse. 276
Sédition des habitants contre leur seigneur : 155
— terminée. 167
Sel et gabelle. Ordonnance du Roi. 169
Senechal (André le), joue le Diable dans le *Mystère de Sainte-Barbe* . 76
Servant, Adenecte. . . 201
Signes dans le ciel. . . 109
Silly (Claude de), dame de Poligné.. 277
Syrène (Carrefour de la). 224
Soulgé (Sr de). 15
Tailles (Grandes) sur Laval
Talbot, Jean, entre chez les Frères Prêcheurs, leur bienfaiteur. . . . 292
— Comte d'Escalles. . . 47
Tarcon (Pré de). 183

Tartroux, Jehan. 128
Taunay, Nicolas, né à Avesnières 124
Tay (Hôtellerie du). Emplacement de Saint-Vénérand. 32
Teinturiers à Laval. . . . 29
Tertre Mauvoisin. 220
Teullier, Michel, procureur de St-Vénérand. Sa mort ; son inhumation. 159
Tolle, Jacques, prédicateur. 270
Touillon, Robin, Sgr des Ifs. 128
— (La veuve de) donne une vitre aux Frères Prêcheurs 139
Touches (Vignes aux). . . 349
Transson, Michel, joue l'Ermite dans *l'Ermite Meurdrier* 273
— Joue *Saint-Vénérand*. 281
Trappistines à Sainte-Catherine. 127
Tremereuc (De). 257
Trémoille (Louis II de la) 46
— épouse Anne de Laval, fille de Guy XVI . . . 184
— Sa mort 197
— Armoiries des. 379
Trinité (Cloches fondues à la) 20-290
— Charpente exhaussée. 35
— Chapelles construites. 296
Trinquerie (Les Frères Prêcheurs à la). . 35-64-65
— Défense de donner ce nom 67
Tripier, Jehan, bienfaiteur de St-Vénérand 188-203
Triquerie, André, segretain de St-Vénérand. . 182
Trois-Moulins (Prise de Laval par les). 7
Tronsson, Yves, abbé de Clermont. 114

Urfé (D'), grand écuyer	47	— Thomine, dame d'Hauterives	166
Valette (Eau de la), amenée à Laval	119	— Jehanne, femme de René de Feschal	277
Vallée (Guillemette de)	277	Vin d'Angers	295
Vallée de Saint-Julien	349	— de Fromentières; de Houssay	36-273-280
Vauberger (Terre de)	248	— de Laval	352
Vaucené (Seigneur de)	215	— de Saint-Denis; de Marche	36-78-140-216
Vautorte (*La Passion* jouée à)	214	— de Saint-Melayne	88
Verdier, Fr., envoyé prêcher contre les Luthériens	297	— d'Orléans; de Rablay 101-140-190-216.	
Verette	319	— à un prix élevé 21-23-30-96-118-172.	
Verger (Le), en Montigné	212		
Viande à bon marché	80	— à bon marché. 83-103-204	
— chère	98	Vitré (Charles VIII entre à)	42
Vicoin (Fief de)	291	Voleurs aux funérailles de Guy XVI	249
Vigne cultivée à Laval	347		
Villiers (Eglise de), brûlée	103	Wala, abbé de Corbie, regardé comme fondateur de Laval	367
Villiers (De), Ser d'Hauterives	81		

LAVAL. — TYP. DE H. GODBERT, IMPRIMEUR-LIBRAIRE DE Mgr L'ÉVÊQUE.

www.ingramcontent.com/pod-product-compliance
Lightning Source LLC
Chambersburg PA
CBHW070928230426
43666CB00011B/2349